監査・会計構造の研究

―通時態の監査論―

佐々木 隆志 著

東京 森山書店 発行

端　書

　本書は，次の3点を目的とするものである。すなわち，企業会計構造と財務諸表監査とを一体のものとして観察し，両者の関係を分析すること，そして企業会計の共時的ならびに通時的な構造を分析し位置づけること，さらに企業会計の構造変化を監査はいかように受け止めるべきかを考察すること，である。

　今日，企業会計および財務諸表監査の変化は著しく，毎年のように諸会計原則や諸監査基準が新たに作られ，あるいは改訂されている。すなわち，現代は会計および監査の大変容期であるといえる。その結果，"パッチワーク"のように作成される諸会計原則相互間あるいは諸監査基準相互間の論理的整合性が希薄になるという問題が生じている。そうした中，財務諸表監査と企業会計とが相互に有機的に関連した分野であるとの基本に立ち戻り，企業会計と監査の収斂する体系を模索することこそが，われわれ会計学および監査論研究者に対して突きつけられている課題であると考えられよう。

　本書は，こうした方向性を探るため，わが国における監査論の黎明期に見られた，会計構造の中に監査を位置づけるという考え方から出発し，19世紀から20世紀にかけてのドイツ語圏諸国における企業会計構造論を下敷きにして，企業会計の変容がいかなる形で行われたのかを明らかにする。そのこと自体，わが国の会計構造研究に貢献しうるものであることを期待している。そして，その結果得られた知見は，さらに新たな構造変化がいかなる方向を目指すのか，その際に解決すべき問題点は何か，といった疑問点を解決するための指針として，意義を有するものであればと，希望している。

　また，変化しつつある企業会計とそれを前提とした監査との関係を「通時的に」とらえ，分析するという方法論は，本書のユニークな点であると思う。すなわち，わが国ではまだ50年ほどの歴史しか有していない監査論において，会計構造の歴史的研究とリンクした監査研究というものは，まだ行われていな

かったと思われるのである。監査と会計構造とを一体のものとしてとらえ，ある時点の相互関係を分析した上で，そうした関係が時代を超えていかに変化していくかという観点（通時的観点）から本書の考察は進められる。

本書における研究をまとめるに当たっては，恩師である一橋大学名誉教授・森田哲彌先生の日々のお言葉の端々を通じて，先生の会計に対する考え方をうかがうことができた点によるところが非常に大きかった。本書におけるいくつかの問題意識は，森田先生の何気ない一言に触発されたものである。これまで先生からいただいたご学恩に対して，心からの感謝の意を表させていただきたいと思う。

また，学部時代に会計学，とりわけドイツ貸借対照表論の手ほどきをしてくださった一橋大学教授・新田忠誓先生にも，いまだに親身のご指導をいただいている。学部3年生の当時，特に時間を割いて，一対一でのドイツ語指導をしていただいて以来，筆者の研究者としての人生において新田先生から得たものは，筆舌に尽くしがたい。深く感謝し，お礼申し上げたい。

一橋大学教授・安藤英義先生には，学生時代から現在に至るまでご指導いただいているが，とりわけ，会計構造に関する本書の基本的な立脚点を構築するにあたっては，英・独・日の簿記書を題材とした先生のご講義を聴講できたことが一つの決定的な役割を果たしている。森田ゼミの先輩としての日頃の暖かい励ましに対しても併せてお礼申し上げたい。

一橋大学名誉教授・岡本清先生，中村忠先生にも同じく多くのご指導を賜った。特に，シュマーレンバッハ理論の解釈において，貸借対照表シェーマにおける資本観については中村先生の，収支計算とプロジェクトの経済計算との同一性については岡本先生のお考えを多く参考にさせていただいている。感謝申し上げる。

一橋大学教授・伊藤邦雄先生，廣本敏郎先生，尾畑裕先生，万代勝信先生にも同じく，学生時代から現在まで親身のご指導をいただいている。一橋大学の会計講座で諸先生方から得る知的刺激は何物にも代え難い。この場を借りてお礼申し上げる。

広島大学教授・阪口要先生には，筆者の研究者生活の当初からさまざまな点で面倒を見ていただいた。感謝申し上げたい。本書には，筆者の広島大学時代の研究成果も含められている。さらに，森田先生の下で行われている研究会でご指導いただいている諸先輩方や後輩諸君，一橋大学の同僚の皆様にも，この場を借りて今までお世話になったお礼を申し上げたい。

　本書の出版に際しては菅田直文・森山書店社長，土屋貞敏・同編集長にご苦労をおかけした。特に土屋氏には，最初から最後までご迷惑をかけどおしであったが，ここに記して心よりのお礼を申し上げる。

　なお本書は，日本学術振興会平成14年度科学研究費補助金（研究成果公開促進費）による出版助成を受けている。

　　平成14年8月

佐々木　隆志

目　　次

序　章　研究領域の限定，問題意識および本書の構成 …………… *1*
　1　研究領域の限定 ………………………………………………… *1*
　2　企業会計の変貌 ………………………………………………… *2*
　3　監査の多様化と領域拡大 ……………………………………… *4*
　4　本書の構成 ……………………………………………………… *7*

第1編　財務諸表監査と会計構造の関係

第1章　監査と会計構造 …………………………………………… *11*
　　　　　── 監査の二機能・考 ──
　1　は じ め に ……………………………………………………… *11*
　2　財産法・損益法と監査 ………………………………………… *12*
　3　監査における指導的機能と批判的機能 ……………………… *14*
　4　む　す　び ……………………………………………………… *17*

第2章　線の監査と点の監査 ……………………………………… *21*
　1　は じ め に ……………………………………………………… *21*
　2　監査思考の系譜 ………………………………………………… *22*
　3　監査証跡提供ツールとしての簿記 …………………………… *26*
　4　線の監査と点の監査 …………………………………………… *29*
　5　む　す　び ……………………………………………………… *33*

第3章　企業会計および監査における真実性の原則 …………… *37*
　1　は じ め に ……………………………………………………… *37*

2 真実性の淵源 …………………………………………………… 38
  （1）貸借対照表真実性の原則 ………………………………… 38
  （2）絶対的真実性と相対的真実性 …………………………… 41
3 企業会計原則における真実性の原則 ………………………… 42
4 企業会計の記号相補性と監査上の特徴 ……………………… 47
5 むすび …………………………………………………………… 50

第4章 簿記・会計の分立と監査の二極化 ……………………… 53
── 会計構造と監査との関連 ──
1 はじめに ………………………………………………………… 53
2 簿記・会計の分立 ……………………………………………… 54
── 20世紀の会計と21世紀の会計 ──
3 監査の二極化 …………………………………………………… 59
── 基準準拠性と実質優先性 ──
4 むすび …………………………………………………………… 62

第2編 監査の前提としての企業会計構造：抽出と分析

第5章 会計構造とドイツ貸借対照表論 ………………………… 65
1 はじめに ── ドイツ貸借対照表論概説 ── ……………… 65
2 貸借対照表観の三態 ── 動態論・静態論・有機論 ── … 68
3 貸借対照表論の二類型 ………………………………………… 70
── フロー貸借対照表観とストック貸借対照表観 ──
  （1）貸借対照表論の分類 ……………………………………… 70
  （2）貸借対照表「観」について ……………………………… 72
4 会計観の二類型 ………………………………………………… 74
── 現実写像的会計観と記号相補的会計観 ──
  （1）素朴な疑問点 ……………………………………………… 74
  （2）資金計算書の類型とドイツ語圏の資金計算書観 ……… 75

（3）会計観の二相 ……………………………………………………… *81*
　　5　む　す　び ………………………………………………………………… *85*

第6章　フロー貸借対照表観の原型と展開 ……………………………… *89*
　　1　はじめに —— 動態論総説 —— …………………………………… *89*
　　2　フロー貸借対照表観の原型 ……………………………………………… *91*
　　　　　　—— シュマーレンバッハ貸借対照表論 ——
　　　（1）動的貸借対照表の概要 ……………………………………………… *91*
　　　　　　—— 合致の原則と貸借対照表 ——
　　　（2）動的貸借対照表におけるフロー概念 ……………………………… *94*
　　　　　§1　収入・支出の定義 —— 現金フロー —— ……………… *94*
　　　　　§2　給付・費消の定義 —— 成果フロー —— ……………… *95*
　　　　　§3　収入・支出・給付・費消の相互関係 ……………………… *96*
　　　　　§4　貸借対照表項目としての収入・支出・給付・費消の意味 ……… *97*
　　　　　§5　貸借対照表項目としてのフロー概念について ……………… *98*
　　　（3）動的貸借対照表形式構造の展開 …………………………………… *99*
　　　　　§1　単式簿記型 —— シュマーレンバッハ理論の原型 —— ……… *99*
　　　　　§2　複式簿記型 —— 複式簿記構造の導出 —— ……………… *102*
　　　（4）動的貸借対照表の構造と企業会計 ………………………………… *106*
　　3　フロー貸借対照表観の展開 ……………………………………………… *110*
　　　　　　—— ワルプおよびコジオールの貸借対照表論 ——
　　　（1）動態論と収支概念 …………………………………………………… *110*
　　　（2）支払系列貸借対照表 —— ワルプの貸借対照表論 —— ………… *112*
　　　　　§1　支払系列・給付系列「合致」の論理と収支概念の拡張 ……… *112*
　　　　　§2　支払系列・給付系列「合致」の論理の矛盾 ………………… *114*
　　　　　§3　収支概念拡張の実質的意味 ……………………………… *116*
　　　　　§4　支払系列在高貸借対照表 ……………………………………… *118*
　　　（3）パガトリッシュ貸借対照表 ……………………………………… *124*
　　　　　　—— コジオールの貸借対照表論 ——

§1　パガトリッシュ貸借対照表の成立経緯 ………………………… *124*
　　§2　全期間損益計算と期間損益計算 …………………………………… *126*
　　§3　実現概念の意味と組織的単式簿記 ………………………………… *130*
　　§4　パガトリッシュ在高貸借対照表 …………………………………… *133*
　（4）貸借対照表と損益計算 ……………………………………………… *136*
　　§1　期間計算の重視 ……………………………………………………… *136*
　　§2　貸借対照表の貸借不均衡 …………………………………………… *139*
　　§3　《ストック》変動としてのフローと取得原価主義 …………… *140*
4　む　す　び ………………………………………………………………… *144*

第7章　ストック貸借対照表観の原型と展開 ……………………… *149*

1　はじめに ── 静態論と有機論 ────────── ……………… *149*
2　ストック貸借対照表観の原型 ……………………………………… *153*
　　──旧静態論および新静態論──
　（1）売却時価評価の財産目録（旧静態論1）…………………………… *153*
　　　── 帝国高等商事裁判所 1873 年判例の通説時解釈 ──
　（2）多元的評価の財産目録（旧静態論2）……………………………… *156*
　　　── シェアーの勘定理論と貸借対照表観 ──
　（3）原価評価の財産目録（新静態論）…………………………………… *160*
　　　── ル・クートルの貸借対照表論 ──
　　§1　取得原価主義の財産目録 ── 旧静態論的側面 ── ……… *160*
　　§2　調達・運用状態の表示 ── 新静態論的側面 ── ………… *164*
　（4）新旧静態論と動態論 ………………………………………………… *169*
3　ストック貸借対照表観の展開 ……………………………………… *172*
　　──シュミットの有機的貸借対照表論──
　（1）動態論・静態論の貸借対照表観と有機論総説 …………………… *172*
　（2）有機的時価貸借対照表論の概要 …………………………………… *174*
　　§1　有機論の成立経緯 …………………………………………………… *174*
　　§2　有　機　論　の　主　張 ……………………………………………… *175*

§3　損益計算の二義性 …………………………………………179
　　　　　―― フロー体系の理論的優位性 ――
　（3）　有機的時価貸借対照表の構造 …………………………………182
　　　§1　フロー体系における資本維持の意味 …………………………182
　　　§2　投機的取引の意味と借方資本維持 …………………………184
　（4）　有機論の別形態 ……………………………………………………188
　　　§1　良動的貸借対照表論 …………………………………………188
　　　　　―― ゾムマーフェルトの貸借対照表論 ――
　　　§2　損益計算書の段階構造 …………………………………………196
　4　むすび ―― ストック貸借対照表としての在高貸借対照表 ―― ………200

第8章　貸借対照表論考 …………………………………………………205

　1　はじめに ―― 資金計算書論について ―― ………………………205
　2　資金会計論とドイツ貸借対照表論の帰結 ………………………207
　（1）　運動貸借対照表論 ―― 1940年代以前の資金会計論 ―― ……207
　（2）　資金運動計算書論 ―― 1970年代以前の資金会計論 ―― ……211
　　　§1　フォン・ヴィゾッキィの資金運動計算書論 ……………………211
　　　　　―― アメリカ・財政状態変動表の理論と，ドイツ語圏・ケーファー，ブッセ・フォン・コルベ，トームス理論 ――
　　　§2　西ドイツ経済監査士協会専門委員会意見書 …………………215
　　　§3　財政状態変動表と運動貸借対照表 ……………………………217
　（3）　キャッシュ・フロー計算書論 …………………………………218
　　　　　―― 会計構造への位置づけ方 ――
　　　§1　貸借対照表および損益計算書からの独立性 …………………218
　　　§2　情報の有用性について …………………………………………219
　　　§3　複式簿記からの誘導 ……………………………………………221
　　　§4　現実写像性の超克 ………………………………………………223
　（4）　ドイツ資金会計のそうあったはずの帰結 ………………………225
　3　貸借対照表論考 …………………………………………………………227

(1) 諸貸借対照表論の位置づけ …………………………………227
    §1 貸借対照表観の分岐点について …………………………227
    §2 動態論・静態論の着眼点 …………………………………228
    §3 評価基準と分類枠組みの基本型 …………………………229
    §4 分類枠組みの展開 ……………………………………………230
  (2) 現実写像的思考とフロー・ストック ……………………233
    §1 原フロー貸借対照表 —— 合計試算表 —— ……………233
    §2 原ストック貸借対照表 —— 財産目録 —— ……………237
  (3) 記号相補的思考とフロー・ストック ……………………239
    §1 合計試算表と財産目録の関係 ……………………………239
    §2 記号主体的なフロー・ストック概念 ……………………241
  (4) 写像的および相補的会計観と複式簿記体系 ……………245
  (5) 貸借対照表における時価と原価 …………………………248
4 む す び …………………………………………………………251

第3編 監査・会計構造の論理

第9章 通時的企業会計構造 …………………………………259

1 は じ め に ………………………………………………………259
2 カメラル的思考と企業会計 ……………………………………261
3 通時的企業会計構造 ……………………………………………265
  (1) 貸借対照表構造 ………………………………………………265
  (2) 19世紀の会計と20世紀の会計 ……………………………266
  (3) 21世紀の会計 ………………………………………………269
4 記録・報告の二視点と過去・将来の二視点 …………………271
5 む す び …………………………………………………………274

終 章 監査の二焦点と納得の監査論 …………………………277
    —— 過去記録と将来予測の間で ——

1 は じ め に ………………………………………………………277

2 会計構造研究の今日的課題 …………………………………………… 279
3 会計構造と監査の二焦点 ……………………………………………… 281
　　──過去記録監査と将来予測監査──
4 二重責任の原則について ……………………………………………… 284
5 む　す　び …………………………………………………………………… 286

跋 ……………………………………………………………………………………… 289

　文　　献（293～299）

序章
研究領域の限定，問題意識および本書の構成

1 研究領域の限定

　組織や個人によって「会計」が営まれる場合，その目的は大きく二つあると思われる。一つは，当該組織等の財産管理や運営状況把握などを行うという目的。そしてもう一つは，他の主体に対しアカウンタビリティ（accountability：説明責任）を負っている場合，その責任を会計報告によって果たすという目的である。この第二の目的を達成しようとする場合，会計を実施する主体は，アカウンタビリティを負う相手に対して，必ず会計報告を行わなくてはならないが，その際，報告される内容が信頼できるものであるとの保証が必要であることは自明である。そうした保証機能を有するのが「監査」である。すなわち「監査」とは，アカウンタビリティを負う主体の会計報告を，第三者がチェックして，その内容の信頼性を保証する，ないし高めることをいう。したがって「会計」と「監査」とは，切っても切り離せない関係にあるものであるといわれることが多い。

　わが国の企業会計に関連する局面で，監査が重要な役割を果たすのは，主として次のような場合である。

　第一に，上場企業は一般投資家に対して企業情報を開示するという形でのアカウンタビリティを負っている。したがって上場企業の公表する財務諸表は，公認会計士や監査法人によって監査されなくてはならない。この枠組みは，第二次世界大戦後にアメリカの証券市場を範とし，健全な資本市場を日本に確立

するため成立した法律である証券取引法の下のものである。第二に，株式会社の経営者は，株主に対して報告義務を負っている。したがって株式会社の経営者の行動や，その作成する計算書類は，監査役や会計監査人の監査を受ける必要がある。この枠組みは，明治時代にドイツの法制度を下敷きにして作られた商法の下のものである。本書では，この二つの枠組みの監査，とりわけ前者を前提として論を進める。

ところで，言語学における「通時態」（diachronie）という言葉は，「共時態」（synchronie）[1]の対義語であるが，本書においてこれら二つの用語は，企業会計を分析する際の相異なる視点を意味するものとして用いられている。要するに，ある国や地域の「ある時代・時点における企業会計の状態」を共時態と呼び，「比較的長い期間にわたる企業会計の変化の態様」を通時態と呼んでいる。

そして本書における筆者の関心は，会計システムの変容がどのように監査の変容につながっていくのか，という点にある。すなわち，企業会計を通時的に分析し，それとの関係で監査理論を考察すること，これが本書の目的である。なお，本書で中心的に取り扱われる会計ないし企業会計とは，主に上場企業をフィールドとして展開される「財務会計」であり，監査ないし企業監査とは，公認会計士によって行われる「財務諸表監査」である。

2　企業会計の変貌

わが国の企業会計は，現在，大きな変化の波の中にある。企業を取り巻く経済・社会環境の国内的・国際的激変や，新しい経済活動の進展という基本状況に対し，旧来型システムの制度疲労や柔軟性の欠如といった要因がからんで，今までの企業会計の枠組みでは扱うことのできない問題が登場し，新しい会計処理や新しい財務諸表が要求されつつあると考えられる。つまり，一つの共時

---

1) 「一般に科学が対象とする現象を時間の流れにそって発展するものとして見る通時態に対し，時間軸上の一点において捉えた状態を指す。」（新村出編『広辞苑』第 4 版［電子ブック版］，岩波書店，1992 年）

態としての現在のわが国の企業会計システムの輪郭がぶれはじめており，違う種類の会計システムへ移行しつつあるとみることができるであろう。

ほんの数年前まで，わが国においてはおおかたの企業会計システムはほぼ成熟し，取得原価主義会計ないし発生主義会計と呼ばれる体系が維持・運営されていた。そこでは，商法・証券取引法・法人税法による，いわゆるトライアングル体制が，(上場企業の) 企業会計の実質的内容について一種の均衡状況を作り出しており，また，企業会計に対する監査制度は，商法における会計監査人監査と証券取引法における公認会計士監査の実質的な一体化とも相まって，試査を基本とする財務諸表監査となっていた。

そうした企業会計の姿を，一つの共時態ととらえることができよう。もちろん企業会計は言語と同じく常に変化しているが，ここでは「共時態」という言葉を，ある一定時点の状態という意味より広くとらえて，一つの時代の (ある程度まで) 完成された体系というような意味で用いている。

戦後のわが国の，取得原価主義を基調とし，貸借対照表および損益計算書を基本財務諸表とした個別財務諸表の報告制度が，特に1990年代に入ってから揺らぎはじめているのは周知の通りである。国際化による経済環境の変化や，バブル崩壊に伴う後遺症の処理問題などに始まり，世界経済に最大の影響力を有するアメリカですでに行われた企業会計制度の変化を後追いする必要性などの要因で，少なくとも証券取引法系統の企業会計はこの数年で大きく変化しはじめた。従来の個別財務諸表重視の報告制度が，連結財務諸表中心に変わっており，またそれに伴って第三の財務表として連結キャッシュ・フロー計算書のディスクロージャーが始まっている。形式面での変化はすでに顕著なものとなっているわけである。

また，いわゆるオフ・バランス取引を開示したり，金融商品の時価評価を行ったりするための実質面での変化も始まった。退職給付会計や税効果会計が導入され，減損会計の実施もそう遠いことではないと思われる。アメリカの公正価値 (Fair Value) 会計や包括利益 (Comprehensive Income) の論議が日本にも大きな影響をもたらし，財務諸表の枠組みとそこで報告される実質的内容の変革

が今, 進展しつつあるのである²⁾。

「財務会計の性格が根本的に変質したとすれば, 監査もまた当然その影響をうけざるをえないのである」³⁾との言を想い起こすまでもなく, 監査の局面をどのように考えていけばよいのか, という問題もまた提起され始めていることはいうまでもない。アメリカから遅れること約十年, 日本でも金融機関等の不良債権問題, 破綻問題に端を発し, 監査のあり方があらためて問われており, 新しい監査論が必要とされている。次節ではそうした, 監査に関わる今日的な問題点を整理してみる。

3 監査の多様化と領域拡大

近年,「監査」ということばの意味が, さまざまな文脈の下で多様化しているように思われる。従来は, 少なくとも企業会計に関連する監査は, 会計監査あるいは財務諸表監査と呼ばれ, (比較的狭い世界の中だけでしか通じない論理だったのかもしれないが) 財務諸表の適正性について, 監査人が意見を表明するという性質を中心とするものだったといえる。

こうした従来の財務諸表監査に対する批判としては, ゴーイング・コンサーン監査 (企業の存続可能性の監査) の要請が現実化したことや, 監査人と一般大衆との間に存在する期待ギャップの解消・縮小を求める声が (日本でも) 大きくなってきたことが挙げられる。これは, 財務諸表監査に関する従来の基本的な考え方に変革を迫るものということができよう。また, システム監査, 品質監査や環境監査のように, 従来の会計監査とは異なる監査の概念が用いられ

---

2) Statements of Financial Accounting Standards No.107, "Disclosures about Fair Value of Financial Instruments," 1991年12月, No.119, "Disclosure about Derivative Financial Instruments and Fair Value of Financial Instruments," 1994年10月, 並びに No.130, "Reporting Comprehensive Income," 1997年6月参照。なお, 高寺貞男「区分総括利益会計における情報境界管理」『會計』第152巻第4号, 1997年10月, 118-119頁を参照のこと。
3) 岩田巖『会計原則と監査基準』中央経済社, 1955年, 49頁。

るようになっており，さらに企業会計そのものの認識領域の拡大に伴う監査領域の拡大がある。

　一般に，わが国の監査論は，公認会計士の行う監査を中心にして論じられてきたといえる。これは，内部監査や監査役監査，あるいは監督官庁による企業の監査（たとえば金融庁による金融機関の監査）とは質の違う，あるいは意味が違うものである。企業の財務諸表の内容について，第一義的にはあくまで企業の経営者が責任を持つのであって，監査人にはその財務諸表の適否について述べた自らの意見にのみ責任があるという論理――二重責任の原則――は，従来の監査論によって支持されてきたものであるが，実は一般にはわかりにくいものであって，昨年以来の大企業の破綻の頻発が公認会計士監査に対する批判や訴訟を引き起こしている状況は，監査論では当然であった論理を，何らかの形で変革していかなくてはならない必然性をもたらしつつあるように思われる。

　1991年にはすでに，アメリカにおいて従来の財務諸表監査に対する反省がなされ，今後の変革に向けた動きが始まったことが指摘されていた[4]。しかし，日本では近年になってようやく，同様の論議が始まりつつあるところである。

　これは，企業の財務諸表を対象とする監査の質が変容しつつあること，あるいは変化すべきことを論点とする問題であるが，英米においては，会計士が独立性を備えた会計のプロフェッションであるという事実が，企業の財務諸表以外のものを対象とする監査業務への進出を期待され，自らも進んでその道を選ぶという結果をもたらした。こうした意味でも監査の多様化ないし拡大が世界的にはすでに始まっており，その波は日本にも押し寄せてきている。

　アメリカ公認会計士協会（AICPA）のエリオット委員会は，1996年末に「保証サービス業務に関する特別委員会報告書」を出したが，そこではいわゆる会

---

4)　鳥羽至英「監査人の役割と新たな監査の潮流――コーエン報告書とトレッドウェイ報告書が新監査基準に及ぼした影響――」『JICPAジャーナル』第430-431号，1991年5-6月。

計士監査（保証サービス業務）が次のような分野に広がる潜在的可能性が報告された。すなわち医療・健康サービスに関するもの，情報システムに関するもの，リスク情報・業績測度情報に関するものである[5]。

　公認会計士の責任範囲が比較的大きいと考えられるアメリカと異なり，わが国においてこうした分野に会計士が進出することがよいのかどうか。さらにアメリカに較べれば圧倒的に少ない人員のため（特に，監査業務に従事する公認会計士の数は，公認会計士の全体数の伸びほどには伸びていないと思われる），現在ですら公認会計士の仕事量は多すぎ，十分な監査ができないといわれる。その上，アメリカの論議をそのまま取り入れる形で監査の拡張を図れば，少なくともわが国では，非常に難しい問題をさまざまな形で内包する結果をもたらすであろう。

　わが国の監査論においては，欧米で進展する監査業務の拡張の議論を咀嚼し自らのものとするだけでなくさらに，それを日本の社会においていかなる形で取り入れていくのかという点を，わが国の職業監査人の現況と照らし合わせて考察していく必要がある。

　本書はそれを，会計構造との関連から検討するものである。詳しくは第1章で述べるが，わが国における監査制度の父ともいうべき岩田巌の理論においては，利潤計算論の中に会計士監査論が組み込まれていた。監査・会計の大変容期である現在，今一度ここに立ち返り，「会計構造というもの」と「監査というもの」の関係を見つめ直してみる必要があるのではないか。本書の基本的な問題意識はこういうものである。

---

5) エリオット委員会報告書については，たとえば内藤文雄「ビジネスの国際化と会計監査機能の拡張」『国民経済雑誌』第178巻第1号，1998年4月および「公認会計士の監査・保証業務の拡張に関する調査研究の動向」『JICPAジャーナル』第10巻第10号，1998年10月を参照されたい。なお，内藤によれば，これらの新サービス業務は，公認会計士の収益構造に与える影響の程度が大きいものの順に提示されているとされる。

4 本書の構成

　以上，この序章において述べてきたような問題意識により本書は進められることになるが，次の第1章以下では，下に述べるような順序で論議を進めていきたいと思う。

　まず，財務諸表監査をめぐる今日的な問題点を指摘・分析するために第1編の4章（第1章～第4章）が充てられる。監査がなぜ変容しなくてはならないのか（現状ではいかなる問題がありいかに解決すべきか）という問題意識による。そして，企業会計構造を抽出し分析するために充てられているのが第2編の4章（第5章～第8章）である。ここでは主に20世紀前半のドイツで繰り広げられた貸借対照表論を分類し，現に存在する貸借対照表というもの，あるいは企業会計のメカニズムの本質を解明するための前提としての作業が行われることになる。

　そして第3編（第9章および終章）では，この第1編および第2編においてなされる研究を踏まえて，監査・会計構造に関する筆者の見解が明らかにされることになる。

　最後に，第1章から終章までの内容を簡単に述べておこう。

　第1章では，わが国監査制度の生みの親ともいうべき岩田巌の理論を取り上げ，彼が述べた財務諸表監査の機能の一つが今現在，監査論においてほとんど省みられない理由を考察する。次に第2章においては，20世紀におけるアメリカの監査思考を概観し，会計構造と監査との関連の検討を行う。第3章においては監査および会計における最高原則としての真実性の原則が，わが国においては特殊な解釈によって，諸外国とは違った形で機能している点を指摘し，第4章においては，企業会計の変容が監査に対してもたらしている影響を，第1章で述べた監査の機能との関わりから分析する。

　次に第2編においては，会計構造の分析を行うが，第5章ではドイツ貸借対照表論の概説と会計構造の分析視点を改めて述べる。そして第6章ではフロー

貸借対照表観を採る会計学説，第 7 章ではストック貸借対照表観を採る学説を検討し，両者の中に存在する現実写像的会計観と記号相補的会計観の内容を第 8 章において検討する。ここまでの作業により，20 世紀の企業会計における貸借対照表構造ひいては会計構造が明らかにされることになる。

　最後に第 3 編においてはまず，第 9 章において，企業会計のシステムを援用して改革されようとしている公会計について触れ，会計構造の将来像を考察する。そして終章において会計構造の検討から現れてくる監査の問題点をめぐる筆者の意見が述べられることになる。

第1編　財務諸表監査と会計構造の関係

第1章 監査と会計構造
― 監査の二機能・考 ―

1 はじめに

　既述のように，本書における筆者の関心は，会計システムの変容がどのように監査の変容につながっていくのか，という点にある。この問題を考察するための素材として，そして本書における考察の重要な立脚点として，本章では，わが国会計士監査制度の生みの親ともいわれる岩田巌の理論を取り上げる。

　岩田学説についてはすでに多くの紹介があり，本書が屋上屋を架すだけのものになってしまう危険性も多分にある。ゆえに，次節では岩田学説の紹介を行うが，必要最小限にとどめたいと思っている。それに続いて第3節では，岩田学説とは異なる形で成立している現在の会計・監査システムに生じている問題点を論じ，最終節で岩田学説の意義を検討してみたい。

　結論からいえば，本書では岩田学説を，企業会計の変容期に非常に当てはまるものだとの認識を有している。ある程度完成し，安定した企業会計システムを共時態と呼ぶとすれば，それが変化している状況を通時態ということができよう。岩田学説は，共時態においては内包されてしまっていて見えない，ないしことさらに問題にする必要がないけれども，通時態においては重要なポイントとなる論理を有していると思われるのである。

　共時態と通時態の問題とは，ある事実を企業会計で扱う場合，その扱い方が決められていて取り立てて意識する必要がない状況と，どのように扱うべきかをあらためて考慮しなくてはならない状況との違いに集約されるものといえるが，本章は，この論議を深めていくための第一段階として位置づけられる。

2　財産法・損益法と監査

　周知のように，岩田の会計理論は「財産法」および「損益法」という二つの利潤計算方式の結合を基礎とするものである。これを彼の主著『利潤計算原理』第一編により大まかにみていくことにする。

　財産法・損益法という言葉は多くの会計学・簿記の教科書にみられるものであるが，この言葉を最初に用いた岩田の用法とは，多少異なるものが多いようである。岩田によれば「財産法においては，一方で期末貸借対照表が実際調査にもとづいて期末の正味財産を計算し，他方では試算表が複式簿記の帳簿記録を集計して，期末元入資本を算定する。すなわち事実と帳簿というちがう源泉から二種の異なる資本を求めるのである。この両者の比較によって利潤が計上されることになる」[1]とされる。一方，「損益法は利潤を構成する積極要素と消極要素を，その発生の都度個別的に捕捉し，これを集計比較して利潤を算定する方法である。財産法のように財産の期末現在高から遡及して利潤を総括的に計算するものではない。言葉をかえていうと，財産変動の結果から間接的に利潤を決定しようとするのではなくて，財産変動の原因を分析して直接的にこれを計算するのである。」[2]ということになる。

　つまり，財産法とはシェアーの理論を下敷きにして組み立てられたものであり，貸借対照表に収容される諸項目は，企業会計とは無関係に実地調査等の方法で得られるものだ[3]ということを基本としている。現実の世界（リアル・ワールド）の事物の写像として得られる財産目録をもとにしたシェアーの貸借対照表観は，財産法の貸借対照表として岩田理論に吸収され，損益がなかったとしたら存在するはずの帳簿上の財産の有高（Sollbestand）と，この事実上の財

---

1)　岩田巖『利潤計算原理』同文館，1956年，112頁。
2)　岩田巖『利潤計算原理』131頁。
3)　J. F. Schär und W. Prion, *Buchhaltung und Bilanz*, 第6版, Berlin, 1932年，93頁。
　　安平昭二『簿記・会計学の基礎―シェアーの簿記・会計学を尋ねて―』同文館，1986年，111頁参照。

産有高 (Istbestand) との比較によって，複式簿記と結合された財産法の利潤計算がなされることになる[4]。渡邊陽一によれば，17世紀すでに複式簿記を利用している商人は，棚卸によって修正された帳簿残高を貸借対照表の期末在高とするという手続の必要性を認識していたのではないかとされるが[5]，これは岩田のいう財産法の重要性をあらためて強調するものといえよう。

これに対して損益法とは，上述のように利潤の積極要素と消極要素，つまり収益と費用とを直接把握することによって利潤計算を行うものである。ここでは簡単に収益・費用といっているが，ドイツ貸借対照表論に造詣の深い岩田の中では，利潤の積極・消極要素に2種類の異質のものがあることが認識されており，それは財貨の流れに基礎をおくもの（給付と費消）と貨幣の流れに基礎をおくもの（収益と費用）である。計算構造上は，収益・費用と収入・支出の組み合わせにより貸借対照表を説明するシュマーレンバッハの理論[6]に基礎をおき，実質的には，給付・費消の物量的基準によって，拡張された収支計算としての複式簿記から当期に属する収益・費用を選択するという論理によって利潤計算論が構築されている[7]。

財産法と損益法は結合されるべきものである。「いずれか一方のみでは不完全である。そもそも一般に会計は，計算の結果と，実際の事実が照合ということを本質的特徴とするものである。」[8] 理論的には，第一に損益法の原理に従い簿記記録から収益・費用を選択集計して損益計算書を作り，第二に財産法の原理に従って資産負債の棚卸評価によって貸借対照表を作る。第三に両者の利潤を照合して一致の有無を確かめ，一致ならばこれで終了。一致しない場合，第

---

4) J. F. Schär und W. Prion, 前掲書，169-173頁参照。岩田巖『利潤計算原理』114-120頁参照。
5) 渡邊陽一『貸借対照表論』森山書店，1984年，4-15頁，特に10頁参照。
6) E. Schmalenbach, *Dynamische Bilanz*, 第13版，Köln/Opladen, 1962年，34頁（土岐政蔵訳『十二版・動的貸借対照表論』森山書店，1959年，28頁）参照。なお，この詳細については，本書第5章を参照のこと。
7) 岩田巖『利潤計算原理』第1編第7章，特に148-149頁参照。
8) 岩田巖『利潤計算原理』161頁。

14　第1章　監査と会計構造

四に，損益法による計算上の貸借対照表と財産法による事実上の貸借対照表の比較によって，項目別の差異を分析し，第五に，個別差違の性質を検討し，適当な科目を付して損益法の損益計算書に追加記入を行うということになる。岩田は，このように損益法の損益計算書と財産法の貸借対照表の利潤を一致させる方法が，本来の企業会計の計算過程だとしている[9]。

3　監査における指導的機能と批判的機能

しかし，岩田の考える本来の企業会計の計算過程と現実の企業会計は異なっている。岩田は，第一に複式簿記によって，計算と事実の照合が背後に隠れてしまうこと，第二に資産負債の全体について財産法と損益法が平行して行われるのではなく，一部の項目には損益法のみ，別の項目には財産法のみというような適用がなされることを，その理由に挙げている[10]。現に存在する貸借対照表には，財産法と損益法が混在しているというわけである。しかも，固定資産の減価償却や棚卸資産の継続記録法といった会計処理にみられるように，「本来二元的であるべき会計の構造が，損益法一本に一元化しつつある」[11]。そして，「企業会計が損益法へ一元化することが，その本質的動向であるとするならば，企業会計の信頼性は何によって保証されるか」[12] という問題に対して，「結論からいえば，会計士の監査によってこれを解決しているのである」[13] との認識が示されるのである。

ここでの岩田の認識は，実査・確認・立会・質問等の監査手続を，帳簿から離れて独立に「事実」を確かめることであるとするものであって，帳簿記録の

---

9)　岩田巌『利潤計算原理』161-162頁参照。
10)　岩田巌『利潤計算原理』162-163頁参照。
11)　岩田巌『利潤計算原理』164頁。
12)　岩田巌『利潤計算原理』165頁。なおこの岩田の言の前半部分は，企業会計が現実写像性を常に意識していなくてはいけない状況から，共時態としての外郭が固まっていくにつれて，会計自体の手続の内部整合性を中心として営むことができるようになっているということを示していると思われる。
13)　岩田巌『利潤計算原理』167頁。

3 監査における指導的機能と批判的機能   15

信頼性を立証したり，記録を修正して事実に一致せしめるためのものとしてとらえられている。つまり，会計士監査は財産法の計算を担うものであって，企業会計は損益法を行い，分業によって企業の会計制度が実施されているというのである[14]。

　これが岩田の監査理論の骨子といえる。通常，監査論では「記録と記録の照合」に本質があるというイギリス式監査＝精細監査（detailed audit）と，「記録と事実の照合」にその本質をおくアメリカ式監査＝貸借対照表監査（balance sheet audit）とが，近代監査のプロト・タイプとしてあげられることが多い。これはそもそも岩田の認識に基づくものといえるが[15]，さらに，近代監査としての損益計算監査の特徴として岩田は，「（会計）原則と方法の照合」を挙げている[16]。ただし，上述のように岩田の脳裏にある監査とは「記録と事実の照合」にその本質をおくものであったと思われる。それが，財務諸表監査を前提とした場合，必ずしも成立しない可能性には当然に気づいてはいるものの[17]，監査がそういうもので「なくてはならない」というのに近い考え方すらあったものと思われる。

　この点に批判が集まる。たとえば，「その場合の監査手続たるや，実は会計処理手続の一部にほかならず，監査手続とまでは看做しえないのではなかろうか？」[18]という疑問に集約される批判といえるであろう。「後になって，これは監査手続と会計手続とを同視するものであり，話がうますぎるという批判が出た」[19]わけである。

　岩田の監査論の特徴はもう一つある。いわゆる「指導性」を「批判性」の上位におく点である。ここでいう指導性とは，監査人が企業の財務書類等について「正しくなければ正しいものに直すように導いてゆくこと」であり，「（企業

14）　岩田巖『利潤計算原理』167-168頁。
15）　岩田巖『会計原則と監査基準』中央経済社，1955年，57頁。
16）　岩田巖『会計原則と監査基準』54頁。
17）　岩田巖『会計士監査』森山書店，1954年，54頁参照。
18）　山桝忠恕『近代監査論』千倉書房，1971年，43頁。
19）　中村忠『財務会計論』（初版），国元書房，1984年，316頁。

の財務諸表）をよくするように指導していくという積極的な機能を果たすもの」[20]だとされている。一方「批判性」とは、「（財務諸表の）よしあしを判断批判するという消極的な機能」[21]であって、指導も批判も会計士監査の不可分な構成要素であるとされる。

日本に公認会計士監査制度が誕生しようとしていた時期、被監査会社を中心にして、監査の批判性機能に焦点を当てての不評が喧しかったことに対し、会計士監査に対する認識を改めさせるべく、岩田は監査指導性を特に力説したものとも思われる。そして、指導性の機能こそが究極的な会計士監査の目的であり、批判性はその手段に過ぎないという位置づけとなっている[22]。

以上の点は、実は、様々な先学たちによって繰り返し述べられていることではあるが、わが国の監査理論の中に根付いた考え方になっているとはとうていいえないようである。批判性と指導性とは並列・同等のものであるという考え方はまだしも、批判性こそが監査の最終目的であるという認識も、当然のものとして存在しているようである[23]。

指導性を批判性の上位目的として位置づける岩田流の考え方は、「監査という文化」を発展させてきた英米ではおそらく存在していないのではないかと思われる。英米流の「監査」は、当然に「批判性」を基本にしているものと思われ、おそらく「指導性」という考え方との接点はほとんどないであろう[24]。

既述のように、監査という概念を、その育ちうる土壌が存在していないとさえ思われる日本に取り入れるとき、反対の声をあげる各界を説得するために岩

---

20) 岩田巖『会計士監査』8頁、括弧内は佐々木による。
21) 岩田巖『会計士監査』8頁、括弧内は佐々木による。
22) 岩田巖『会計士監査』3頁参照。
23) 上村久雄「会計士監査における二つの指導性機能」山桝忠恕先生十三回忌追悼論文集編集委員会編『山桝忠恕先生十三回忌追悼論文集』税務経理協会、1996年、190頁参照。ここでは、指導性を目的とし批判性はその手段であるべきだとの主張がなされ、それとは逆の現在の傾向が批判されている。
24) たとえば、L. E. Rittenberg & B. J. Schwieger, *Auditing, concepts for a changing environment*, 2nd ed., Fort Worth 他、1997には、監査人の指導性という概念は存在していない。

田はこうした論理を用いた，といういいかたがなされる場合もある。指導性とはたかだかそうしたものに過ぎないのであろうか。

4 むすび

　戦後半世紀を経て，わが国においてはおおかたの企業会計システムはほぼ成熟し，取得原価主義会計ないし発生主義会計と呼ばれる体系が維持・運営されていた。岩田のいう「損益法一元化」の形で実際の企業会計は営まれていたといってもよい。そこでは，商法・証券取引法・法人税法による，いわゆるトライアングル体制が，（上場企業の）企業会計の実質的内容について一種の均衡状況を作り出しており，また，企業会計に対する監査制度は，商法における会計監査人監査と証券取引法における公認会計士監査の実質的な一体化とも相まって，試査を基本とする財務諸表監査となっていた。

　しかし，こうした企業会計および財務諸表監査のシステムが今，大きく変化しなくてはならない状況にある。岩田が日本の会計士監査制度の礎を築いてから約半世紀，成熟の中に破綻が目立ちはじめているといえよう。

　イギリス流の精細監査がアメリカで貸借対照表監査へ変化したとき，その理由として，企業会計の目的が銀行信用を志向するものとなっていたことが挙げられる[25]。一般にこれは，「記録と記録の照合」を専らとする監査が「記録と事実の照合」を重視するようになったととらえられている。確かに，企業もその構成が単純で小規模であれば，綿密にすべての記録と記録のつながりを突合する精細監査が行われうる。こうした監査の場合，決められた手続通りに記録が行われているかどうか，そしてその記録が正確かどうかということが中心となろう。ある記録の背後にある「事実」については，極端にいえば考慮に入れる必要はない。なぜなら，精細監査によってすべての会計帳簿と証憑書類がチェックされれば，経営者の行為の誠実性をチェックできたことになり財務諸表

---

25) R. H. Montgomery, *Auditing theory and practice*, 4th ed., New York, 1927 年, 22 頁参照。

のいわゆる真実性は一応満足されたといえるからである[26]。

けれどもアメリカでは，実査・立会・確認・質問等のいわゆる外部証拠によって期末の資産・負債の実際の「事実」を確認し，「記録」と照合調整するという監査手続が中心となった。しかし，「一体この種の手続は監査特有の手続だと普通考えられているようであるが，果してそうであろうか。これらは監査手続である前に，むしろ会計手続の一種なのではないであろうか」[27]という岩田の反省の弁は，会計士にいわゆる財産法による決算をゆだねた上で，監査も任せるというアメリカのシステムを，企業自ら決算まで行う日本にそのまま導入してしまったことについて再検討の必要を痛感してのもの[28]といえる。

やはり記録と事実の照合は，企業会計において行われるべきものであることには，異論はないものと思われる。もちろん，監査の局面でこれが必要ないということではないが。

岩田が，財産法の手続を会計士が担うものと考え，また監査の指導性という機能を強調したのは，わが国に会計士監査の導入される直前であった。数回の予備的な会計制度監査を経て，わが国で正常監査が始まったのは岩田の没後であったが，現在の状況を見て岩田が自らの監査論をどのように考えるか，かなうものであれば是非教えを請いたいものだと思う。ただ，本書ではそうした事情にも関わらず，「指導性」概念を重視する。少なくとも監査人の立場から見た「事実」を財務諸表に反映させるべく「指導」を行うべきことが，監査の究極的な目的であるとの論理は，岩田の問題意識の時代背景を考えるとき，重要な示唆をわれわれに与えてくれるのではないだろうか。

それは「事実」を企業会計構造の基本とする財産法と，あるべき適正な財務諸表を企業に作成させるべく「指導性」を発揮する監査とは，企業会計システムの変容期ないし移行期において，必然的に必要とされるものではないか，ということである。一つの完成した企業会計システム（共時態）が存在し，企業

---

26) 森實『監査要論』第3版，中央経済社，1992年，14頁参照。
27) 岩田巖『会計士監査』57頁。
28) 山桝忠恕『近代監査論』44頁参照。

4 むすび

会計において用いられる記号およびその用法があらかじめすべて定められている場合，極端な言い方をすれば，会計上の判断は不要になり，定められた通りの会計処理を行っていけばよい。そうした場合，監査の局面においても会計基準が正しく適用されているかどうかだけが問題であって，企業の財務諸表の作成プロセスを「批判的」に検証すれば十分である。

しかし，企業会計の変容期には事情は異なる。会計上の判断が重要な意味を持ち，判断が適切かどうかの吟味が必要となってくるはずである。なるほど確かに，損益法と財産法を分離した上で再び結合する二元的構造を現実のものとするのは困難であり，たとえばわが国の上場企業において全社的な財産目録を作成することは，実際上不可能ともいえる。ただ，いくつかの項目，たとえば金融商品等については，毎期末ごとにその内容を評価する必要が生じつつあり，これは実在高を確認しているということもできよう。その評価・開示の方法については，おそらく，企業自らの判断ばかりではなく，監査人の判断が重要になってくるものと思われる。

企業会計の変容期は，監査人の独自の判断が要求される時代なのだと思う。現実のいかなる側面を財務諸表に写像するのかが企業並びに監査人に問われるとき，その解答はすでに存在している決まり切った会計手続とは違うところにある。すなわち，そうした意味での通時態の論理とは，企業にとっては岩田のいう財産法の論理であり，監査人にとっては岩田のいう指導性の論理なのではないだろうか。

本書では以下，こうした認識に立って会計構造と監査の関係を考察していきたいと思う。

第2章
線の監査と点の監査

1 はじめに

　既述のように，わが国の企業会計・監査は，現在，急速に変化しつつある。連結財務諸表制度の整備にはじまり，税効果会計，金融商品，退職給付等の会計に典型的にみられるように，国内の会計基準を国際的な流れにしたがう方向に変える動きは急ピッチで進展している。また，1991年にはリスク・アプローチに基づくとされる監査基準が導入されたが，それ以降，日本公認会計士協会によって数多くの監査のための諸基準が作られている。こうした動きは，基本的には，企業が資本市場に参加するため要求されるディスクロージャーの質の向上を図るものといえよう。

　ところで，企業会計・監査とは密接不可分の関係にある複式簿記は，さまざまなとらえ方はあろうが，本来は企業の財産（債権・債務を含む）管理のために用いられるツールである。それが，近年では財務諸表作成のためのツールとしての性格を強めていたということができよう[1]。しかし，1999年度からわが国でも連結財務諸表を中心としたディスクロージャー体制がとられることとなり，従来の複式簿記は，個別財務諸表作成のツールであるに過ぎなくなった。もとより，連結財務諸表の基礎には個別財務諸表があるわけであるから，その限りでは簿記の重要性にさほどの変化はないといえるかもしれない。しかし，ダイレクトに財務諸表作成に関連しなくなることの影響は，今後，大きなもの

---

1)　安藤英義「簿記および会計の空洞化」『企業会計』第40巻第9号，1988年9月参照。

となる可能性がある。

　簿記が，主として財産管理のツールとして用いられている場合には，日々のその都度の記録が重要であるのに対し，財務諸表作成のツールとして主に用いられる場合，言葉は悪いが期中は手抜きをしても，決算の段階で調整すればよい，という感覚が生じていることは十分に考えられる。とすれば，個別財務諸表が開示されない企業にあっては，個別財務諸表作成に際し，従来と異なる方法が採られる可能性があり，ひいては個別財務諸表作成基盤である簿記に変化が生じてくるのではないかと考えることもできよう。これは，監査を行う際にも同じである。監査証跡としての簿記の重要性は今後は低くなっていく可能性があると思われる。少なくとも上場企業にあっては連結財務諸表監査が中心となるからである。

　本章では，このような問題意識の下，20世紀の監査思考を概観した上で監査論上の問題点を考察する。

2　監査思考の系譜

　ここで監査思考とは，企業の会計ないし財務諸表の監査を行う際の基本となる考え方を指すものとする。まず，企業会計・監査に関して，もっとも支配的な影響力を持っているアメリカにおける監査思考の系譜を概観してみよう。

　1910年代後半から1930年代前半を中心として，アメリカでは「貸借対照表監査」（balance sheet audit）が発展したといわれる。第一次世界大戦の戦費捻出のため複雑化した国内の税制や，関係会社を使ってそれをかいくぐろうとする企業に対処するため導入された連結納税制度は，アメリカにおける会計プロフェッションの必要性を増大させた。そして，会計プロフェッションとしての公認会計士をメンバーとするアメリカ会計士協会（American Institute of Accountants）が成立したのが1916年のことである。同年，アメリカ公認会計士協会は「貸借対照表監査に関する覚書」（Memorandum on Balance Sheet Audits）を作成したが，これは，銀行からの信用供与を必要とする企業が，銀行に提出するた

めの貸借対照表を監査するためのマニュアルである。

このころのアメリカは，第一次世界大戦によって疲弊したヨーロッパ諸国に代わって，世界経済におけるヘゲモニーを握りつつあった。当時，好景気に沸くアメリカ企業に資金を供給する中心的な役割は，銀行が担っており，信用目的である貸借対照表監査の重要性は大きかったといえよう。

貸借対照表監査の名付け親であるモンゴメリーが『監査理論と実務』[2]を著したのは1912年のことであるが，彼は少なくともその前年に貸借対照表監査という用語を用いており，おそらく1910年より以前に，すでに貸借対照表監査が実際上行われていたことは想像できる[3]。

この貸借対照表監査とは，モンゴメリーに拠れば，次の7つの一般原則に準拠して，貸借対照表に記載されている諸項目が実際の資産や負債と一致するかどうかを照合することであるとされている。すなわち，監査人は次のことを確認しなくてはならない[4]。

1. ある特定の日において，貸借対照表に示されているすべての所有資産が，実際に手元にあり，適正に評価されていること。
2. 貸借対照表に示されていない資産が，記載されるべきかどうか。
3. 貸借対照表に示される負債がある特定の日において実際に存在すること。
4. すべての負債が貸借対照表に示されているかどうか，そして条件付き負債が何らかの形で示されているかどうか。
5. 貸借対照表に示された負債が，正当な理由に基づいて発生したものであるかどうか。
6. 剰余金勘定および純利益勘定が適正表示されていること。
7. 資本金（capital-stock）勘定が適正に分類表示されており，いかなる種類の株式も正当に授権された限度を超過していないこと。

---

2) R. H. Montgomery, *Auditing Theory and Practice*, 第4版, New York, 1927年。
3) 岩田巌『会計原則と監査基準』中央経済社, 1955年, 12頁参照。
4) R. H. Montgomery, 前掲書, 78-79頁。

これらのうち，最後の2つは1912年の初版にはなかったものの，後に追加されたものである。したがってこれらの原則からは，次のことがいえるように思われる。すなわち，貸借対照表監査の中心的な特徴とは「資産および負債の実在性および網羅性を確認すること」であると[5]。換言すれば，貸借対照表監査とは「記録と事実の照合」に重点をおくものである[6]。

しかし，この貸借対照表監査は1930年代に入って凋落した。一つの理由としては，企業の資金調達方法が，銀行からの短期借入に依存するより，直接金融を中心とした長期信用を利用する方向へ変化していったことが挙げられる。銀行より，資本市場の方向を向いた監査の比重が大きくなっていったといえるように思う。しかし，本当の理由は，クロイゲル事件（Kreuger Case, 1933年）やマッケソン・ロビンス事件（Mackeson & Robins, Inc. Case, 1938年）のような世界的に影響をもたらした大規模な粉飾・倒産事件により，貸借対照表監査の無力さが露呈されたことにあるといえよう。

1929年の世界大恐慌の結果，多くの企業が倒産し，その行ってきた会計上の粉飾が明らかになったが，中でももっとも有名なクロイゲル事件は，公正な監査を受けていない巨大な企業が粉飾によってどれほど悲惨な結果を世界中の一般大衆に対してもたらすかを示したのであり，証券法（Securities Act, 1933年）および証券取引法（Securities Exchange Act, 1934年）が制定される起因の一つとなった。そして，マッケソン・ロビンス事件は，従来，一般に認められた監査手続がいかに不備なものであったかを示したのであった。マッケソン・ロビンス会社を担当していたプライス・ウォーターハウス会計事務所の実施した監査は，当時，大多数の会計事務所が行っていた監査と実質的に何ら異なるものではなかったことが証券取引法に基づいて開かれた聴聞会の調査で明らかになったのである。もちろん，当時の監査手続に不備があったことばかりではなく，監査人の知識や能力，経験等の不備も監査の失敗をもたらした一因ではあったが。

---

5) 岩田巌『会計士監査』森山書店，1954年，43頁参照。
6) 岩田巌『会計原則と監査基準』54頁ならびに日下部與市『新訂会計監査詳説』中央経済社，1965年，29頁参照。

そして，貸借対照表ばかりではなく損益計算書を監査対象に加え，主として財務諸表全般にわたる「原則と方法の照合」[7]に監査の重点をおく「財務諸表監査」の登場をみるに至った。この監査の特徴は，従来，経営者および銀行を重視していた立場を転換し，投資家の利益擁護を中心とするものだということであろう。その結果，企業の収益力を評価するという面が強調され，企業規模拡大・複雑化による貸借対照表項目評価の困難性とも相まって，財務諸表監査は，1930年代に徐々に明瞭な形をとりはじめたといえよう。

そもそも，アメリカにおける監査実務は，イギリスに起源を求めることのできるものといわれるが，イギリスでは19世紀中葉に株式会社の強制監査制度が成立していたのに対して，アメリカでは，1933年にニューヨーク証券取引所が，上場企業に対して，提出すべき財務諸表が会計士によって監査を受けるべきことを要求するまで，そうした制度はなかった。

いってみれば，監査制度の揺籃期において発展したのが，事実の確認や認定を中心に考える貸借対照表監査であり，強制監査制度の確立期においては，企業会計が会計原則通りに行われているかどうかを確認することに重点をおく財務諸表監査が発展したわけである。

本書では，企業会計それ自体が，揺籃期 → 確立・安定期 → 衰退期 → 新たな揺籃期というサイクルをたどることを前提としているが，このサイクルにおいて企業会計には，現実写像性と記号相補性という二つの性格が強弱相反する形で出現すると考えられる。現実写像性とは，企業会計が現実の事物・事実を個別に忠実に写像するという性質であり，記号相補性とは，記号体系としての企業会計が，記号どおしの相互補完的関係から成立し，機能するという性格である[8]。企業会計の現実写像性が強い時期とは，企業会計の揺籃期であり，一つ一つの会計上の記号を現実と照らし合わせながら処理していかなくてはならない時代である。一方，記号相補性が強い時期とは，企業会計の確立・安定期

---

7) 岩田巌，前掲書，54頁ならびに日下部與一，前掲書，30頁参照。
8) 佐々木隆志「フロー貸借対照表とストック貸借対照表の構造」『會計』第145巻第4号，1994年，80-91頁参照。

であって，あらかじめすべての会計処理が定められているため，現実に何らかの事象が生じたとき，あたかも現実とは無関係に会計の世界の中だけで処理がなされると考え得るのである。

この考え方によって，貸借対照表監査と財務諸表監査の行われていた時期をみれば，前者は，社会的な監査システムの萌芽期において，事実の確認・認定を中心に行わざるを得なかった時期であり，後者は，監査システムの確立・安定期において，定められた会計基準に準拠した会計処理が企業において行われているかどうかを，定められた監査基準にしたがって監査するものとみることができよう。

3 監査証跡提供ツールとしての簿記

企業会計の監査たる財務諸表監査において，個別財務諸表が監査対象となる場合，複式簿記記録の意義は大きなものであったと考えられる。すなわち，企業で実施される複式簿記記録は，そこからダイレクトに財務諸表を生じるため，財務諸表監査における監査証跡そのものとして簿記ならびに簿記記録をとらえることができるからである。したがって，財務諸表監査の論理を考察するに当たり，その前提として，財務諸表と簿記のこうした関係を明確にとらえておく必要がある。換言すれば，企業会計と簿記の関係をどのようにとらえ得るか，という問題について，本書なりの視点を示しておく必要があるだろう，ということである。

まず，第一義的に複式簿記を，企業会計の構造そのものととらえることができる。すなわち，企業会計で扱われる実質的な内容を，処理する構造を提供するのが複式簿記であるととらえるのである。

次に，期中の取引を記帳する技術が簿記であり，期末にそれを総合・整理して決算書を作成する技術が会計であるととらえる考え方があるだろう。この場合，簿記と会計を区別するというより，期中と期末をわける，ないし記帳と財務諸表作成を分けるということである。もちろん，決算は簿記の枠組みを用い

て行われるから，論理的に厳密な区別とはいえないかもしれない。ただ，相互に重なる部分はあるにしても，簿記論と財務諸表論がそれぞれ中心的に扱う対象によって，簿記と会計を分けるという考え方だといえるだろう。

わが国において，この50年間ほどは期間利益計算中心思考，つまりいわゆる動態論の支配する時代であったといえる[9]。しかし，近年，その企業会計の基本思考に変化がみられることは周知の通りである。これは，上述の第2の簿記・会計区分の考え方を背景に，簿記の企業会計における位置づけの変容を生じつつあるように思われる。以下，その点を述べることにしたい。

従来の企業会計とは，会計構造の面からいえば，損益計算において収益・費用の決まり方を第一義的に定義し，それにしたがって貸借対照表項目である資産・負債・資本が決定されるという論理構造を持つものであったといえる。いわゆる動態論の考え方であり，収益・費用アプローチといわれる。本書では，この体系を記号相補的なものであるととらえている。すなわち，収益・費用概念の理念的ないし抽象的内容（たとえば実現主義とか発生主義とかいう形で）が会計学によって与えられているようにみえるが，実務上は商品を発送した時点に売上高および売掛金の発生を記帳する，とか定額法によって固定資産の減価償却を行う，というように一つ一つの収益や費用の認識の仕方のルールがある程度定められており，それにしたがった会計処理が求められていると考え得るのである。

一方，近年アメリカを中心として世界的に広がりつつある企業会計の基本思考とは，貸借対照表項目である資産・負債を第一義的に定義し，その変化によって収益・費用を把握するという構造をもつものといえる。いわゆる資産・負債アプローチである。このとき資産および負債は，それぞれ将来のキャッシュ・インフローおよびキャッシュ・アウトフローの現在価値として評価されるのが原則となる。公正で効率的な市場が存在する資産に関しては，市場価値が貸借対照表価額として用いられることになるわけである。

---

9) 森田哲彌『価格変動会計論』国元書房，1979年，4頁。

このとき顕著に生ずる両者の違いは、従来の動態論が取得原価主義会計としての構造を持つことになるのに対して、新しい企業会計の姿は、時価主義会計の外観を呈するということであろう。本書では、取得原価・時価という場合に貸借対照表の資産評価を主として念頭においているが、基本として、動態論においては過去の収支を、新しいアメリカ的な貸借対照表観においては将来の収支をそれぞれ貸借対照表が収容することになるため生ずる違いといえる。

従来の動態論においては、貨幣収支の原因分析を基礎とした利益計算構造である損益法が中心であった。「だからその根底には貨幣の収支計算が横たわっているのであり、これが利潤算定に適合するように組替えられ」[10]ることになる。収支計算を土台としつつ、これを分割・拡張して組み上げられるのが損益法であって、いわば拡張された収支計算に基づいているといってもよい。この意味での収支計算こそが簿記の役割であり、簿記そのものであるとの考え方ができるであろう[11]。したがって、貸借対照表上の資産は過去の支出額によって評価されることが原則となり、必然的に取得原価主義会計に連なることになるのである。

一方、近年台頭しつつある会計学においては、資産はサービス・ポテンシャルズとして、将来企業にもたらされる経済的便益ないしキャッシュ・インフローの現在価値によって測定される。したがって、将来予測の変化に伴い資産の評価額は変化することになるから、常に測定・報告される時点の金額が問題となる。いわゆる時価主義へつながるわけである[12]。

---

10) 岩田巌『利潤計算原理』同文館, 1956年, 135頁。
11) 岩田巌, 前掲書, 145-149頁, 特に148頁参照。
12) 私見では、所有者を問わず同じ価値をもたらす資産（多くの金融資産がこれに該当する）は、客観的な金額で測定され、所有者の違いによって、もたらされる将来キャッシュ・フローが異なる資産（固定資産等）は主観的な金額で評価されるべきだと考えるが、これは単純には資産を二分し、それぞれの評価額を異ならしめる方向へつながる。現在のわが国では、前者は市場価値で、後者は（予測が困難であるためか）取得原価で評価する方向であるように思われるが、あくまで二元論ではなく統一的な基準で考えるべきであろう。すなわち、いずれも将来のキャッシュ・フローの現在価値としていかなる金額が妥当かという観点から一元的に論理づけられるべきものと考える。

このとき，簿記にはいかなる変化が生ずるであろうか。

従来の簿記は，収支を把握する，すなわち企業内外間の貨幣と財・用役のフローを把握するシステムであった。要するに，企業活動がいわゆる外部取引に重心をおいて行われ，企業利潤も多くは外部との収支を伴う取引によってもたらされる時代を前提とするフロー把握のシステムであったといえる。

一方，今後もこの簿記の基本的性格は変わり得ないものと思われる。ただしそれに加えて，企業内部において資産に価値変動が生ずる場合，それを把握することが求められることになろう。すなわち，企業内外間の財・用役・貨幣・信用のフローを把握するばかりではなく，企業内部でのそれらの変化を記録する部分が定期的に簿記に求められる。

本節の冒頭に述べたように，簿記には「無色の構造」としての第一の意味に対して，いわゆる外部取引を記録するためのツールとして色づけられた部分が従来はあった。この第2段階目の意味が変化するものと考えることができよう。

4　線の監査と点の監査

さて，第2節ではアメリカにおける貸借対照表監査と財務諸表監査についてみてきたのであるが，これはいってみれば，財産法と損益法[13]が前提とする監査ととらえることができる。

財産法は，元入資本を記帳するためのある種の単式簿記を別として，原則的には簿記を必要とせず，一時点において正負財産の実地調査等を行うことによって財産目録を作成し，純財産と元入資本を比較することによって損益計算を行う。簿記はきわめて限定的に用いられるにすぎない。むしろ，貸借対照表監査によって貸借対照表に収容される資産・負債の実在性・網羅性を検証することのほうが，期中の簿記記録よりも重要になる。

---

13)　岩田巖，前掲書，第一編参照。なお，ここで損益法とは，厳密にいえば「財産法の処理が縮少脱落して，損益法の取扱が拡大し精密化し」（同書164頁）て「損益法に一元化」（同書165頁）した企業会計を意味している。

一方損益法は，拡張された収支計算すなわち簿記に基礎をおくものであるから，簿記ときわめて密接につながる損益計算体系である。ここでいう簿記とは外部取引の把握を中心とするものであるが，これに基づく企業会計の体系は，20世紀後半を中心に，発生主義会計あるいは取得原価主義会計としてわが国のみならず世界的にドミナントなものとなった。財務諸表監査として発展した監査は，この企業会計を支えるものであったといえる。

貸借対照表監査は，ある時「点」の正負財産の一覧表を作成することを基礎とするものであり，「点の監査」を行うものといえる。一方，財務諸表監査は一期間の企業の取引を全般的にみる。あらかじめ定められた会計原則に準拠して企業会計が行われたかどうかを，あらかじめ定められた監査基準に準拠して監査するのであり，これを貸借対照表監査と対比的にいえば，「線の監査」を行っているということができるだろう。換言すれば，財務諸表監査とは一連の企業会計のプロセスを全体的に吟味するものととらえることができるかもしれない。

そこで，前節で述べた新しい企業会計がどういう簿記や監査を前提とするのかを考察してみよう。

現在進行しつつある企業会計の変容は，投資家の意思決定に役立つディスクロージャーを拡充する方向を目指しているといえる。その結果，会計情報が確実な過去の事実に基づいていることよりも，不確実性は多少大きくとも，将来を予測できるような内容を含んでいることが必要とされる。したがって，監査に際しても，従来，重視されてきた情報の検証可能性（verifiability）よりも，目的適合性（relevance）のほうが重視されるようになると思われる[14]。

長らくアメリカ会計学の理論的なバックボーンをなしてきたペイトン・リトルトンの『会社会計基準序説』においては，記録された取引を裏付ける「検証力ある客観的な証拠」が基礎概念の一つとして扱われていた[15]。企業会計を支

---

14) American Accounting Association, "Committee to Prepare a Statement of Basic Accounting Theory," *A Statement of Basic Accounting Theory*, 1966年参照。

15) W. A. Paton & A. C. Littleton, An Introduction to Corporate Accounting Standards, AAA Monograph No. 3, 1940年，18-21頁，中島省吾訳『会社会計基準序説』森山書店，1953年，29-34頁参照。

える監査に際して，これが重要な要素として考えられていたのである。また，リトルトンは『会計理論の構造』においても監査によって批判的に企業事象を再検証する必要があることを述べている[16]。この場合の検証は，証拠およびそれによって行われた複式簿記を用いて行われるわけであり，簿記は監査証跡供給源の一つとして，監査を支えるものであった。

　要するに，20世紀中葉と比較して，現在は監査に際しての簿記の重要性が薄れていると思われるのである。それは，簿記が原則として過去の企業取引を記録するためのツールであり，企業が外部との取引の際に得られる検証可能な客観的証拠によって裏付けられる存在であったことと裏表の関係にある。企業会計が，あくまでこの意味の簿記によって基本的に成立していたとしても，将来の経済的便益ないしキャッシュ・フローの予想ならびにその財務諸表への取り込みを行うことを主目的にするようになる以上，簿記の比重は相対的に下がることになる。監査に際しても，検証力ある客観的証拠に基づく簿記以外のものにその根拠を求める必要が出てくるであろう。

　それは，再び「点の監査」が重要になるということである。期中における企業取引の一連の流れを捕捉し検証するという「線の監査」ではなく，一時点における企業の資産・負債の状況を確認し検証するという点の監査である。

　ところで，20世紀初頭のアメリカにおいては，監査に際してイギリスの制度・理論が手本とされたことは，1892年にロンドンで出版されたディクシーの『監査論』[17]が，1905年にモンゴメリーによってアメリカ版として出版されたことからも明らかである。モンゴメリーが貸借対照表監査に言及した自分自身の著作を出版したのはその7年後であった。そのイギリスには，古くから精細監査（detailed audit or complete audit[18]）と呼ばれる監査システムがあったことはわが国でも古くからよく知られている。ディクシーの『監査論』には貸借

---

16) A. C. Littleton, Structure of Accounting Theory, AAA Monograph No. 5, 1953年，116頁および124頁参照。

17) 使用したのは L. R. Dicksee, *Auditing, a practical manual for auditors*, 第4版，London, 1928年である。

18) R. H. Montgomery, 前掲書，5頁参照。

対照表監査の「技術的特徴や限界が簡単だが述べられているのであって、その種子は古くからイギリスにあったのである。だがイギリスはその生育に適しなかったためか、遂にここでは芽をふくには至ら」[19]ず、帳簿および証憑を中心に、その精査を行う精細監査が、伝統的な監査[20]として19世紀から20世紀前半まで行われ続けた。

　この、監査業務の大部分を証憑突合、帳簿突合、計算突合などの詳細かつ完全なチェックにあてる手法は、本来、簿記の正確性を確かめるための手法であると考えられる。ただし、そのためだけであれば試査を導入し、アメリカ的な貸借対照表監査の手法を用いたほうが合理的であったろう。なぜイギリスは貸借対照表の生育に適しなかったのか。

　それは、イギリスの監査の目的が、株主保護を目的として企業経営者の誠実性を確認することであったことによる[21]。経営者の行為および経営者が部下に行わしめた行為は、「いずれも会計記録に現れるので、これらの会計記録の作成過程を追っていくことが必要」[22]であり、帳簿や証憑の精細な突合が要求されることとなったといえる。アメリカの貸借対照表監査は、経営者が信用目的のため必要としたのに対し、イギリスの精細監査は、株主が経営者の誠実性を確認するために行われたという違いがあるわけである。ただ、精細監査は明らかに「線の監査」であった。可能である限りにおいてすべての会計帳簿と証憑等が順に検証されるのであるから、簿記記録は中心的な監査対象となる。

　会計が抽象的な収支計算を扱うものであるのに対して、簿記の本質は、具体的な・個別的な財産の変動を把握するものであるとの見方があるが[23]、簿記を

---

19)　岩田巌『会計原則と監査基準』13-14頁。
20)　A. C. Littleton, *Accounting Evolution to 1900*, 第2版, New York, 1966年（使用したのは復刻版1998年）、259頁参照, 片野一郎訳『リトルトン会計発達史』（増補版）、同文舘、1978年371頁参照。なお、ここではイギリスの監査の伝統が14世紀にさかのぼれることが述べられている。
21)　森實『監査要論』（第3版）、中央経済社、1996年、13頁参照。
22)　森實、前掲書、14頁。
23)　新田忠誓「簿記の原理」（その1〜4）『會計』第155巻第4号‐第156巻第3号、1999年、とりわけ（その2）148頁参照。

このようにとらえれば、簿記の背後に存在する具体的な事物の動きが簿記の記録対象となることになる。したがって簿記は、抽象的な記号ではなくて財産目録に含まれる現実の財産の写像を記録するものとしての側面を持つことになると思われるが、帳簿や証憑のみをみて、具体的な財産のチェックというものをそれほど重視していなかったと思われる精細監査は、その前提として、現実の事物の会計上の扱い方がきちんと定められた、成熟した体系を想定しているのであろう。つまり、現実の事物を会計上どのように扱うかが完全には定められていない未成熟な企業会計の体系と異なり、それがすべて定められている成熟した体系においては、現実そのものを扱う必要がなく、記録の世界のみを対象とすれば十分だという考え方が、イギリスの精細監査の手法からうかがえるのである。

一方、この精細監査の対極に位置するものとして、リスク指向監査 (risk-based auditing)[24] が妥当すると考えることができる。なるほど確かに「記録と記録」の照合と「記録と事実」の照合という差違をもって、精細監査と貸借対照表監査とを対置することが従来行われてきたが、ここでは別の見方をしたい。

というのも、監査の対象となる会計記録をことごとく調べるという「線の監査」の極限である精細監査は、その一つながりの線によって会計上のすべての項目を網羅することになるが、リスク指向監査ないしリスク・アプローチにおいては、いくつかの監査上の力「点」を選び出し、そこに監査資源を重点的に配分することになるからである。

5 むすび

従来の財務諸表監査に多くの限界点がみられるようになり、分析的手続を利

---

[24] American Institute of Certified Public Accountants, Statement on Auditing Standards No. 47, "Audit Risk and Materiality in Conducting on Audit," 1983 年参照。

用するリスク・アプローチの登場ならびにその他の監査システムの変容[25]が現れてきた。畢竟するにこれは，世界的に進展する企業会計の変容と同時進行的に現れてきたものといえる。世界的な経済構造の変化に伴い，従来の会計ならびに監査ではとらえきれない問題が多数生じ，企業会計ならびに監査に対し変革を求めているのである。

また，企業会計が新たに生じた実体を扱い得るものとなっていなかったとしても，監査に際してそれでよしとするわけにはいかない。会計原則と監査基準に対する準拠性をのみ監査が求められる時代は，あくまで企業会計の安定期でしかない。企業会計および監査が，検証可能性より目的適合性を求められるということは，法や制度を越えて存在する経済的実質が存在する場合には，それらを越えてその実質を会計上把握せよとの実質優先性（substance over form）を強く意識していなくてはならないのである。企業会計の変容期に必要なのは，まだ会計処理が明確には定められていないか存在していない経済的実質を会計および監査に反映させなくてはならないとする実質優先性の考え方であろう。

会計は一時点の状態を表す貸借対照表項目として，それまでの会計では扱ってこなかったさまざまな実体を取り入れていく必要があり，監査に際しては，固有リスクや統制リスクの大きな項目を見つけだし，それに監査資源を投入していく必要があるのである。いずれも「点の」会計ないし監査とならざるを得ない。系統的な処理法がないのであるから当然ではあるが。

しかし，この状況は，ある段階に達すれば，ある程度の安定期に入るだろうと思われる。その段階では，定められた会計原則と監査基準に準拠することで企業会計および監査の目的が十分に達成できることになると思われる。ただしその段階とは，20世紀中葉から後半にかけての時代とは全く次元を異にする段階である。さて，そこで簿記はどのような形をとるであろうか。

実は，筆者は複式簿記の基本構造には全く何の変化も生じ得ないと考えてい

---

25) アメリカにおいては，1980年代末からゴーイング・コンサーン監査や経営者の誠実性の確認を監査に取り入れる動きが加速し，コーポレート・ガバナンスの一環としての監査委員会制度も導入された。

る。ただし，筆者が基本構造と考えているのは，第3節で述べた，第一の意味における複式簿記に相当するものであり，第2の意味における簿記は，すでに変化を迫られている。簿記が向かうべき方向は，期末における資産・負債の再評価「プロセス」を把握し，あるいは連結財務諸表作成「プロセス」を取り込むといった方向なのかもしれない。いずれにせよ，「線の監査」に対応する監査証跡を提供できる簿記こそが，当分続くであろう企業会計の変容期の終点にあると考えられるのではないだろうか。

第3章
企業会計および監査における真実性の原則

1 はじめに

本章は「真実性の原則」と「企業会計および監査」との関連について論ずるものである。以下その点について説明したい。

『企業会計原則』第一・一般原則一「企業会計は，企業の財政状態及び経営成績に関して，真実な報告を提供するものでなければならない。」

一般に「真実性の原則」と呼ばれる上記の原則は，「『企業会計原則』の頂点に位して，全体を締めくくる中核をなすものであって，他の六つの一般原則と損益計算書原則および貸借対照表原則は，ここにいう『真実』の内容を明確にするとともに，その範囲を限定するものだ」[1]と解釈される。つまり真実性の原則は企業会計の「最高規範」[2]であり，そこにいう「真実」とは，企業会計原則における，この原則以外のすべての条項を遵守することによって確保されるものだというわけである。

この解釈における真実性は，周知のように「相対的真実性」と呼ばれる。たとえば，減価償却法における定額法・定率法のように，会計処理方法に2つ以上の選択可能な方法がある場合，それらのうちいずれの方法を採用しようとそれが認められている方法である限りは，そのことによって作成される財務諸表

---

1) 中村忠『新稿現代会計学［五訂版］』白桃書房，2001年，196頁。
2) 飯野利夫『財務会計論［三訂版］』同文舘，1993年，2-16頁。

はいずれも真実であることになる。この意味の真実性は，唯一，絶対に真実であるという意味での絶対的真実性と対比的であり，今日の企業会計における真実性を特徴づけるものとされている。要するにわが国の企業会計原則における最高原則と目される真実性の原則とは，相対的真実性を希求するものであるとの一般的認識が存在しているといえよう。

この「相対的真実性」とは，企業会計原則を遵守することによって達成されるわけであるから，監査の局面においては，次のようなことがいえる。すなわち，企業が企業会計原則（あるいはその他の法規）に従った会計処理を行ったかどうかに関し，監査基準に照らして調査すればよい，と。企業が一般に認められた会計原則に従った会計処理を行ったかどうかに関し，監査人が一般に認められた監査基準によって意見を表明することこそが監査だからである。要するに企業が，すでに存在している会計原則あるいは法規通りの会計処理を行っていることを確認すれば，監査人の任務は果たされたことになる。

この2つの点，すなわち企業会計および監査が「会計原則に従った処理をしてさえいればよい」とするところには，大きな問題点があると考える。この点の考察を進めることが本書の目的である。

ところで，この相対的真実とは「かつてのドイツ商法における貸借対照表原則にいう絶対的真実」(飯野利夫，前掲書，2-17頁) と対比されるものである。次節においては，まずこの絶対的真実性の内容を検討する。そもそもわが国の真実性の原則はドイツの「貸借対照表真実性の原則」(Grundsatz der Bilanzwahrheit) にその淵源を有するものであり，これを検討することによって，真実性の原則の性格が，より明らかになるものと考える。

2 真実性の淵源

(1) 貸借対照表真実性の原則

ドイツにおいては，19世紀末から「貸借対照表真実性の原則」が貸借対照表明瞭性の原則，貸借対照表継続性の原則，貸借対照表単一性の原則と並んで

ジモンやレームら著名な法学者によって論じられていた[3]。

ベルリン出身の弁護士ジモンは、1861年のドイツ普通商法（Das allgemeine deutsche Handelsgesetzbuch）の貸借対照表法（Bilanzrecht）に関する『株式会社の貸借対照表』[4]を著したが、この書物は「偉大なる成功を収め」、「実に長く貸借対照表論の標準書を成すに至った」[5]。「主観的個人価値説」と呼ばれる貸借対照表価値論が有名であるが[6]、これは1873年の帝国高等商事裁判所判例の「通説的」解釈[7]、すなわち売却時価主義に対置されるものである。

高等商事裁判所判例の「通説的解釈」の骨子は「資産はすべて決算日に換価しうる価格で評価すべし」[8]というものであり、要するに「この基本原則が売却時価主義に他ならないことも、これまた明らか」[9]であった。ただし、販売資産はともかく、使用中の固定資産に関しては実務における「原価マイナス減価」による評価との「救い難い背離に陥込んだ」[10]ため、ジモンの主観的個人価値説がクローズ・アップされることとなったわけである。

この主観的個人価値説とは、資産を使用資産と販売資産に区別し、前者には使用価値を、後者には販売価値（売却時価）を付すというものである[11]。帝国商事裁判所判例の通説的解釈によれば、すべての資産は一元的に売却時価で評価されたのに対し、ジモンによれば、資産は二分され、二元的な評価が行われ

---

3) P. Gerstner, *Bilanz-Analyse*, 第7版, Berlin, 1909年, 58頁以下, および沼田嘉穂『会計教科書』6訂版, 同文舘, 1975年, 17頁参照。

4) H. V. Simon, *Die Bilanzen der Aktiengesellschaften und der Kommanditgesellschaften auf Aktien*, 第2版, Berlin, 1898年。

5) 上野道輔『新稿貸借対照表論』上巻［訂正増補12版］有斐閣, 1942年, 305頁。なお, E. Walb, "Zur Dogmengeschichte der Bilanz von 1861-1919" E. Walb 他, *Festschrift für Eugen Schmalenbach,* Leipzig, 1933年, 18-19頁参照。

6) 主観的個人価値説については五十嵐邦正『静的貸借対照表論の研究』森山書店, 1996年, 25-28頁参照。

7) 本書第6章参照。

8) 岩田巌『利潤計算原理』同文舘, 1956年, 237頁。

9) 安藤英義『新版商法会計制度論』白桃書房, 89頁。

10) 岩田巌, 前掲書, 239頁。

11) H. V. Simon, 前掲書, 303頁参照。

るのである。とりわけ使用価値は、営業主個人にとっての主観的な価値であり、そのことによってジモンの評価論は主観的使用価値説ないし主観的個人価値説と呼ばれるわけである。

ジモンの主観的な個人価値論は、恣意的になるおそれがある。そこでレームの営業価値説[12]が現れてくることとなった。営業主（企業主）の立場ではなく営業（企業）自体の立場を重視して、営業主の主観価値ではなく、誰が営業主になったとしても変わらない客観的な価値を使用資産に付するものとしたのである。

ただ、ジモンの主観的個人価値説もレームの営業価値説も、本書の立場からは本質的に異ならない。要するに、資産を二分してそれぞれに異なる評価基準を当てはめるものである。そして、その評価基準がいかなるものであるかは別として、レームによれば、貸借対照表真実性の原則は次の3点を要求するものとされる[13]。

1) 真実な名称を付した実質的な対象を貸借対照表の項目とすること
2) 実在するプラスおよびマイナスの財産をすべて網羅すること
3) 個々のプラスの財産およびマイナスの財産に現実的金額を付し、仮想的金額（将来または過去の価値）を付さないこと。

この3点が貸借対照表真実性の原則であるが、貸借対照表における項目並びに金額の真実性を求めるものといえる。そもそも、財産計算を行う目的の貸借対照表（すなわち、静的貸借対照表観）がここでは前提となっているが、その際、真実な財産表示を行うためには、貸借対照表諸項目並びにそれらに付すべき金額の真実性は最重要の要件となるのは当然である。

換言すれば、いかような基準であれ、貸借対照表に収容される諸項目の評価基準が厳密に定められている必要があり、その上でその基準通りに当該項目が評価されている必要がある。もちろん、その前提として貸借対照表に収容されるべき項目があらかじめ定められており、それらがすべて収容されていること

---

12) H. Rehm, *Die Bilanzen der Aktiengesellschaften*, 第1版, München, 1903年参照。
13) H. Rehm, 前掲書, 94頁。

が必要である。要するに項目の実在性・網羅性と金額の妥当性が満たされて真実性は成り立つといえるであろう。

(2) 絶対的真実性と相対的真実性

一般に，ドイツにおいて貸借対照表論が発達したことの端緒は，1861年商法の第31条に求めることができるとされる[14]。この条文「財産目録および貸借対照表の作成に際して，全ての財産および債権を，作成時にそれらに付すべき価値に従って計上しなくてはならない」という文言のうち，「付すべき価値」の内容が曖昧であったため，どのようにも解釈され得る余地があった。しかし，法の強制力を鑑みれば，条文解釈によって財産および債権に付すべき価値が変わってくるということでは困る。そのため裁判所が必要に応じて見解を発表し，さらに法律家や実務家らの見解も世に問われたというわけである。

この付すべき価値に関する見解の例としては，帝国商事裁判所の1873年12月3日の判例，シェフラーやジモンの個人価値説，シュタウプやレームの営業価値説などが挙げられる。このような価値論的立場に拠る貸借対照表論は19世紀の中頃から20世紀初頭にかけて発展したものであるが，今日では一般に否定的に解されておりこれを（旧）静態論と呼ぶことができる[15]。

これら静態論の中で，貸借対照表真実性の原則は，貸借対照表明瞭性・継続性・単一性の諸原則とともに重視され続けてきた。ただ，当時からそこにいう真実性には絶対的なものと相対的なものとがあったことがわかる。一元的な売却価値による評価を前提とする貸借対照表における真実性は絶対的なものであるといえるが，二元的評価しかも主観的個人価値による評価は，絶対的なものとはいえまい。

---

14) E. Walb, 前掲書, 4頁, および渡邊陽一『貸借対照表論』森山書店, 1984年, 1頁参照。なお, ワルブはこれに先立つ1857年のニュールンベルク会議に貸借対照表論の端緒を求め, 渡邊はさらに1673年のフランス商業条例に遡っているが, 貸借対照表論に直接関わったという意味で, 本書では1861年法を起点としている。

15) E. Schmalenbach, *Dynamische Bilanz*, 第4版, Leipzig, 1926年, 63-68頁参照。なお, 五十嵐邦正『静的貸借対照表論』森山書店, 1989年, 59頁参照。

一般に，19世紀末のドイツの法学者らが論じた貸借対照表真実性の原則を，絶対的真実性を希求するものとする見方がないでもないが，上野はすでに大正15年に「従来ドイツの法学者はこれを絶対的真正と相対的真正とに区別し，貸借対照表真正の原則がそのいずれに拠るべきものであるかを論争」[16]していたと述べている。つまり，1873年帝国商事裁判所判例の通説的解釈である売却時価表示の貸借対照表における真実性こそが絶対的真実性なのであって，ジモンの「貸借対照表の真実とは名誉を重んずる商人が常に到達しようとする真実である」[17]という言を，上野は相対的真実性であるととらえているのである。企業会計原則制定時の企業会計審議会会長であった上野は，その20数年以前から，法律的規定に準拠して作成された貸借対照表の適法性こそが相対的貸借対照表真実性であるとの認識を示していた[18]。そして，それは後に企業会計原則制定に際して非常に大きな影響をもたらしたことが推測できよう。

売却時価をもって真実の価値とし，それによって貸借対照表のすべての項目を評価することは，現実には難しい。近年，リーのように全面的売却時価会計を標榜する[19]論者もないではないが，「貸借対照表真実性および貸借対照表明瞭性は，われわれが努力すべき標的を意味するのみであり，決して完全には到達し得ない標的である」[20]とのジモンの言は，多くの種類の資産の市場価格を把握することのできる現代においても，なお妥当するものといえるであろう。

3　企業会計原則における真実性の原則

既述のようにわが企業会計原則の筆頭に掲げられる「真実性の原則」の淵源はドイツの貸借対照表真実性の原則に求められた。もとより，当時のドイツに

---

16) 上野道輔『貸借対照表論』有斐閣，1926年，115頁。
17) H. V. Simon, 前掲書，473頁。
18) 上野道輔，前掲書，116頁参照。
19) T. A. Lee, *Cash Flow Accounting*, Berkshire, 1984年参照。
20) H. V. Simon, 前掲書，474頁。なお，田中耕太郎『貸借対照表法の論理』有斐閣，1944年，89-90頁参照。

おいては貸借対照表項目の実在性・網羅性・評価の妥当性といった意味での真実性が求められ，その意味で静態論的意味での真実性が前提であった。

岩田のいうように，真実性概念のメルクマールとして以前は，客観性・現在性・正確性・網羅性といった特性が揚げられていた[21]。しかし，現在は貸借対照表にこれらの特性を備えた真実性を求めることはほとんどない。こういった意味の真実性は，本来財産目録に対して求められるものである。財産目録とは，本書においては，企業会計ないし複式簿記から誘導されたものではなく，現実の世界（real world）の事物の写像として得られるものととらえるが，貸借対照表もまたそうした性格を有するものとの暗黙の前提によっていわゆる静態論における貸借対照表観は形成されていたものということができよう。

19世紀末から20世紀初めにかけて（1897年-1931年）のドイツにおいては，株式会社に対して，貸借対照表については（ジモンらの影響もあって）いわゆる相対的真実性が求められることにはなったのだが，財産目録に関しては依然として絶対的真実性が要求されていた。一般商人に関していえば，財産目録・貸借対照表の双方に関して，絶対的真実性すなわち売却時価評価が要求されていた[22]。財産目録に収容されるのは，企業会計から導き出された項目ではなく，リアル・ワールドの事物の写像であるという理解がこうした規定の前提なのである。

これに対して，近代会計に要請されている真実性の原則とはいかなるものであろうか。

山桝は「近代会計上の真実性の原則にあっては，その適用の範囲が，貸借対照表だけでなく，ひろく財務諸表の全般，さらに，ひいては，それらの源泉をなすものとしての日常の帳簿記録にまでも拡張されることに至るこというまでもない」[23]として，財務諸表が，記録された事実と会計上の慣習と個人的な判

---

21) 岩田巖『会計原則と監査基準』中央経済社，1955年，281頁。
22) *Staub's Kommentar zum Handelsgesetzbuch*, 第11版, Berlin & Leipzig, 1921年参照。なお，上野道輔，前掲書，158頁も参照のこと。
23) 山桝忠恕『近代会計理論』国元書房，1963年，62頁。

断の合成であることを所与とした「企業会計固有の真実性」が志向されるということを述べている。要するに真実性の原則にいう真実とは、自然科学的な意味における普遍的・絶対的なものではなく、個人的・主観的な判断の介入を前提とした、全体計算の一部としての期間計算のもとで、目的との関連においていうことのできる相対的なものであるというのである[24]。そして、山桝によれば、真実性の原則の背後に予定されている性格や内容をできるだけ明確にするため、企業会計原則は、6個の一般原則を掲げているとされる[25]。

このように、企業会計原則における7つの一般原則（真実性の原則・正規の簿記の原則・資本利益区別の原則・明瞭性の原則・継続性の原則・保守主義の原則・単一性の原則）は、内容的に相互につながりを持ち、「第一原則の真実性概念を近代会計学的に限定すること」[26]を主たる目的としているという認識、すなわち「ここには七つの個別原則が羅列されているのではない。一つの一般原則があるのみ」[27]だという認識は、一般原則の解釈としては支配的なものであろう[28]。

19世紀後半から第一次世界大戦前後において、ドイツの商法学者が真実性の問題を取り上げていたとき、財務諸表のうち「貸借対照表」に示される財政状態ないし財産状態に関する真実性が問題であった。しかし、企業会計原則の制定後しばらく、わが国においては、むしろ貸借対照表ないし損益計算書に示される「利益」の真実性が問題となったように思う。「今日では貸借対照表における企業財政の表示の真実性ということよりは、むしろそこに示される企業利潤の真実性ということを問題とするようになっている」（岩田巌、前掲書、283頁）。貸借対照表真実性の原則がドイツ静態論の産物であるとするなら、戦後わが国の企業会計原則に示された真実性の原則は、動態論を前提とするもので

---

24) 山桝忠恕、前掲書、62-63頁参照。
25) 山桝忠恕、前掲書、63頁参照。
26) 岩田巌、前掲書、266頁。
27) 岩田巌、前掲書、266頁。
28) もちろん、例外もある。著名なものとして、沼田嘉穂『企業会計原則を裁く』[改訂増補版] 同文舘、1979年、特に11-17頁参照。

あるといえるであろう。

　山下は，複数の会計処理方法が認められているとき，そのいずれか1つを選択した際，損益計算結果の真実性を一つの特定期間の損益計算に求めることはできず，「時の前後にわたる多数期間にわたり期間相互間の真実性に，これを求める考え方をとる以外にない」[29]としている。これは，一度採用した会計処理方法を継続的に選択し続けることにより「相互的・相対的真実性」が保証されるとするものである。

　さらに，期間損益計算の企業会計の絶対的真実性は，シュマーレンバッハのいう全期間損益計算（Totalgewinnrechnung）[30]との一致に求めることができるという（山下勝治，前掲書，161頁）。人為的な期間損益計算の結果は，企業の存続期間にわたる収入と支出の差額として計算される全期間損益計算の結果と相対的関連において真実であり，これを「長期的・全体的・相対的真実性」が保証されるものと考えるのである。

　これは「経営が他のために行ったすべての給付と外から受け入れたすべての給付が過去の期間に計算されているか将来の会計期間において計算されることになっていて，いかなる給付もそのまま放置されないこと」[31]を要請する「シュマーレンバッハの意味における」継続性の原則（Grundsatz der Kontinuität）を前提として，決算貸借対照表の重要な役割を導き出すことになる。すなわち，「決算貸借対照表制度は，事実とかけ離れた性格をもつ期間損益計算の結果が，次期の損益計算へと組織的に引継がれ，その結果として，自動的に，その事実の終局的調整が可能となる，ための有効な会計手段である」[32]というわけである。

　谷端はこうした意味での期間損益計算における「相対的真実性」をさらに詳しく分析し，3つの相対的真実性があるとする[33]。「個別的」・「相互的」・「全

---

29)　山下勝治『会計学一般理論――決定版――』千倉書房，1968年，159頁。
30)　E. Schmalenbach, 前掲書，96頁。
31)　E. Schmalenbach, 前掲書，99頁。
32)　山下勝治，前掲書，164頁。
33)　谷端長『動的会計論』森山書店，1965年，120-162頁参照。

体的」な3種類の「相対的真実性」である。

個別的・相対的真実性とは期間損益計算についての絶対的真実性を前提とした考え方である。筆者なりに敷衍して述べれば，一期間の収益および費用が，理念的な意味での発生基準でことごとく（自然科学的に）把握できたと仮定し，そういう思惟的な意味で把握・計算された収益費用計算が谷端のいう個別的・絶対的真実性を有するものとなるのである。

そして，山下の論理を援用して語られる相互的・相対的真実性も，山下の理論をさらに「損益計算にとり利益が絶対的に正確であって経済性の優れた尺度であることは重要であるが，それが相対的に能く機能を発揮することはさらに重要である」[34]とするシュマーレンバッハの比較可能性の原則（Grundsatz der Vergleichbarkeit）によって補強するものである[35]。

さらに，全体的・相対的真実性とはシュマーレンバッハ的意味での継続性の原則によって裏打ちされるものであるとの認識を示している[36]。山下が全体的・相対的真実性を語るときには，継続性の原則よりむしろ，シュマーレンバッハのいう合致の原則（Grundsatz der Kongruenz）との関連を第一に強調しているように思われる。そして，それとの関連で決算貸借対照表の意義を語る際に継続性の原則に言及しているのであるが，谷端の認識は，これとは若干の違いがあるようである。

田中や岩田が「真実性のドグマ」[37]と呼んだものは，貸借対照表真実性の原則にいういわゆる絶対的真実性，ないし客観性・現在性・正確性・網羅性といった貸借対照表における「幼稚な真実性」[38]に関するものであったが，それは，もはや戦後の企業会計においては問題とはならないことが山下らによって示されたわけである。

戦後，企業会計原則が制定されて以来近年まで，わが国の企業会計は，動態

---

34) E. Schmalenbach, 前掲書, 106 頁。
35) 谷端長, 前掲書, 151-155 頁参照。
36) 谷端長, 前掲書, 155-159 頁参照。
37) 田中耕太郎, 前掲書, 92-93 頁および岩田巌, 前掲書, 278-295 頁参照。
38) 岩田巌, 前掲書, 283 頁。

論的思考の下にあり[39]，真実性もその枠内で考えられ続けてきたといえる。一つは，山下あるいは谷端のいうような「損益計算」の真実性ということであるが，もう一つ，貸借対照表および損益計算を含む企業会計全般に関わるものがあった。次節ではその点について考察してみよう。

4 企業会計の記号相補性と監査上の特徴

　近年，いわゆる収益・費用アプローチから資産・負債アプローチへの世界的な転換が行われつつあるといわれる。100年ほど前のドイツとは逆の動きであると考えることもできよう。本書では，収益・費用アプローチを「収益および費用を第一義的に定義し，資産・負債概念はそこから2次的に派生することになる会計的思考」ととらえ，逆に資産・負債アプローチは「資産および負債を第一に定義し，収益・費用概念はそこから派生的に生ずることになる会計的思考」であるととらえることにするが，こうした認識から把握される，いわゆる動態論とは，いかなるものであったろうか。

　もちろん，歴史的にみれば動態論とは，収益・費用アプローチの産物であるといえる。ただ，一種の資産・負債アプローチによって成立していた静態論において，資産・負債の定義が比較的明確であったのに対し，動態論における収益・費用の定義はさほど明確とはいえない。

　静態論の場合，財産目録に含まれるリアル・ワールドの財産を念頭に置けばよい。本書における「リアル・ワールド」という言葉は，企業会計が存在しないと仮定した場合においても認識される現実の世界を意味するが[40]，静態論，とりわけ1873年帝国商事裁判所判例の通説的解釈を念頭に置いたとき，いわゆる貸借対照表能力（Bilanzfähigkeit）（貸借対照表に，ある項目が収容され得る能力）は，企業会計の外の世界で決まっている。実在する正負の財産は所与

---

39)　森田哲彌『価格変動会計論』国元書房，1979年，5頁参照。
40)　本書序章第4節参照。

のものであって、それらに付すべき価値をいかにするべきか、という点が学問上・法解釈上の論争となったにすぎないのである。

これに対して、収益・費用の定義はかなり曖昧であることは否めない。動態論の確立者であるシュマーレンバッハは、収益を「創造された価値」、費用を「消滅させられた価値」と定義しているが[41]、そこでいう価値が、企業会計で扱うことができるほど明確にはされていない。確かに「有用性および希少性」という経済財の特質が価値を形成するということは述べているが[42]、それだけであるにすぎず、具体的な内容は示していないのである。

アメリカにおける収益・費用アプローチの代表的な会計学説として、ペイトンおよびリトルトンによる『会社会計基準序説』[43]が挙げられるが、ここで収益は生み出された成果、費用は成果を生み出そうとする努力として擬せられ[44]、収益は、企業の生産物を顧客から受け取った新しい資産の額で測定したもの[45]であり、費用（原価）は、相互に独立した当事者間の取引に際して取得された財ないし用役の取引価格である[46]とされる。ただ、この場合も、損益計算のプラスまたはマイナスの要素として上記の定義に収まりきれないもの（たとえば努力なくして得られた成果や報われない努力など）が生じてくるため、あくまでこれらの収益・費用の定義は理念的なものであるに過ぎず、実際に企業会計を営むにはそれ以外の要素が必要となる。

現実に企業会計が営まれる場においては、収益・費用を（たとえば、実現主義とか発生主義といった）何らかの概念的定義に基づいて認識しているわけではなく、ある一定の現象が生じたとき機械的に認識しているものと思われる。つまり、企業会計において収益ないし費用が発生するのはこれこれの場合、と

---

41) E. Schmalenbach, 前掲書, 124頁および126頁参照。
42) E. Schmalenbach, 前掲書, 1頁参照。
43) W. A. Paton and A. C. Littleton, *An Introduction to Corporate Accounting Standards*, AAA Monograph No. 3, 1940年。
44) W. A. Paton and A. C. Littleton, 前掲書, 15頁参照。
45) W. A. Paton and A. C. Littleton, 前掲書, 46頁参照。
46) W. A. Paton and A. C. Littleton, 前掲書, 24頁参照。

いうように，ほとんどの事例が定められていて，ある一定の事象が生じた段階で当該収益または費用が認識されると考えられるのである。

このように，企業会計における処理の方法が，あらかじめすべて定められていれば，極論すれば，現実を無視して企業会計を営むことができる。それは，あたかも会計上の記号が現実とは無関係に記号どおしの相補関係によってのみ存在しうると考えることと同じである。会計システムが成熟し，完成された体系を持っている場合，計算結果を考えずとも計算プロセスのみを重視していれば，その結果は現実と一致することが保証されると考え得るからである。本書では，こうした企業会計の性質を「記号相補性」と呼んでいるが，収益・費用アプローチとは，実際上，企業会計の記号相補性によって成立するものであると考えられよう。

このことは，財務諸表を監査する局面においても，ある特徴として現れてくると思われる。すなわち，企業会計において，結果よりもプロセスを重視するという特徴である。換言すれば，貸借対照表項目の期末在高より，期中における収益・費用の金額の決まり方が適正であるかどうか，という観点が重視されるということである。

こうした点は，企業会計の安定期にはさほど問題がない。企業会計において扱わなくてはならない対象があらかじめすべてわかっており，扱い方もあらかじめすべて決められていることは，会計・監査双方にとって効率が非常によいということにもなる。

ところが，企業会計で扱うべき対象ないし，ある対象の扱い方が変化する場合には話は別である。具体的な昨今の例として，いわゆる取得原価主義の会計基準では財務諸表は監査上，適正と認められたが，経営は破綻しているという事例が挙げられよう。そうした事例はアメリカにおいては1960年代から70年代にかけて（1978年コーエン委員会最終報告書参照[47]）多く見受けられた。そして1980年代にはエクスペクテーション・ギャップ問題として，再びクローズ・

---

47) 鳥羽至英訳『財務諸表監査の基本的枠組み』白桃書房，1990年参照。

アップされた[48]。わが国においても，この数年来同様の問題が多く見受けられることは周知の事実である[49]。

粉飾決算や，公認会計士がそれを発見できなかったという場合は論外としても，金融機関やゼネコンの不良債権認定問題についていえば，数年前には，従来通りの方法で債権を評価（取得原価で評価）していれば会計上も監査上も問題はないと考えられていた。しかし，社会構造の変化によって，もの（土地）の値段が上がり続けることはなく，むしろ下がることになってみると，上がり続けることを前提として行っていた融資は回収できなくなった。したがって，債権は回収可能額（時価）で評価するという方法をとらざるをえなくなったわけである。

ある特定の財務諸表項目について，その項目と金額がいかに決定されるのか，の多くは動態論的枠組みに拠る。すなわち，その項目を扱う会計プロセスが決められている（特に，収益・費用の認識に際して）。しかし，わが国においては，そのプロセスが変容しつつある過渡期にあると思われるのである[50]。

5 むすび

前節の最後に指摘した問題点の多くは「あらかじめ定められた会計原則あるいは監査基準通りの会計処理や監査手続を行ってさえいればよい」といった企業および監査人の態度に係るものということができる。企業会計が比較的安定していた時期が長く続いたこと，あるいはその前提として金融機関ひいては上場企業に関し「原則倒産なし」の時代が長く続いたことによるものであろう。

本書においては，企業会計原則の最高原則である「真実性の原則」が，定められた会計原則や法を順守せよ，との内容を有する「相対的真実性」を標榜す

---

48) たとえば，千代田邦夫『アメリカ監査論』第2版，中央経済社，1998年，第2章参照。
49) たとえば，1999年8月23日付日本経済新聞朝刊第7面「公認会計士はプロ意識を」参照。
50) 本書第1章参照。

5 むすび 51

るものであることを論証してきたのであるが，現在のわが国においては，真実性の原則のそうした内容を見直す必要が生じてきているように思われる。

　経済的実質と法的形式に乖離がある場合，経済的実質を優先させるべきだという実質優先性 (substance over form) の考え方[51]が，国際的には企業会計においても監査においても求められている点を考えた場合[52]，わが国のこの真実性の原則に関わる一般認識に関しても，改めるべき時期にきていることが，より強く認識させられるのではないだろうか。

　この点をさらに強く意識させるのは，英国ひいては EU 諸国の会社法や会計原則にある「真実かつ公正な概観」(true and fair view) の考え方である[53]。これはもともとイギリス会社法において要請される会計および監査の基本原則であるが，この要請とは，会社の財務諸表が真実かつ公正な概観を呈しているべきこと，そして監査報告書にその点についての監査意見が載せられるべきことである。法の計算規定の空白を埋める包括規定としての意味をもつが，さらに，ある時点における法や会計基準の範疇を超えてでも，開示することが必要な経済的実質が存在する場合，そのディスクロージャーを要求する原則としての意味を持っている。

　この考え方ないし原則は 1856 年イギリス会社法において「真実かつ正確な概観」(true and correct view) として登場しており，当時はドイツの貸借対照表真実性の原則とほぼ同等の意味内容を持つものであったと思われる。そして，第 2 次世界大戦中に会社法改正委員会の勧告において真実かつ「公正な」概観

---

51) International Accounting Standards Committee (IASC), "Overview of the IASC Framework", Framework for the Preparation and Presentation of Financial Statements, IASC Web Site, 1998 年や J. R. Williams, K. G. Stanga & W. W. Holder, *Intermediate Accounting*, San Diego 他，1989 年，61 頁参照。
52) 会計情報の監査に関し，検証可能性より実質優先性を重視すべきかどうかに関する論究としては，内藤文雄「会計情報の拡大と監査対象能力」『會計』第 153 巻第 5 号，110-124 頁を参照されたい。
53) 中村忠「『真実かつ公正な概観』とはなにか」『商経法論叢』(神奈川大学)，第 12 巻第 4 号，1962 年および山浦久司『英国株式会社会計制度論』白桃書房，1993 年，終章参照。

へと変わったのであるが，この概念が，わが国企業会計原則における真実性の原則に与えた影響は少なくなかったものと思われる。すなわち1940年代当時の真実かつ公正な概観概念は，現在の「相対的」真実性の原則と同等のものであったと考えられるのである。しかし，日本において何らの進展がないまま50年が過ぎているのに対し，イギリスでは，上記の「実質優先性」の内容を真実かつ公正な概観概念の中に取り込んでいたのである。

この概念は，1978年EC会社法第4号指令を通じて加盟国の会計規定に導入されており[54]，今後のEU諸国の会計規定においても重要な基本原則としての意義を有することになるものと考えられる。

確かに「相対的」真実性の原則は，わが国の戦後50年間の企業会計を支えてきた最高原則であったかもしれない。しかし，現在の状況を見れば，会計規則や法の順守を要求し，「それさえしておけば十分だ」といった考え方を醸成してしまう最高原則は，むしろ有害であろう。近い将来，キャッシュ・フロー計算書の基本財務諸表への導入を受け，真実性の原則の形式的文言が改正されるものと思われるが，それだけにとどめるのではなく，「実質優先性」の内容を取り入れたものへと解釈の実質的内容を変容せしめるべきなのではないだろうか。

---

54) 森本滋『EC会社法の形成と展開』商事法務研究会，1984年，257頁参照。

第4章
簿記・会計の分立と監査の二極化
― 会計構造と監査との関連 ―

1 は じ め に

　わが国では，いわゆる財務会計論（財務諸表論）という意味での「会計学」と，複式簿記の原理や記帳法に関わる学問としての「簿記論」とは，違った種類の学問ないし学科目として扱われることが多い。たとえば，会計に関する専門職である公認会計士や税理士の資格試験の科目についてみてみると，制度の制定当初から，簿記論と財務諸表論とが分けられていた。また高校のカリキュラムにおいても，「簿記」と「会計」とが別の科目として教えられるようになっているし，例外はあるが，多くの大学においても同様である。

　アメリカの多くの初級あるいは中級の会計学のテキストを見ると，全般的にいって，簿記論というものが財務会計の一部としてとらえられているといってよいように思われる。大学の講義科目も同様である。一方，ドイツ語圏諸国では伝統的に，「簿記」と「会計」とを分けて考えている[1]。20世紀初頭にシェアーが『簿記と貸借対照表』[2]を刊行して以来の伝統であろう。

---

1) 次の中村教授の言を参照されたい。「アメリカではBookkeepingはAccountingの一部とされ，すでに独立の地位を失っている」（中村忠『簿記の考え方・学び方』税務経理協会，1996年，183頁）。「これに対してドイツではアメリカとかなり状況が違う。日本に近い。」（中村忠，前掲書，185頁）

2) J. F. Schär und W. Prion, *Buchhaltung und Bilanz*, 第6版, Berlin, 1932年（林良治『シェアー簿記会計学』[上・下巻] 新東洋出版社，1976・1977年参照），初版は1914年刊行。なお，ドイツ語圏においてBilanzないしBilanzlehreという言葉は，長年にわたって会計学ないし財務会計論という意味で用いられてきたが，近年は年次決算書（Jahresabschlus）という言葉が使われるようになっている。

簿記と会計を分ける意味，分けない意味はどういったところにあるのであろうか。本書の，当初の問題意識はその点にある。そして本書は，その簿記・会計の分立問題が，現在，世界的に進展中である企業会計・監査の変容と密接に関係する問題であることを明らかにし，そこからわれわれが求めるべき会計構造および監査命題についての何らかの手がかりを探り出そうとするものである。

2 簿記・会計の分立
― 20世紀の会計と21世紀の会計 ―

20世紀全般の企業会計を見渡すと，いわゆる「動態論」がヘゲモニーを獲得し，数十年にわたって会計理論・実務の主流の座にあったということがいえるだろう。しかし，1960年代中頃からアメリカではその次の座を担う会計がおぼろげながら輪郭を見せ始めており，それはまだ完成した姿をわれわれに見せてくれてはいないが，21世紀（の少なくとも前半）に主流となる企業会計のかたちは，動態論のそれとはだいぶ異なるものとなることは明らかであろう。では，その両者の違いとは奈辺にあるのだろうか。

動態論の重要な起点は，いうまでもなくシュマーレンバッハが1919年に著した「動的貸借対照表論の基礎」[3]に求めることができるが，わが国で動態論という言葉は，本来の「動的貸借対照表論」という意味ではなく，損益計算ないし損益計算書を理論の中心に据えた会計学説を意味している。ただ，その場合の損益計算とは無色透明なものではなく，取得原価主義に基礎をおくものである。すなわち，シュマーレンバッハ，ワルプおよびコジオール[4]らドイツ・

---

3) E. Schmalenbach, "Grundlagen dynamischer Bilanzlehre," *Zeitschrift für handelswissenschaftliche Forschung*, 第13巻, 1919年, 1-60頁および65-101頁。

4) E. Walb, *Die Erfolgsrechnung privater und öffentlicher Betriebe. eine Grundlegung*, Berlin/Wien, 1926年。戸田博之訳『ワルプ損益計算論』[上・下]千倉書房, 1982・1984年および E. Kosiol, *Pagatorische Bilanz, die Bewegungsbilanz als* （次頁へ）

ケルン学派の会計理論は，収支計算をその中心部においているため5)，原則として過去の収支それ自体が貸借対照表に収容されることになり，必然的に貸借対照表が取得原価主義の外観を呈するのである。これを，シュマーレンバッハ理論を例に説明すれば，貸借対照表は借方に過去の支出（たとえば棚卸資産や固定資産に対する支出額を想定されたい），貸方に過去の収入（たとえば借入額や資本の払込額を想定されたい）を収容するため，原価主義のかたちを採るというわけである。

そして，原則として決算日までに生じた収入・支出（すなわち過去の収支）に基づいて企業会計が営まれる姿こそが，今世紀の会計の特徴といえるように思う。企業がどれだけの資本を投下し，それに比べてどれだけ多くの（あるいは少ない）リターンを得たかを把握するためには支出額と収入額を源泉別に把握する従来の会計システムが非常によく適合することは明らかである。

この従来の動態論的会計システムは，複式簿記に依存して運営されてきた。複式簿記は，その構造の中にかなりの発展の余地を今なお有しているが，少なくとも，企業内外間を移動する貨幣ないし貨幣価値を有する財・用役を把握するための現在までに知られたもっとも効率的なツールである。古くから，複式簿記は主としてこの貨幣等の動きを記録してきたのであり，その記録の裏付けとなる証憑と合わせて当該簿記記録をチェックすることは，長らく監査における中心的作業であった6)。

ここには，一つの注目すべき思考が見られる。すなわち，貸借対照表ないし財務諸表は「複式簿記によって導出される」という思考である。これは，当然のことであるかに思われるが，財務諸表作成に関するすべてのプロセスが複式

（前頁より） *Grundlage einer integrativ verbundenen Erfolgs-, Bestands- und Finanzrechnung*, Berlin, 1976 年参照。

5) 「企業会計原則（第二―一―A）の文言によるまでもなく，会計の基礎には収支計算がある」新田忠誓『新会計学・簿記入門』白桃書房，2001 年，はしがき v 頁参照。
6) 今世紀半ば頃までイギリスでは精細監査（detaild audit）が行われていたといわれるし，アメリカにおいても取得原価主義と簿記，そしてそれを前提とした監査は企業会計の必須の付属物と考えられていた。A. C. Littleton, *Structure of Accounting Theory*, AAA Monograph No. 5, 1953 年，116 および 124 頁参照。

簿記に取り込まれており，所定の手続き通り簿記を営むことによって自動的に財務諸表が導出されることを意味している。このとき，複式簿記は財務諸表を作成するための唯一のツールであり，簿記から導出されない財務諸表は存在せず，企業会計（財務諸表）と簿記とは表裏一体の関係にあることが含意されることになる。すなわち，簿記論は構造的な記帳原理を扱い，会計学はその構造によって表現したり，表現しようとしたりする実質を扱うものとして異なる次元で機能することになると考えられる。

このように考えると，簿記は単に財務諸表を作成するための道具というより，財務諸表を構築する構造それ自体であるということになり，簿記論は，財務諸表論と同等以上の重みを有することになるであろう。なぜなら，複式簿記の記帳原理は会計学の構造を司る原理であるからである。ドイツ語圏諸国では，勘定理論（Kontentheorie）として単に貸借記帳だけでなく決算を含む簿記理論が研究されてきたが[7]，これは，企業内外間の貨幣のフロー（収支）を把握することが重視されそれを基礎とした簿記から財務諸表が導出される場合，簿記「学」は会計「学」と同等の意義を有しうることによるものといえよう。

一方，周知のように現在，企業会計には新しい波が押し寄せてきている。従来，過去の収支に基礎をおいた損益計算が重視されていた，すなわちフロー・ベースの理論・実務が中心であったのに対し，企業の将来キャッシュ・フローの現在価値というストック・ベースの会計に移行しつつある。これは，アメリカ財務会計基準審議会（FASB）が，「財務会計諸概念に関するステートメント（SFAC）」によって掲げたものであり，2000年に発表された7番目の概念ステートメント[8]によって21世紀に向け，その方向がさらに強められたものである。さらにまた，この考え方はアメリカだけではなく国際会計基準を通じて世界的に広がりつつある。

---

7) 勘定理論を研究してきた経営経済学者としては，既述のシェアーやワルプがよく知られている。

8) S. A. Zeff, "The evolution of the conceptual framework for business enterprises in the United States," *The Accounting Historians Journal*, 第26巻第2号, 1999年12月, 89頁参照。

2 簿記・会計の分立

　この新しい会計においては，収益・費用アプローチから資産・負債アプローチへの「進化」が行われたといってもよい。これは単に，現に存在している会計要素たる「資産・負債」・「収益・費用」のうち，後者から前者へ重点が移ったということではない。19世紀のいわゆる静態論においても明らかに資産・負債アプローチと呼ぶべき会計思考はあったが，それとも違う。資産・負債概念自体に劇的な変化が生じている。すなわち，将来企業にもたらされる正負の見積キャッシュ・フローを，特定の割引率によって現在価値に直したものが資産・負債だということになる。

　しかし，資産・負債の範囲に違いこそあれ，19世紀の会計と21世紀の会計とは軌を一にするものといえないこともない。静態論といっても様々なものがあるが[9]，典型的には資産を売却時価で評価せよとの1873年ドイツ帝国高等商事裁判所判例の一般的解釈が挙げられる。この場合，換金価値を持ったものが資産であり，これを，売却を通じて生ずる将来のキャッシュ・フロー額で表示せよとの規定であったと考えることができる。これらはいずれもある時点における何らかの「ストック」を所与とし，その評価額を見積もられた将来キャッシュ・フローによって行おうとするものといえるだろう。

　このとき，いずれも簿記ではなく貸借対照表が会計の中心となっていることがわかる。静態論の場合には財産目録というべきであるが，商法によって内容を規定された「正負財産」の科目と金額とが「ある一時点での実地調査等」の手段によって一覧表にされた貸借対照表こそが会計の最終目的となっていた。一方，現在，世界的に企業会計が向かっている先にある貸借対照表は，「何らかの手段によって」将来，企業ないし企業集団にキャッシュ・フローをもたらす正負の要因をことごとくある一時点で把握し，当該キャッシュ・フロー額を現在価値に割り引いて，当該要因の評価額とすることによって，貸借対照表を作成することを求めるものとなろう。

　どちらも，簿記を必ずしも用いずに（あるいは簿記以外の手段を併用して），

---

9) 本書第3章および第6章参照。

貸借対照表を作成するものといえる。さらに，いずれも容易には実行できない内容を含んでいることも共通している。静態論の場合，客観的な売却時価が必ずしも測定できないという問題と，売却時価評価が貸借対照表に著しいゆがみをもたらすという問題とを有していた。一方，新しい会計においても，将来キャッシュ・フローの金額・タイミングの予測，割引率の確定という問題が残っている。効率的に機能する公正な市場を通じて決定される資産の時価は，これらを反映しているとされ，この市場価格を用いればかなり多種の資産の金額が確定できるが，それでも依然として問題は残っている。いわゆる金融資産等は，市場が存在することが多いし，当該資産がいずれの企業によって保有されようともそのもたらす将来キャッシュ・フローに大差ないと考えられるが，企業の違いによって将来キャッシュ・フローに大きな違いの生ずる資産も多く，その客観的な金額はなかなか確定できない。そうした資産には，貸借対照表価額を決定するにふさわしいような市場が存在していないことも多い。

　ただ，こうした問題を残しながらそれでもあらゆる方法を使って貸借対照表項目の現在価値ないし公正価値をできるだけ把握し，開示していこうというのが現在の姿勢であるといえよう。ここには，理想的な財務諸表概念が先にあり，それを構築するためには簿記に限らずあらゆる手段を用いる[10]という考え方の存在が浮かび上がってくる。

　この新しい会計の下では，必然的に簿記の地位は低下し，もはや単独の「簿記原理」によって財務諸表を作成することなどできなくなる。個別企業が問題となるならまだしも，連結財務諸表が求められる場合，なおさらそうであろう。こうした状況下においては，現在のままの複式簿記を前提とする簿記論が，会計から独立し，一個の学問として成立することはできないであろう。

　逆説的ではあるが，簿記論が学問として会計学から分立しうるのは，簿記によって会計が百パーセント支えられている状況においてであって，簿記が財務

---

[10] G. H. Sorter, "An Event Approach to Basic Accounting Theory," *The Accounting Review*, 1969年1月, 12-19頁に見られる事象アプローチなどもこうした方向性につながった可能性がある。

諸表作成の単なる一助にすぎない状況においては「独立の地位を失」うしかないのではないだろうか。

3 監査の二極化
ー 基準準拠性と実質優先性 ー

　会計監査には，大別して二つの方向がある。一つは，企業会計が現に存在する会計原則・基準にしたがって行われているかどうかを，現に存在する監査基準に照らして判断するものである。これは，適正性監査あるいは準拠性監査とも呼びうるが，監査のもつ「批判性」の機能に焦点を当てるものといえよう。もう一つは，法や会計原則にしたがっていたのでは把握することのできない経済的実質が存在する場合，法や会計基準・監査基準を超えて企業会計を営むべきであり，会計基準や監査基準を超えた判断基準により監査を行うべきであるとする方向である。これは，法的形式より経済的実質を優先させるべきであり，企業がそれを行っていない場合，監査人が積極的にそうした方向を企業にとらしむるという監査の「指導性」の機能をクローズ・アップするものといえよう。

　便宜的に本書では，前者を「基準準拠性」，後者を「実質優先性」と呼ぶことにする。いずれも企業会計が採るべき方向性としての意味を持つが，同時に監査の際に監査人が採るべき方向性としての意味をももつものである。

　前者は形式優先性といってもよいかもしれないが，成熟し，十分に機能する企業会計体系が存在する場合に能く機能するであろう。指導性よりも批判性を重視して監査を行うべき状況に適合する概念であるといえる。会計情報の「目的適合性」は特に検討する必要がなく，むしろ「信頼性」を重視すればよいという状況に適合するといってもよい。

　一方，後者は基準逸脱性といってよいかもしれない。なぜなら，定められた基準に従うのではなく，企業ないし監査人が判断基準を自ら作りだして企業会計並びに監査を実行しなくてはならないからである。監査人は，「批判性」は

もちろんであるが,「指導性」をそれ以上に発揮して監査に当たる必要があろう。会計情報の「信頼性」は大事であるけれども,それを犠牲にしてでも「目的適合性」を重視すべき状況(今日では,そうした状況が珍しくなくなっていると思われる)に適合する概念である。

当然,実質優先性は基準準拠性の上位におかれるべきであり,実質優先性の下で基準準拠性は機能するという形が望ましいと思われる[11]。しかし,わが国において実質優先性は,ようやく企業会計ならびに監査の両局面で機能し始めたが,まだまだ十分とはいえない状況にある。

結論からいえば,監査における基準準拠性と実質優先性とは,まず地域的に二極化しているのである。すなわち,英米ではすでに実質優先性が基準準拠性の上位にある[12]ことが明白であるのに対して,わが国の監査においては,依然として基準準拠性が中心である。たとえば,すでに破綻しているいくつかの金融機関においては,不良債権の認定に際し,従来の会計基準通りに行っていて問題がなかったとの立場を監査人はとり続けるであろう[13]。とりわけ,基準準拠性というものは,定められた会計基準に従ってさえいればなにをしてもよい,あるいは監査に際して責任を負う必要はない,といった悪しき態度[14]を醸成する可能性があり,本来は実質優先性を上位において,その下において基準準拠性を機能させるべきなのに,関連づけられて論じられず,わが国の監査システム上も二極化したままである。

簿記を中心とした従来のフロー・ベースの会計は,帳簿と証憑によって簿記

---

11) 岩田巌が,監査の「指導性」を「批判性」の上位においたことの意味は,今日の状況の下でこそ再認識されるべきであろう。上村久雄「会計士監査における二つの指導性機能」山桝忠恕先生十三回忌追悼論文集編集委員会編『山桝忠恕先生十三回忌追悼論文集』税務経理協会,1996年参照。
12) 本書第3章参照。
13) 筆者は,あるウェブ・サイト上で「監査基準で決まっている以上のことはやりようがない」という監査法人勤務で上場企業の監査に従事する公認会計士の切実な発言を目にしたことがある。
14) 社会的にみて不適切である,あるいは企業会計の健全な発展を阻害するという意味である。

の流れを追うことで，その延長上にある財務諸表の監査も同時に行うことができた。財務諸表が簿記から一意的に導出されるから，簿記記録の，監査証拠としての意味は非常に大であった。換言すれば，企業内外間の貨幣等のフローが重視される状況においては，それを把握するシステムとしての複式簿記に多少の操作を加えることで財務諸表が作成され，監査に際しても，簿記の流れに着目することが必要であったし効率的でもあったといえよう。

しかし，ストック・ベースの新しい企業会計においては，「企業価値（将来キャッシュ・フローの現在割引価値）を表す貸借対照表」を作成するための手段が（従来の複式簿記のように）完全には確立されておらず，様々な手法で財務諸表に収容される項目と金額を確定していく必要がある。したがって監査人もそれ相応の監査判断を求められることになろう。すなわち，ストックを重視した会計理論・監査理論の双方の確立が急がれるのである。

わが国においては，従来，簿記と会計を区分する伝統と，複式簿記を中心にした企業会計・監査の体系がうまくかみ合っていた。しかし，この十数年間の経済状況や環境の変化と会計制度の変革を経て，複式簿記の地位は相対的に低下し，それに頼り切った企業会計も監査ももはや時代遅れとなっている。すなわち，簿記を会計から独立させて，独自の学科目として成立させることの意義は低くなっているといえる。

したがって，簿記・会計が分立できる状況とは，監査が実質優先性ないし指導性を取り立てて強調する必要のない，企業会計の成熟・安定期において生ずると考えられる。このとき，監査は二極化しているといえるであろう。なぜなら，基準準拠性（批判性）と実質優先性（指導性）は全く切り離されるからである。

ところが現在は，監査は二極化したままであるが，簿記が会計から独立した状況にはおれなくなりつつあるといえる。複式簿記のみならず，様々な技法を用いて財務諸表を作成しなくてはならず，会計原則や基準に準拠しているかどうかだけでは監査が不可能な状況も多い。ゆえに，基準準拠性の上位に実質優先性をおいた（二極化していない）監査システムの確立が急がれるのである。

4 む す び

　21世紀に入った今，企業会計・監査は大きく変貌しようとしている。20世紀の会計理論の重要な一翼を担ったドイツにおいて，会計学の母胎となる私経済学や経営経済学が産声を上げたのもちょうど19世紀から20世紀への変わり目であった。20世紀はじめには，ある一定の形に収斂するまで，会計学は様々な方向への展開を見せた。極論すれば，財務諸表の作成過程を論理的に整合的に統一的に説明することができるまで，種々雑多な内容を財務諸表は包含しつづけたのである。

　アメリカでは，簿記を原データ作成のための一手段と考え，財務諸表は様々なデータからこしらえるものと考えられているように思われる。連結財務諸表の作成プロセスを考えても，キャッシュ・フロー計算書や包括利益計算書を考えても，簿記とのつながりは薄い。こうした状況下で必要とされるのは，当初はストック・ベースの理論であり，その時点でもっとも必要となる財務諸表（貸借対照表）項目を適正に導き出す会計ツールであろう。

　ただ，その先が必要であると思われる。財務諸表に包含されるあらゆる項目を複式簿記あるいはその延長線上にある何らかのシステムによって「フロー・ベース」で導き出すことができて初めて会計理論が意味を持つことになると思われるのである。これによってストック・ベースの会計をすべて取り込み，それらを一元的に説明できることになるが，そのシステムこそがそれを監査対象とすることによって新たな「基準準拠性」監査が可能にするものとなろう。

　つまり，複式簿記ないしその進化した存在（財務諸表を一意的に作り出すことのできる会計システム）と財務諸表とが分立し，実質優先性のような，存在する会計システムを越える概念を用いずとも監査が実施できる体系こそ，今後，会計理論によって追求されるべきかたちなのではないだろうか[15]。

　15）　もちろん，企業会計は常に進化し続けるものであるから，その完成したかたちも，いずれは20世紀の取得原価主義会計と同じ運命をたどることになるのであろう。

第2編　監査の前提としての企業会計構造：抽出と分析

第5章
会計構造とドイツ貸借対照表論

1 はじめに
― ドイツ貸借対照表論概説 ―

　本編においては，ドイツで展開され20世紀における企業会計の理論的基礎となった諸貸借対照表論を会計構造論の観点から分析する。この作業は，現に存在する企業会計の構造を抽出し，その将来像および監査理論の位置づけを考察するために行われるものである。

　20世紀前半，とりわけ1910～1930年代に成立し，展開されたドイツ経営経済学（Betriebswirtschaftslehre）は，会計理論を初めとして世界に冠たる内容を誇っていた[1]。この会計理論は，主として貸借対照表の研究を中心として発展してきたものであり「貸借対照表論」（Bilanzlehre, Bilanztheorie）と呼ばれる。この用語は，英語の「財務会計」（financial accounting）という言葉とほぼ同じ意味で，現在も用いられているものである。

　しかし，貸借対照表研究を中心とするとはいっても，それは必ずしも研究領域が貸借対照表に限定されてしまうことを意味してはいない[2]。いうなれば，常に貸借対照表への影響を重視しながら会計理論が構築されることを意味しているようである。たとえば，貸借対照表が損益計算に対する役立ちをもって存在意義を見いだされる，という理論内容を有する点で軌を一にする動的貸借対

---

1) E. Walb, "Zur Dogmengeschichte der Bilanz, von 1861-1919," *Festschrift für Eugen Schmalenbach*, Leipzig, 1933年，4頁。
2) 岩田巌『利潤計算原理』同文館，1956年，229-230頁参照。

照表論，いわゆる「動態論」(dynamische Bilanztheorie) においては，貸借対照表の内容より損益計算の内容が重視される場合が少なくない。しかしそれにも関わらず，貸借対照表論と銘打たれていることは周知の通りである。

　ところで，このような「貸借対照表を中心とする会計理論」は，数多くの学派を生じ，各学説における貸借対照表の内容は互いにかなりの違いを有している。その理由は様々であるが，たとえば現実の企業会計において作成されている貸借対照表の表示内容について，ある学説と別の学説で解釈が異なっていることによる場合もあるし，ある学説の貸借対照表構造が実際の貸借対照表の内容とはかけ離れたものを含むことによって特異性を有していることによる場合もある。

　また，これらの貸借対照表論は様々な名称で呼ばれてもいる。たとえば，動態論に対置される「静態論」(statische Bilanztheorie) あるいは「有機論」(organische Bilanztheorie) があり，さらに「新静態論」(neue statische Bilanztheorie)，「統一論」(Einheitbilanztheorie) あるいは「良動態論」(eudynamische Bilanztheorie) などがあるが，これらは概して，論者がそうした名称を自らの理論において標榜したことから生じた呼称である。ゆえに，何らかの一貫した分類基準によって与えられた名称であるわけではなく，それどころか同じく「動態論」と呼ばれるような学説であっても，異なる人物によって論じられたものは異なる内容を有しているといっても良いほどである。

　しかし，これらの学説はいずれも貸借対照表を中心とするものであるから，その点に着目してドイツの主要な貸借対照表論の類型化ができるのではないかと考えることができる。すなわち，諸貸借対照表論をそれぞれの貸借対照表構造に対する体系的で一貫した視点によって分類し位置づけること，これが本編の最初の目的なのである。その場合，論ずるべき学説の選択が重要な問題となるが，それは掘り下げた研究を行うためには「貸借対照表論の発展にとって重要であった学説」を中心として考察がなされる必要があるからである。

　ところで，会計ないし計算制度（Rechnungswesen）を扱う理論のなかで，特に財務会計の分野が貸借対照表論と呼ばれるようになったもっとも大きな要因

1 はじめに

は，シュマーレンバッハ (E. Schmalenbach) が1919年に発表した論文の題名が「動的貸借対照表論の基礎」[3] であったことにあると思われる。動態論はこの論文によって確立されたのであるが，さらにそれ以来，現在に至るまで，企業会計の理論は動態論的思考のもとに発展してきたといってよい。ゆえに，本編における貸借対照表論研究の起点に，シュマーレンバッハに代表される動態論を据えることは妥当な選択であると思われる。

また「シュマーレンバッハの業績によって経営経済学的な貸借対照表論の全盛期が始まる。フリッツ・シュミット (F. Schmidt) の有機的貸借対照表論は，動的貸借対照表論と並ぶもっとも重要な貢献となり，シュマーレンバッハによって導入された概念である動的貸借対照表観および静的貸借対照表観，そして『有機的』貸借対照表観は，存在し発展している諸理論の古典的区分基準になるのである。」[4] といわれるように，シュマーレンバッハの動態論に対して静態論と有機論を対置する考え方は，当を得たものといってよいだろう。本書でもこれを踏襲したいと思う。すなわち，さしあたり本書は，動態論・静態論・有機論を中心とする貸借対照表論を何らかの一貫した分類基準の上に載せて考察し，それらの背景にある貸借対照表構造を解明するという方法によって進められるのである。

そしてこの研究は，最終的には現実の企業会計における貸借対照表構造を説明することを目的とする。わが国の会計理論がかつてドイツの会計理論の影響を非常に強く受けていたことは周知の事実であり，比較的古いドイツの貸借対照表論に存在する貸借対照表構造は，現実の企業会計における貸借対照表構造を解明するための非常に有用な手がかりになると考えられるからである。さらに，「貸借対照表論」と呼ばれるほど会計と貸借対照表のつながりを重視するドイツの理論を基礎とすることは，貸借対照表構造から企業会計構造全体のメ

---

3) E. Schmalenbach, "Grundlagen dynamischer Bilanzlehre," *Zeitschrift für handelswissenschaftliche Forschung*, 第13巻，1-60頁および65-101頁，1919年。

4) G. Sieben, "Dynamische Bilanz," W. Cordes 編, *Eugen Schmalenbach, der Mann, sein Werk, die Wirkung*, Stuttgart, 1984年，303頁。

カニズムを説明することを可能とするのではないかと筆者は考えている。

2 貸借対照表観の三態
― 動態論・静態論・有機論 ―

　ここまで、わが国で用いられてきた慣例的な訳語に従って動態論・静態論・有機論という言葉を用いていたが、ドイツ語では動的貸借対照表観・静的貸借対照表観・有機的貸借対照表観（ないし貸借対照表論）という言い方をすることが多い。つまり基本的には、貸借対照表観"Bilanzauffassung"という言葉が示すように、貸借対照表の見方についての見解の相違がこの三者の相違であると考えられるのである。では、この貸借対照表の見方についての違いとは、具体的にはどのようなものなのであろうか。

　最初に述べておかなくてはならないことがある。それは、静態論と呼ばれる学説が統一的に体系づけられたものではないという点である。

　「静態論」という言葉は、シュマーレンバッハによって初めて用いられたといって良いであろう。彼は、財産計算ないし状態表示を目的とする貸借対照表を静的貸借対照表と呼び、反対に損益計算を目的とする貸借対照表を動的貸借対照表と呼んだ[5]。そしてそれ以来、（特にわが国では）静的貸借対照表を中心とする会計観が静態論、動的貸借対照表を中心とする会計観が動態論と呼ばれてきたのである。つまりシュマーレンバッハは、従来支配的だった財産計算中心思考を静態論と名づけ、これに対する動態論の優位性を論証しようとしたのであるが、逆に彼の『動的貸借対照表』によって初めて静態論に体系的特徴が与えられたわけである。

　ひとくちにいえば、シュマーレンバッハは、貸借対照表に課された計算目的（財産計算か損益計算か）によって当該貸借対照表が動的なのか静的なのかを区別しているといえるだろう。しかし、このような位置づけは、さほど明確に

---

5) E. Schmalenbach, *Grundlagen dynamischer Bilanzlehre*, 第3版, Leipzig, 1925年, 54-55頁.

両者を確定できるわけではないと思われる。財産計算・損益計算という場合，どのような観点からの計算なのかという面が明らかにされているわけではないからである。

シュマーレンバッハが具体的にイメージする財産計算とは，当時の商法の通説的な（裁判所，法律家等による）解釈が想定しているもののことであり，それは時価による貸借対照表表示を前提とするもののようであるが[6]，取得原価に基づいての状態表示を目的とする静態論もある[7]。そもそも論理的に考えれば，動的貸借対照表・静的貸借対照表という二項対立関係は，それぞれの貸借対照表がいったい何の動的側面あるいは静的側面を表示するものなのかが明らかにされていなくては明確な対立関係を構成し得ないはずであるが，それが何かは不明なのである。あるいは，彼はそれが自明のことであって言及する必要がないと考えたのか。

とにかく，このような状況においては「動態論対静態論」という対置を不十分なものとして新たな枠組みを模索するか，あるいはこの枠組みをもっと具体的かつ明瞭に定義し直す必要があると思われる。筆者の関心は前者のアプローチにはない。本編で採られるのは後者の試みである。つまり，貸借対照表が何の動的側面・静的側面を表示することを目的とするのか，という基準によって諸学説の類型化をはかるのである。

興味深いことに，シュミットが主張する有機論において有機的時価貸借対照表は，財産計算と損益計算を同時に目的とし，同時に両者を達成するものとして位置づけられるのであるが，シュミットの主張する財産計算は静態論における財産計算と同じものではないし，もちろんシュミットのいう損益計算も動態論のそれとは異なるものである[8]。つまり，財産計算重視，あるいは損益計算重視の貸借対照表観といったところで当該貸借対照表の実質的内容はまだ明ら

---

6) E. Schmalenbach, 前掲書, 56-60頁。なおシュマーレンバッハは，本来の「財産」とは，企業全体が将来稼得する利益の現在割引価値を意味するものでなくてはならないとしている。
7) 本書第6章参照。
8) 同上。

かにはされていないのである。

　ゆえに，われわれは，動態論・静態論およびこのシュミット理論の貸借対照表観を検討する場合，三者に共通する側面に着目し，その枠内においてそれぞれの相違を浮き彫りにするという態度を持つべきであると考える。そのような分類枠組みの設定がこの序章の重要な目的であるが，それは次の第3節において論じられ，示されることになる。

　なお，本章第3節では，ある貸借対照表論の計算目的ではなく，当該貸借対照表論における貸借対照表に収容される諸項目の明らかに認識できる性格に即した分類枠組みの構築をはかる。一方，それに続き，第4節ではこれとは異なる分類基準が示されるが，これは貸借対照表の見方だけではなく，むしろ会計全体に対する見方に観点をおいてのものであって，貸借対照表構造から企業会計全体のメカニズムを考察するための前提である。

　このように本章第3節およびそれに続く第4節は，それぞれ一つずつ考察の視点を提供するものであるが，この二つの視点は本編における会計構造分析の最大の立脚点である。この二つの視点にしたがって，動態論・静態論・有機論とそれ以降，現代に至るまでのドイツ語圏の会計理論を概観し，位置づける作業が本編の基本的作業だからである。そしてある意味では，この二つの視点を示すこと自体が，本編における最大の主張なのである。

3　貸借対照表論の二類型
― フロー貸借対照表観とストック貸借対照表観 ―

（1）　貸借対照表論の分類

　本編における貸借対照表論研究の起点としてのシュマーレンバッハの動態論は，彼の著作『動的貸借対照表』に示されている。この書物は，初版から第3版まで『動的貸借対照表論の基礎』という題名であったが，第4版からは巷間での呼称の通り，単に『動的貸借対照表』と名づけられ，第13版まで版を重ねた。一般的には，内容の変化に照らして初版から第7版までが旧版と呼ば

れ，第 8 版から最終版までが新版と呼ばれる[9]。なお，本書においては『動的貸借対照表』と題された最初の版である第 4 版を旧版の代表として『動的貸借対照表』旧版，ないし単に旧版と呼び[10]，もっとも新しい第 13 版を新版の代表として『動的貸借対照表』新版，ないし単に新版と呼ぶが[11]，彼の理論の到達点たる新版には，貸借対照表様式（Bilanzschema，以下，シェーマと呼ぶ）が下のように示されている。

　ここにみられる「収入・支出」および「収益・費用」という用語は，それぞれ現金および価値の流量（フロー）を意味しているが，このように，何らかの対象のフローを収容していると解釈される貸借対照表を本書では「フロー貸借対照表」と呼ぶことにする。なお，シュマーレンバッハの動的貸借対照表の場合，正確には純フロー貸借対照表と呼ばれるべきものとなり，一見してストックのように見える貸借対照表シェーマの貸借それぞれの 1 の項目（支払手段および資本）も理論的には純フローとなる[12]。

動的貸借対照表[13]

1. 支払手段	1. 資本
2. 支出・未費用	2. 費用・未支出
3. 支出・未収入	3. 収入・未支出
4. 収益・未費用	4. 費用・未収益
5. 収益・未収入	5. 収入・未収益

　一方，わが国の企業会計原則は，「貸借対照表は，企業の財政状態を明らかにするため，貸借対照表日におけるすべての資産，負債及び資本を記載し，株主，債権者その他の利害関係者にこれを正しく表示するものでなければならない」[14]と定めている。ゆえに，貸借対照表は財政状態を示すものとなるが，こ

---

9) 新田忠誓『動的貸借対照表原理』国元書房，1987 年，21 頁参照。
10) E. Schmalenbach, *Dynamische Bilanz*, 第 4 版，Leipzig，1926 年。
11) E. Schmalenbach, *Dynamische Bilanz*, 第 13 版，Köln/Opladen，1962 年。
12) 本書第 6 章参照。
13) E. Schmalenbach, *Dynamische Bilanz*, 第 13 版，72 頁。
14) 大蔵省企業会計審議会「企業会計原則」第三，貸借対照表原則，一（貸借対照表の本質）を参照のこと。

こでいう財政状態がどのようなものであるかは別として，このように貸借対照表に状態表示を求める場合，そこには一時点の何らかの対象の在高（ストック）が収容されていると解釈できるであろう。このように，貸借対照表に何らかの状態を表示する機能を求めるとき，本書においてはそのような機能を果たすとみなされる当該貸借対照表を「**ストック貸借対照表**」と呼ぶことにする。

なお，貸借対照表が収容するものがストックであるとの考え方は，フローであるとの考え方に較べると，より広く一般に受け入れられているものであろう。ドイツでは，静態論において，貸借対照表がストックの収容表であるとみなされているといって良い。

そして，貸借対照表がフローないし純フローの収容表だとする考え方を「**フロー貸借対照表観**」と名づけ，ストックの収容表だとする考え方を「**ストック貸借対照表観**」と名づけるが，ここで注意しておきたいのは，具体的な会計処理法の違いによって二種類の貸借対照表観が区別されるのではないということである。以下，その点について簡単に説明しておく。

(2) 貸借対照表「観」について

岩田巖のいう財産法・損益法は，二つの全く異質の損益計算体系[15]であるが，それぞれ相異なる貸借対照表作成法をも意味する。

すなわち，財産法においては，実地棚卸などの期末財産のストック確定手続き（財産目録の作成）により期末貸借対照表を作成し，それによって確定される期末純財産と，期末元入資本（増減資，利益処分がない場合は期首純財産になる）とを比較することにより損益計算がなされるわけであるから，損益計算の前提として貸借対照表が存在する。また，損益法においては，いわゆる誘導法（帳簿からの誘導）により貸借対照表が作成される。つまり，拡張された収支計算として位置づけられる複式簿記により得られた試算表から収益・費用を選択すれば，当期の利益に無関係な中性的収支項目と未収支項目が残るが，こ

---

15) 岩田巖，前掲書，第一編，特に107-157頁参照。

れは次期以降の損益計算の継続をはかるため,漏れなく繰り越さなくてはならない。その役割を果たすものとして貸借対照表が位置づけられるのである。

　このような理念型としての「財産法の貸借対照表」および「損益法の貸借対照表」は,それぞれ本書においては「ストック貸借対照表」および「フロー貸借対照表」として位置づけられる。しかし,岩田が「帳簿から誘導された損益法の貸借対照表と平行して,財産目録にもとづく財産法の貸借対照表を作成し,両者を比較照合することによって,利潤差異分析を行う会計機構は,今日の錯雑せる財産構成においては,理論上にいうべくして,実際上行い難いところである」[16]というように,技術的には財産目録に基づく貸借対照表の作成は作成不可能に近い。あくまで,理念的に構築された貸借対照表に対して,あるいは現実の貸借対照表の解釈に際してなされる理論的見地に対してストック貸借対照表・フロー貸借対照表の分類が行われるのである。つまり,筆者のいうストック貸借対照表・フロー貸借対照表とは,具体的な作成方法の相違によって,たとえば実地棚卸によるストック確定か帳簿からのフロー確定かといった違いによって分類されるものではないのである。

　ゆえに,実際に現在のわが国の企業が作成,開示している特定の貸借対照表をストック貸借対照表と解することも,フロー貸借対照表と解することもできる。たとえば,減価償却の記載等どのような記録にしても,結局は財産の期末在高確定のためになされると考えて,貸借対照表に収容されるのは全てストックであると意味づけることが一つには可能であるし,また,もう一方では棚卸によって確定された商品等についても,その棚卸を財産の動きの確定のために行っていると解釈するというように,貸借対照表に収容されているのは,全てフローであると意味づけることが可能である。ある一つの貸借対照表について,それに包含される諸項目の性質を違った観点から見ることによって,理念的に全く別のものと考えることができるわけである。

　この貸借対照表に収容される項目の性格に即した分類は,さしあたっては,

---

16) 岩田巖,前掲書,165頁。

動的貸借対照表・静的貸借対照表を計算構造的に観察するため両者にフロー貸借対照表・ストック貸借対照表という名称を与えたと理解すれば十分である。もちろん筆者は，動的・静的という言葉がフロー・ストックと重なってとらえられ易いという点を利用しているわけであるが，動的貸借対照表がフロー貸借対照表になる理由と静的貸借対照表がストック貸借対照表になる理由とは次元が異なるものである。シュマーレンバッハが用いた本来の意味から考えれば，「動的貸借対照表・静的貸借対照表」という言葉が計算目的の相違（貸借対照表の目的が，損益計算か，財産計算か）を問われる分類基準である点に鑑み，本書においては，形式的・表面的に貸借対照表項目を観た場合の相違点に即した分類基準として，フロー貸借対照表・ストック貸借対照表という用語を用いているという点を強調しておきたい。

4　会計観の二類型
― 現実写像的会計観と記号相補的会計観 ―

(1) 素朴な疑問点

　前節では，貸借対照表に収容されるもの，すなわち，「貸借対照表項目」の全体に共通する性格に着目しての類型化がなされた。貸借対照表項目が「何らかのもの」のフローと考えられるのか，ストックと考えられるのかという観点による分類である。この「何らかのもの」が，フロー貸借対照表においてもストック貸借対照表においても共通するものであるなら，フロー貸借対照表の本質が純フロー貸借対照表である場合，二つの貸借対照表は実質的にまったく同一のものとなる。しかし，筆者はそうとはいえないと考えており，その点に関しては本編の第6章から第8章までの論述を通じて明らかにされるであろう。

　ところで，この貸借対照表諸項目について筆者は常々疑問に思っていることがある。それは「現に存在する貸借対照表」を前提とすると，一つ一つの**貸借対照表項目**が意味しているもの，表現している実体はいかなるものなのか，という疑問である。個々の貸借対照表項目は複式簿記において用いられる記号，

すなわち，**勘定**であるといえるが，記号論的にいえば貸借対照表項目を記号表現（シニフィアン）と考えた場合，記号の意味内容（シニフィエ）はどのようなものなのか，という疑問であるといってよい。

たとえば，「現金」という言葉が意味するものは，一般には手で触れ，数えることのできる紙幣や鋳貨であり，会計における〈現金〉という勘定も，同じような実体を表現する記号である。しかし，〈減価償却累計額〉，〈貸倒引当金〉あるいは〈創立費〉などという具体的な形を持たない貸借対照表項目は，その実体をどのような形で考えれば良いのだろうか。

このような疑問に対してなされる回答は，たとえば，当該項目が会計処理からどのようにして導き出されるかを説明することによって，それを損益計算原則によって生ずるものだというような形でなされることが多いと思われるが，このような説明は，筆者の頭脳には，わかったようなわからないような釈然としない形でしか受け取れないのである。

フロー貸借対照表・ストック貸借対照表という貸借対照表観の分類は，個々の貸借対照表項目の意味内容の特定を前提としないものである。しかし，いったい「何の」フローないしストックなのかを明らかにしなくては，貸借対照表論を本当に検討したことにはなるまい。本書においてなされるドイツ語圏の会計理論の検討は，このような点を意識して行われなくてはならないであろう。

筆者はこの点の拠り所となる基本的な考え方のヒントを，1980年代のドイツの資金計算書の分類論から得た。次のセクションでは，それを簡単に説明し，筆者の意図を明らかにしたいと思う。

（2） 資金計算書の類型とドイツ語圏の資金計算書観

デルマン（K. Dellmann）は，資金運動計算書（Kapitalflußrechnung）の位置づけを明らかにするために，資金の諸計算書（Finanzierungsrechnungen）の形態を次頁の表のように体系づけて分類している[17]。

---

17) K. Dellmann, "Kapitalflußrechnungen—eine Bestandsaufnahme," *Die Betriebswirtschaft*, 第47巻，第4号，1987年，473頁。（①～④の数字は筆者）

第5章　会計構造とドイツ貸借対照表論

	①	②	③	④
算 定 法	直 接 的	間 接 的		
金　　　　額	現金支払/現金受取	B/S項目の変動	費用/収益	貸借対照表在高
		在高の増減		
金額の種類	フ　　ロ　　ー			ストック
データの基礎	現 金 出 納	B/S	P/L	B/S
計 算 機 構	財務措置的計算 / 財務計画 / 財務計算 / 投資計算	変動貸借対照表 / 運動貸借対照表	キャッシュ・フロー計算	補償計算 指数 / 財務活動調整
	現金出納計算書	資金運動計算書		
金額の質	計画値 / 計画値実際値 / 計画値	計画値実際値	実　際　値	実　際　値
利　用　者	重要な内部者	重要な外部者		

　この表をみると，諸計算書が「資金」のフローを直接的に算定するものと間接的に算定するものとに大分類されていることがわかる。すなわち，デルマンは資金の諸計算書を現金出納（Ein- und Auszahlungen）に基づく直接的な資金計算書である①列の「現金出納計算書（Zahlungsstromrechnung）」と，貸借対照表および損益計算書のデータに基づいて算定される間接的な資金計算書である②および③列の「資金運動計算書」に類型化しているのである（最右列④は貸借対照表自体を示しているため，資金計算書を問題とする本節では，①列の現金出納計算書と②③列の資金運動計算書のみを扱う。また，①列についても，将来のキャッシュ・フロー予測といった問題に関わる部分ではなく，財務表としての過去回顧的な計算書のみを対象とする。）。

　そして彼は，開示されるべき資金計算書については従来のドイツ語圏の会計学説[18]において「ほぼ例外なく（貸借対照表および損益計算書から）間接的

---

18) デルマンは，次の4学説を挙げている。
　　K. Käfer, *Kapitalflußrechnungen. Statement of Changes in Financial*　（次頁へ）

に算定された計算書が議論される」[19]ことを理由として②③列の資金運動計算書論のほうを展開するのである。

ここに資金計算書に対するドイツ語圏特有の思考法が現れているように思われる。資金の動きを直接的にその資金そのものの記録から把握するのではなく，間接的に他の会計データから把握しようという思考の根底には，資金計算書の扱うもの（資金）の本質が，具体的な形態を持った資金そのものの動きとは別のところにあるという考え方が存在するのではないかと思われるのである。この点を明らかにするため，②列および③列の資金運動計算書の内容について少し詳しく論じたいと思う。

まず②列の資金運動計算書について。デルマンとカリンスキ（R. Kalinski）によれば，運動貸借対照表（Bewegungsbilanz）は，概念的に変動貸借対照表（Veränderungsbilanz）と区別されている。彼らは，変動貸借対照表も運動貸借対照表も一期間における貸借対照表諸項目の変動を表すものと位置づけているのであるが，期首貸借対照表と期末貸借対照表の差額として導き出されるものを変動貸借対照表と呼び，一期間の貸借対照表項目の変動量を直接把握して導出されるものを運動貸借対照表と呼んでいるのである[20]。

すなわち，t期の期末貸借対照表の積極側の項目（資産）を A_t，消極側の項目（負債および資本）を P_t で表し，t期中の積極項目の増加を AZ_t，減少を AA_t，消極項目の増加を PZ_t，減少を PA_t とした場合に，t期の期首貸借対照表の積極項目が A_{t-1}，消極項目が P_{t-1} で表されるから，t期において，

　　　　期末在高＝期首在高＋期中増加－期中減少

　積極項目：　　A_t　＝　A_{t-1}　＋　AZ_t　－　AA_t

（前頁より）　*Position, Liquiditätsnachweis und Bewegungsbilanz als dritte Jahresrechnung der Unternehmung*, 第2版，Zürich, 1984年。
　　　H. H. Jonas, *Die Finanzbewegungsrechnung*, Freiburg, 1984年。
　　　K. Selfling, *Die Kapitalflußrechnung*, Herine/Berlin, 1984年。
　　　P. Weilenmann, *Kapitalflußrechnung in der Praxis*, Zürich, 1985年。
19)　K. Dellmann, 前掲書，474頁。（かっこ内は筆者）
20)　K. Dellmann und R. Kalinski, "Rechnungslegung zur Finanzlage der Unternehmung," *Die Betriebswirtschaft*, 第46巻第2号，1986年，175-176頁。

消極項目： $P_t = P_{t-1} + PZ_t - PA_t$

のように書けることになり，ここから次のような式が成立する。

$$A_t - A_{t-1} = AZ_t - AA_t \quad \cdots\cdots\cdots\cdots\cdots\cdots\cdots\cdots\cdots\cdots\cdots\cdots\cdots (1)$$

$$P_t - P_{t-1} = PZ_t - PA_t \quad \cdots\cdots\cdots\cdots\cdots\cdots\cdots\cdots\cdots\cdots\cdots\cdots\cdots (2)$$

そして，次のように変動貸借対照表は(1)式と(2)式の左辺から作られ，運動貸借対照表は両式の右辺から作成されることになるのだが，ここで注目すべきは変動貸借対照表も運動貸借対照表も，実質的には全く同じものとなるということである。ただ，その数値がどのようにして決定されたかを考える場合に両者間に違いが認識されるわけである。

変動貸借対照表		運動貸借対照表	
積極項目増加	消極項目増加	積極項目増加	消極項目増加
$A_t - A_{t-1} > 0$	$P_t - P_{t-1} > 0$	AZ_t	PZ_t
消極項目減少	積極項目減少	消極項目減少	積極項目減少
$P_t - P_{t-1} < 0$	$A_t - A_{t-1} < 0$	PA_t	AA_t

なお，デルマンとカリンスキは，本質的に両者の差を「同一の内容を有する資金計算書」の作成法の差として意識しているに過ぎない。しかし，それだけであるなら，ことさらに両者の概念的違いを述べる意味はないはずではないか。彼らがこの違いを論じていることの背景には，変動貸借対照表および運動貸借対照表が同一の体系の枠内に包含されているという認識を当然の前提としつつ，いわばそのパラダイム内での概念的相違を論ずることに意義を見いだすという思考法があると思われるのである。

次に，デルマンの分類表③列のキャッシュ・フロー計算の考え方について考察してみよう。この型の資金計算論について見られるドイツ語圏的思考の例として，ラムザウアー（H. Ramsauer）の所論[21]が挙げられる。彼はキャッシュ・フロー概念をいくつかに分類するのであるが，これは，直接的資金計算書から派生した考え方のようでいて，実はそうではない。「キャッシュ・フロー」

---

21) H. Ramsauer, "Konzeption und Aussagekraft des erweiterten Finanzierungs-cash flow," *Betriebswirtschaftliche Forschung und Praxis*, 第38巻, 1986年, 269-285頁。

4 会計観の二類型   79

が具体的な現金の出入り，つまり現金出納を意味しないのである。

　簡単にいえば，彼は本来の意味のキャッシュ・フローとして，純利益に支出を伴わない費用を加え，収入を伴わない収益を控除したものを措定する。そしてこのキャッシュ・フロー概念を基礎にして，三つの拡張されたキャッシュ・フローを考えるのである。その三つとは〈収支〉(Einnahmen und Ausgaben) を意味するキャッシュ・フローⅠ，損益的現金出納 (Erfolgszahlungen) に等しいキャッシュ・フローⅡ，そして全ての現金出納つまり損益的現金出納および資本的現金出納 (Erfolgs- und Kapitalzahlungen) に相当するキャッシュ・フローⅢである[22]。ここで，キャッシュ・フローⅠにいう〈収支〉とは，現金出納 (Zahlungen) ではなく，貸借対照表諸勘定項目（資産・負債・資本）の変動を意味している。それを〈収支〉と呼ぶことは，いわば複式簿記自体を拡張された収支計算システムと考えることを意味しているといえよう。

　そして重要なのは，キャッシュ・フローⅡおよびⅢが実際の現金等の出納をもとに形成される概念であるにも関わらず，その計算に際して現金勘定あるいは補助簿としての現金出納帳をもとに行うという発想が全く無く，結局キャッシュ・フローⅠと，貸借対照表および損益計算書のデータをもとに計算することが主張されるということである。「キャッシュ・フロー」という一見，実際の現金の動きを意味すると思われる概念も，ドイツ語圏の理論においては会計の世界，勘定体系内での相補的[23]つながりで理解されることがわかるであろう。

　通常，資金計算書における「資金」とは，現金，当座資産，正味当座資産，正味運転資本，総財務資源などの概念を表す。これらがいずれも「資金」という言葉でくくられることは，一つには従来の資金計算書が貸借対照表および損益計算書を中心とする会計データから間接的に作成されていたことと無関係で

---

22) H. Ramsauer, 前掲書，271-278 頁
23) 相補的 (complementary) とは，たとえば運動量と位置（あるいは損益計算書と貸借対照表）とが同時に独立して規定されるのではなく，互いに相手を内包しあって初めてそれぞれ確定できるように，あるものとあるものとが相互に補いあってそれぞれ規定されるような関係を意味する形容詞である。

はないと思われるが，本質的には貸借対照表項目ないし勘定項目が表すものの中に「資金」の存在を見ているということを意味していよう。

こうした意味の（貸借対照表項目としての）資金と現金出納計算書で計算される資金とは，はたして同じものなのだろうか。つまり，変動貸借対照表と運動貸借対照表が同じ内容を持つ，という場合と同様の意味で同じものと考えることができるのだろうか。筆者はそうではないと考える。

変動貸借対照表と運動貸借対照表の相違は，同一の対象の二時点間の差額を対象とするか，一期間の流量を対象とするかというものであった。つまり，同一の対象とは貸借対照表項目であり，その動きが二時点間のストック差額で把握されるのか，二時点間のフローとして把握されるのかという違いである。<u>貸借対照表項目（という記号）を所与とした場合，変動貸借対照表と運動貸借対照表に，作成方法の違いという以上の実質的な差はないといってよい</u>[24]。

ところが，デルマンのいう間接的な方法によって資金計算書をつくる際の資金概念として，たとえば「現金」を採用した場合，つまり変動貸借対照表に基づいて，現金の増減を他の全ての項目の増減で説明する資金運用表的な「資金運動計算書」を作成した場合，それは現金の直接的な収支をもとに作成される「現金出納計算書」と実質的に同じ意味を持つものとなるであろうか。そうではなかろう。実際の現金の流入と流出の差額として得られた現金の期間的純増額と，変動貸借対照表における現金以外の項目の貸借差額によって得られた現金の期間的純増額とは全く次元の違うものだからである。

換言すれば，次のようになるであろう。現実の現金の動きによって複式簿記における現金勘定の記録が行われているわけであるから，資金計算書の目的が現金フローを跡づけることであるなら，現金出納計算書のみが意味を持つことになる，と。つまり「現金出納計算書と実質的に同じ内容を有する現金勘定」の<u>記帳対象の期間的増減額が直接含まれている変動貸借対照表において，その</u>

---

24) 逆に，ある貸借対照表項目の純変動額ではなく総変動額を求める観点からは，両者には大きな差があると考えることもできる。総額運動貸借対照表は存在しても，総額変動貸借対照表は存在し得ない。

金額を現金以外の全ての勘定によって説明，ないし記述するという行為には現金フローを跡づけるという意味は全くないのである。にもかかわらず，この行為がなされることは，現金フローが具体的にどれだけあったかを計算するという行為ではない「計算」が間接的な資金計算書で行われていることを意味するというべきではないだろうか。

　デルマンのいう間接的な資金計算書と直接的な資金計算書にいう資金概念は，この「現金」資金概念を採る場合のように，言葉の上では同じものとなることができる。しかし，その「計算対象としての資金」の計算要素も計算過程も両者では異質である。変動貸借対照表と運動貸借対照表についての相違点は，同一物（諸勘定の変動）を二つの面から表現したというだけの違いに過ぎないのに対し，間接的資金計算書と直接的資金計算書の場合，資金概念の次元が異なっているというべきではないだろうか[25]。

(3) 会計観の二相

　間接的資金計算書（資金運動計算書）と直接的資金計算書（現金出納計算書）は，ともに資金計算書と呼ばれながらも全く異なる資金概念を有しているものと考えることができた。この根本的な異質性は何に起因するものなのだろうか。

　筆者はこれを「会計」のとらえ方の差であると考えている。結論から先に述べよう。まず直接的資金計算書（現金出納計算書）は「会計は現実の世界 (real world) の写像行為である」ととらえる考え方（以下，便宜的に「現実写像的」会計観と呼ぶ）に基づいているものであり，そして間接的資金計算書（資金運動計算書）に代表されるドイツ語圏の伝統的な資金計算書は，「会計はそれ自体が一つの世界 (accounting world) である」という根本的な考え方（「記号相補的」会計観と呼ぶことにする）を有するものなのではないだろうか。

　会計を写像行為ととらえる限り，重要なのは現実世界である。直接的資金計

---

25) これは，キャッシュ・フロー計算書（第8章参照）の作成法の「直接法」と「間接法」の相違を論ずる場合にも共通する論点であろう。

算書および間接的資金計算書で共に「現金」を計算する場合を例に考えると，直接的資金計算書において重要なのは「現金」という現実の存在であり，会計はそれを記録するだけのものである。ゆえに，現金勘定ないし補助簿としての現金出納帳から得られる資金のフローの把握が重視されるのである。一方，会計自体が一つの世界を形作るととらえる場合，会計によって描かれたものはもはや現実の世界を超え，記号が主体となった独自の世界を持つことになる。このとき，会計における概念構成自体が前者，つまり現実の対象をもとに行われていても，会計における認識の対象となったときには，すでに現実と切り離された概念となっているといえるであろう。そしてこのとき，現金勘定や現金出納帳から「実際の現金」がどのように動いたかを把握することは問題とならず，むしろ「現金」を一つの会計上の記号と考え，他の記号との相補的関係によってそのフローを説明ないし記述するのである。

　ゆえに資金計算書を作成する際の直接法と間接法は，全く次元が異なる別種の資金概念を有していると考えられるであろう。「現実の対象」のフローの写像行為を行うという考えに基づく資金概念と，計算対象の言語的意味はそれと同様でありながら，会計自体を一つの現実と考え，その中で当該資金のフローを現実の対象のフローとは全く異なる観点から相補的に把握する際の資金概念とである[26]。

　相補的思考，関係論的な会計観の強いドイツで考えられる「資金」の運動は貸借対照表および損益計算書から把握できるわけであるから，むしろ第三の決算書たる資金計算書は必要ないと考えるべきであろう。一方，写像的思考が支配的なとき，「資金」のフローは貸借対照表および損益計算書からは把握でき

---

[26] 非常に抽象的な言い方になるが，たとえば会計が企業の貨幣資本に関わる側面を忠実に描写するだけのものであり，「会計」と「企業に関わる世界」とは常に一対一の対応を有するものであるとの認識が会計の写像的把握である。一方，会計における諸勘定は現実の事物の単なる写像ではなく，それ自体が他の諸勘定との相互関係によって存在する一つの現実であるとする認識が相補的な把握である。前に用いた例で説明すると，会計で扱う現金を「法貨としての目に見える現金の写像」と考えるか，「現金以外の全ての資産・負債・資本諸勘定の増減」と考えるかの違いとなる。

ず，直接的な資金計算書が要請される。これが会計の概念フレームワークとして抽象的な収益・費用観より具体的な資産・負債観を重視する，いわば実在論的な米国の会計学の状況であると考えられよう。

いわゆる会計理論としては，特に会計言語説などにおいては，対象の写像的把握を考える思考が主流であるように思われる。そしてそうした見地からすれば，記号相補的思考は，会計が単に現実の写像行為に過ぎないという自明の理を忘れたものとして批判されることになろう。しかし，たとえば会計処理の差だけで純利益が大きくなったり小さくなったりした場合に，それによって実際に現金がたくさん入ったとか，余り入らなかったとか考えることは誤解であることを想起すれば明らかなように，会計が現実の忠実な写像であるとの考え方は，何らかの前提条件をつけて主張しなくてはなるまい。むしろ，会計と現実の世界とのつながりをある局面で断ち切って，会計の枠内のみでの対象認識を行うことが必要とされる場合もあるように思われるのである。

その典型的な例が資金会計の分野であり，何らかの対象のフローを考えるとき，現実に存在する対象の現実に生じたフローの把握（写像的把握）を目的とする場合と，そのフローを会計の枠内だけで，当該対象と他の会計的対象との相互関係によって把握すること（相補的把握）を目的とする場合があるわけである。このように，写像的把握と相補的把握の双方の意義を認識し資金計算書の問題，ひいては会計全体の問題を考えるという観点が必要とされるのではないだろうか。このような観点にたち，諸貸借対照表論における貸借対照表項目の性格を考えるということが本節での結論である。

ところで，たとえば会計上の認識対象としての「現金」は非常に現実写像的であり，「損益」はきわめて記号相補的であるが，筆者は会計における認識対象（諸勘定項目）のあるものが写像的で，別のものが相補的だといっているのではない。全てが写像的であるとする思考と，全てが相補的だという思考法が共に重要だといっているのである。そして理念的には二つに分けられる会計観であるが，現に行われている会計を双方の面の複合物として観察すべきだと考えている。期中取引の記録の際には写像的思考が強く，期末決算整理において

会計的判断を加える場合には相補的思考が前面にでている，というように。ただし，いずれの場合も，もう一方の思考が消えているわけではない。さらに，いずれか一つの会計観だけで全てを説明することができると考えられるのである。

なお，複式簿記における勘定を「リアル・ワールドの事物の写像としての記号」であると考える場合，**写像的記号**と呼んで《売掛金》のように《　》で囲み，「アカウンティング・ワールドにおける記号間の相補的関係によって，リアル・ワールドから独立して存在する記号」と考える場合には，**相補的記号**と呼んで，〈売掛金〉のように〈　〉で囲んで表すことにする。

そして，本書においては，ある言葉が特に勘定科目であるかどうかに関わらず，リアル・ワールドの事物そのもの，ないし，その事物の写像であることを強調したい場合，《　》で囲んで表示し，リアル・ワールドから独立して存在するものであることを強調したい場合には〈　〉で囲んで表示することにしたい。

勘定を写像的記号と観る場合，それは「会計が存在しようとしまいと現実に存在するもの」を中心とし，会計はその写像体系として存在するという実在論的な，ないし**実在物主体的**な会計のとらえ方であるといえる。そしてこれを相補的記号と観る場合には，「勘定相互間の相補的関係によって確固として会計の世界に存在する記号」自体を中心とし，その記号の背景に実在物が存在しようとしまいと問題とならないという関係論的な，あるいは**記号主体的**な会計のとらえ方となるのである。

われわれは，この二つの会計観のもとで，会計システムにおいて用いられる記号すなわち「勘定」を，写像的記号ないし相補的記号であると考えることになる。このような会計観により企業会計のメカニズムを解明し，説明することが本編全体を通じての最終的な目的であるといってよい。

5 むすび

　以上，この5章において述べてきたような問題意識および分類視点により本書は進められることになるが，次の第6章以下では，下に述べるような順序で論議を進めて行きたいと思う。

　まず，フロー貸借対照表観・ストック貸借対照表観の二分法によって動態論，静態論，有機論を分類し，「貸借対照表論」研究を行うのが第6章および第7章の内容である。第8章は，動態論の流れをくむ戦後のドイツ語圏の資金会計論を取りあげ，現在に至るまでの貸借対照表論の帰結を確認する。この一連の作業の過程において，ドイツ貸借対照表論の歴史的な流れが一応，網羅的にとらえられると考える。もちろん，それぞれの理論の中に写像的会計観・相補的会計観を確認することも重要な作業である。このような方法によって，現に存在する貸借対照表というもの，あるいは企業会計のメカニズムの本質を解明するための前提としての作業が行われることになるのである。第8章ではさらにこの第6章および第7章においてなされた「学説研究」を踏まえて，そのような貸借対照表ないし20世紀の企業会計に対する本編の最終的な見解が明らかにされることになる。

　最後に，第6章から第8章において研究対象となる諸学説について，簡単に述べておこう。

　第6章では，ドイツ貸借対照表論のもっとも有名な論者であるシュマーレンバッハの「動的貸借対照表論」を取りあげる。詳しくは当該箇所で述べるが，シュマーレンバッハの貸借対照表観はフロー貸借対照表観そのものであり，この章はフロー貸借対照表を扱う章ともなる。そしてこの章は，シュマーレンバッハ貸借対照表論の特徴を明らかにし，それ以外の学説との対比をはかるためのものであり，いわば本書を進めていく上での基本的な視点を確立するためのものであるといってよい。

　なお，動態論という場合に，シュマーレンバッハの定義からは，損益計算を

第一の目標とする学説は全て含まれることになってしまう。それに属するとされる学説，属すると自称する学説は数多く，検討対象の限定が必要となる。ゆえに，本書において「動態論」という言葉は，シュマーレンバッハ，ワルプ（E. Walb），コジオール（E. Kosiol）と続く，いわゆるケルン学派における理論体系を指すものとする。一般に，ワルプとコジオールはシュマーレンバッハが確立した動態論の正統を継ぐものとされており，この三人の学説を動態論を代表するものとしてとらえることに問題は少ないと思われるからである。

第6章ではそれに引き続き，このワルプとコジオールの貸借対照表論が取りあげられる。この章は，シュマーレンバッハとその後継者の学説を比較し，フロー貸借対照表論としての動態論の一つの発展方向を確認するためのものである。

第7章では，動的貸借対照表論と対立的な目的を追求する静的貸借対照表論を検討することになる。この静的貸借対照表論は，財産計算を第一の目的とする貸借対照表理論であるが，財産計算に際して積極財産および消極財産に付すべき価値を問題とする「旧静態論」と，そのような価値論争を離れて，動態論によって基礎づけられた貸借対照表をもとにしながら，その貸借対照表の状態表示機能を問題とし，分類論を発展させようとする「新静態論」に区分することができよう[27]。本書では，旧静態論・新静態論の代表的な論者として，それぞれシェアー（J. F. Schär）とル・クートル（W. le Coutre）を取りあげるが，それは財産計算よりむしろ状態の表示を重視する学説としての静態論をストック貸借対照表観として位置づけ，その意味で動態論のフロー貸借対照表観と対比することが目的となるからである。

第7章ではさらに，損益計算と財産計算の二つの目的を同時に果たす貸借対照表論としてのシュミットの有機論を，損益計算論の側面，財産計算論の側面それぞれから検討する。なお，この章では動態論と有機論の折衷論たるゾムマーフェルト（H. Sommerfeld）の良動態論の損益計算構造および貸借対照表構造

---

27) 新田忠誓「静的貸借対照表論（静態論）」森田哲彌・宮本匡章編著『会計学辞典』第2版，中央経済社，1990年，270-271頁参照。

5 むすび 87

も論じられる。

　第8章は，まず動態論者ワルプの資金会計論である運動貸借対照表論と，その理論的立脚点たるバウアー（W. Bauer）の運動貸借対照表論について検討することにより，資金会計論と動態論の関係を明らかにすることから始まる。

　運動貸借対照表論は動態論の理論的発展の一形態として生まれたといってよく，さらにドイツでは運動貸借対照表論イコール資金会計論であった。第2次世界大戦後，ドイツでは少なくとも1950年代までは比較的活発な運動貸借対照表論義が存在したのであるが，貸借対照表論について，徐々に活発な論議は聞かれなくなり，会計学の中心は米国に移った。これは，ある意味では貸借対照表論が限界に達し，新たに論議すべき内容に乏しくなったことに由来すると考えられるであろう。ゆえに，貸借対照表論研究のまとめとしてこの運動貸借対照表論とその流れをくむ資金会計論を取りあげるのである。

　なお，運動貸借対照表論は1950年代にしばしば論じられたが，これらは本質的にワルプの運動貸借対照表論を超えたものではないと考えられるため本書では取りあげず，資金運動計算書論という名称で論じられた1960年代の資金会計論をケーファー（K. Käfer）の理論を中心として検討する。この60年代の資金運動計算書論は，1971年に発表されたフォン・ヴィゾッキィ（K. von Wysocki）の資金運動計算書論において，一通り網羅されているため，形式としては彼の論文によって1960年代の諸資本運動計算書論を検討するという形になる。ただし，ヴィゾッキィとそれ以前の資金会計論の間には違いがあると考え，ヴィゾッキィおよび1978年に出されたドイツ経済監査士協会専門委員会意見書による資金計算書論とそれ以前の資金運動計算書論とを対比させて検討する。その上で，現在の企業会計の体系の枠組みを考えるために，貸借対照表および損益計算書と並ぶ基本財務表としての資金計算書の姿を描いてみることになる。

　以上のような形で本編は進められ，第8章ではさらに企業会計構造たる貸借対照表構造についての結論が述べられることになる。

第6章
フロー貸借対照表観の原型と展開

1 はじめに
― 動態論総説 ―

　すでに幾度か登場した「動態論」という言葉は，本書においては，シュマーレンバッハ，ワルプおよびコジオールと続くケルン学派の貸借対照表論を意味するものである。もちろん，彼ら以前にも彼らと同時代にも動態的な学説は存在したし，彼ら以降にも動的見解を求めればきりがないが，それらの共通点は企業会計の最高目的を損益計算におき，貸借対照表をそのための手段と考えるという点である。

　「動態論」と呼ばれる多くの学説の中から，検討対象にふさわしいものを選び出す場合，それらの各学説における損益計算がどういう観点からのものなのか（たとえば，どのような性格の損益を計算しようとするのか）という理論の実質的内容の相違，あるいはそこから生ずる計算構造の相違によって行うという方法が採られるのが一般的であろう。しかし，貸借対照表構造に主たる視点をおく本編においては，シュマーレンバッハ，ワルプおよびコジオールの理論体系が，何らかの意味での「収支計算」（フロー計算）を用いての損益計算構造および貸借対照表構造を有するがゆえに，そして彼らの観点が貸借対照表全体におよぶがゆえに，それらに検討対象たる価値を見いだすのである。ケルン学派以前にも，特に固定資産の貸借対照表数値が簿記（これを一種の収支計算と考えることができる）から誘導されていることに着目したフォン・ヴィルモウスキー（B. v. Wilmowski）やフィッシャー（R. Fischer）らの動態論者がいたこ

とはまぎれもない事実であるが[1]，彼らの学説は貸借対照表全体ではなく，その一部にしか目を向けていない点で，貸借対照表構造を問題とする本編において検討するには不十分な内容しか有していない。

蛇足であるが，シュマーレンバッハの後継者としてケルン大学に拠ったということだけではなく，シュマーレンバッハと同じく収支計算に基づく損益計算体系を有するということのゆえに，ワルプおよびコジオール理論は，動態論の正統とみなされることが多いのではないかと筆者は考えている。

次に，この三人の動態論者の考える貸借対照表構造を端的に示す貸借対照表シェーマを示す。

シュマーレンバッハの貸借対照表[2]

1. 支出・未費消	6. 費消・未支出
2. 給付・未収入	7. 収入・未給付
3. 支出・未収入	8. 収入・未支出
4. 給付・未費消	9. 費消・未給付
5. 貨幣	

ワルプの貸借対照表[3]

1. 支払系列の内容	4. 支払系列の内容
2. 戻し計算支出	5. 戻し計算収入
3. 追加計算収入	6. 追加計算支出

コジオールの貸借対照表[4]

Ⅰ. 収入在高	Ⅰ. 支出在高
Ⅱ. 支出対価	Ⅱ. 収入対価

一見して明らかなように，ワルプおよびコジオールのシェーマは収支のみで構成されている。既述のように，シュマーレンバッハのシェーマは収支および収益・費用（旧版では給付・費消）というフローで構成され，フロー貸借対照表と呼ぶことができるが，同様に，ワルプおよびコジオールのシェーマもフロー貸借対照表として位置づけることができるであろう。

---

1) 渡邊陽一『貸借対照表論』森山書店，1984年，109-143頁参照。
2) E. Schmalenbach, *Dynamische Bilanz*, 第4版, Leipzig, 1926年, 120頁。
3) E. Walb, *Die Erfolgsrechnung privater und öffentlicher Betriebe, eine Grundlegung*, Berlin/Wien, 1926年, 107頁。
4) E. Kosiol, *Pagatorische Bilanz, die Bewegungsbilanz als Grundlage einer integrativ verbundenen Erfolgs-, Bestands- und Finanzrechnung*, Berlin, 1976年, 203頁。

ゆえに,本編では動態論の貸借対照表をフロー貸借対照表であると結論づけ,さらにその「フロー」の意味内容を考察することになるのである。そして,次の第2節では,動態論の確立者シュマーレンバッハの所説の概要を明らかにし,本編において必要とされる意味での検討が加えられることになる。なお,以降では,第一にフローがどういう論理によって貸借対照表に収容されるのか,第二にそのフローが「何の」フローであるのか,という順序で論究を進めることにしたい。

2　フロー貸借対照表観の原型
　　　　 ー シュマーレンバッハ貸借対照表論 ー

(1)　動的貸借対照表の概要 ー 合致の原則と貸借対照表 ー

　本節は,フロー貸借対照表としてのシュマーレンバッハ動的貸借対照表の姿を明らかにすることを目的とするものである。

　議論を進めるため,まず『動的貸借対照表』新旧版の貸借対照表シェーマを並べて再掲するが,最初に明確にしておきたい点がある。それは,本章においては新旧版双方に共通する理論内容が用いられるけれども,説明の際の便宜のため,基本的にはシュマーレンバッハ理論の原点である旧版の動的貸借対照表が使われるという点である。このシェーマは,収益・費用に代えて「給付・費消」という比較的特殊な用語を用いている点で注意を要するものである。

動的貸借対照表（旧版）		動的貸借対照表（新版）	
1.　支出・未費消	6.　費消・未支出	1.　支払手段	1.　資本
2.　給付・未収入	7.　収入・未給付	2.　支出・未費用	2.　費用・未支出
3.　支出・未収入	8.　収入・未支出	3.　収益・未収入	3.　収入・未収益
4.　給付・未費消	9.　費消・未給付	4.　支出・未収入	4.　収入・未支出
5.　貨幣		5.　収益・未費用	5.　費用・未収益

　この「給付・費消」という名称について説明しておく。旧版の動的貸借対照表を新版の動的貸借対照表と比較してみると明らかなように,形式上は,給付は収益と同じ意味であり,費消は費用と同じ意味である。しかし,本章におい

ては,「給付・費消」という言葉を一般の「収益・費用」とは異なる意味で用いることになるため,一般の概念と区別するために「給付・費消」という多少特異な用語を用いることにする[5]。また,新版の動的貸借対照表は貸方に「資本」を含んでいるが,これは「拠出資本」および「留保利益」を意味するものである[6]。しかし,拠出資本は旧版においては「収入・未支出」とされるから,本章ではシュマーレンバッハの動的貸借対照表として旧版の動的貸借対照表の貸方に留保利益を加えて貸借をバランスさせた次のようなシェーマ「動的貸借対照表1」を想定して論を進めることにする。

動的貸借対照表1

1. 支出・未費消	6. 費消・未支出
2. 給付・未収入	7. 収入・未給付
3. 支出・未収入	8. 収入・未支出
4. 給付・未費消	9. 費消・未給付
5. 貨幣	留保利益

この動的貸借対照表は,「企業の全存続期間における収入・支出の差額である全期間利益の一部として期間利益が位置づけられなくてはならない」という合致の原則 (der Grundsatz der Kongruenz) によって支配されるものである。合致の原則とはそもそも,期間利益の正確性を保証するために,それを正確かつ確実な全期間利益に結び付けたものといえるが[7],それと動的貸借対照表の関係は非常に密接なものである。この間の事情について以下簡単に説明する。

継続性の原則(der Grundsatz der Kontinuität)は「合致は継続性を前提とするが継続性は合致を前提としない」[8] という意味で合致の原則と関係する計算原則であるが「経営が他のために行った全ての給付および経営が外から受け入れた

---

5) 本章では,給付・費消に形式的に独特の意味をもたせるのであるが,概念的にも,給付・費消は収益・費用とは異なる。後者が貨幣資本の増減を意味するのに対して,前者は後述するように財の価値の増減を意味するからである。
6) いわば個人企業の「資本金」勘定に等しいものといえる。
7) 森田哲彌「シュマーレンバッハ学説における期間利益概念の変化——比較性の原則と合致の原則をめぐって——」『ビジネス・レビュー』第5巻第3号,1958年2月,79-93頁参照。
8) E. Schmalenbach, 前掲書, 98頁。

全ての給付が，すでに締め切られた期間計算に計算されたか，または後期に計算されることになっていて，いかなる給付もテーブルから落ちないこと」[9]を要請するものである。そして，「貸借対照表は企業会計(kaufmännische Rechnung)において継続性を保持し，それによって収支計算と損益計算との間の未解消項目（schwebende Posten）を収容する」[10]ものとして位置づけられるのである。

つまり，合致の原則とは何らかの方法によって企業の全存続期間の給付・費消差額が収入・支出差額と合致させられることを要請する給付・費消の計算原則であり，この収入・支出と給付・費消が当期末までに未合致（すなわち未解消）であった場合，合致の原則および継続性の原則の要請によって未解消のそれらが貸借対照表に収容されるという関係にあるのである。

これが動的貸借対照表の形式構造を支える理論である。ただ，旧版が，シェーマの「5．貨幣」について様々な問題点を指摘されていることは周知の事実である[11]。それは，突き詰めれば，貨幣はその他の項目とは異なり収入・支出と，給付・費消の間の未解消項目としては説明が難しいという点である。この点に関しては，シュマーレンバッハ自身が新版で認めているように貨幣（および資本）は，他の貸借対照表項目と異なり未解消項目ではないとするとらえ方が妥当であろう。以下，その点について少し補足しておく。

本来，旧版の動的貸借対照表シェーマを司る合致の原則において要請される「収入・支出差額と給付・費消差額の全期間での合致」は，全期間利益の計算が「貨幣価値ある財を貨幣と同一視すると，損益計算であると同時に収入・支出計算である」[12]から，貨幣価値ある財および貨幣のフローを収入・支出と考えた上でのものであるはずである。その意味で，シュマーレンバッハが貸借対照表中の現金について「買われたか交換されて入ってきたものと考える」[13]と

---

9) E. Schmalenbach, 前掲書，99 頁。
10) E. Schmalenbach, 前掲書，99 頁。
11) たとえば，岩田巖「動的対照表の現金項目」『會計』第 59 巻第 5 号，1950 年，1-17 頁参照。
12) E. Schmalenbach, 前掲書，97 頁。
13) E. Schmalenbach, 前掲書，119 頁。

94　第6章　フロー貸借対照表観の原型と展開

いうように，貨幣価値ある財の流出を支出，流入を収入と考えれば，現金はある意味では確かに「支出・未収入」として解釈できるであろう。

しかし，貨幣には上述のように「貨幣価値ある財」によって買われた，あるいはそれと交換されたもののほかに，「後給付（Nachleistung）」の対価として企業に流入したものもある。つまり，債務を負うことにより，あるいは企業所有者の拠出により得られる貨幣は，貨幣価値ある財と交換されたものではないのである。このような貨幣は，将来（企業解散時を含む）の返済約束，つまり後給付によって得られたものであり，これを支出・未収入と解釈することは困難である。たとえ，将来の支払をも支出であると考えたとしても[14]，それが解消されるのは「支出」によるのであって，「収入」によって解消されるわけではないから支出・「未収入」とはいえないからである。また，収入・支出差額としての「全期間利益」という概念も将来支出をその収入・支出概念として用いることとはなじまないものである。将来支出と現金支出とが二重に計算されることになるからである。

（2）　動的貸借対照表におけるフロー概念
§1　収入・支出の定義 ― 現金フロー ―

ここでは，以降の論議のためにおかれる5つの前提について述べる。貸借対照表に収容される項目の実体より，むしろ諸項目間の相互関係に注目する接近法においては，その「関係」が明確であることが必要だからである。まず第一に，収入・支出・給付・費消それぞれの概念が明確になされる必要があるが，この§1では収入・支出の定義を行う。

収入・支出は貨幣の流れすなわち現金フローのみを意味することとする。前節で述べたようにシュマーレンバッハ理論における収入・支出は，本来「貨幣または貨幣価値ある財」のフローなのであるが，貸借対照表シェーマの現金以外の項目が結局，現金収入・支出と給付・費消の未解消項目として説明されて

---

14)　ワルブは，このようなアプローチによって問題解決をはかる。本章第3節参照。

おり，シュマーレンバッハ自身，そこで収入・支出として現金収入・支出を想定していたと考えられるからである。ただ，一般的に貨幣という言葉は法貨としての「紙幣および鋳貨」ばかりではなく，要求払い預金や定期性預金，譲渡性預金や信託の元本等の金融資産を含む場合もあり，曖昧な内容を含むため，本編ではこれを「現金」[15]と呼ぶ。なお，当然に現金のインフローが収入，アウトフローが支出である。

§2 給付・費消の定義 — 成果フロー —

　給付・費消は，収入・支出の定義が比較的明瞭であったのとは対照的に「何らかのもの」のフローであるとのみ位置づけることとする。何らかのものとは，『動的貸借対照表』旧版の中からは「『有用性および稀少性，すなわち価値』ないし，それを有するもの」ということになり，さらに給付は「企業が創造した価値で収入額で測定され」，費消は「企業内において消滅した価値で，支出額で測定され」るものであるということになるのであるが，「価値を有するもの」の内容は「現金」のように具体的でなく，こうした給付・費消の定義は，具体的に何を指すのかがあまり明確ではないためである。さらにいえば，この「価値」の曖昧さのために給付・費消は明確な現金のインフロー・アウトフローで測定される必要が生ずるわけである[16]。

　『動的貸借対照表』においては，「価値ないしそれを有するもの」を所与とするとその創造（インフロー）が給付，消滅（アウトフロー）が費消であるといってよいだろう（正確には，そのインフローおよびアウトフロー自体ではなく，フローの貨幣的評価額である）。しかし，一般的には給付を収益，費消を費用と読み換えると，給付と費消の差額は「損益」となる。そして，損益はド

---

15) シュマーレンバッハは，本来「貨幣」としては，新版の動的貸借対照表にあるように直接的支払手段を考えていたと思われるが，そのようにとらえてもやはり若干の曖昧さは残る。本書では，わが国で財務諸表上「現金預金」と呼ばれるものを「現金」と考えることにしたい。

16) さらにいうと，給付・費消の本質は価値（有用性および稀少性）にあるのではなく，獲得された現金及び費消された現金にあると考えるべきであろう。そうでなくては，価値が収支額で測定される必然性がないからである。

イツの会計学説においては「成果 (Erfolg)」と呼ばれることが多いので，給付・費消はそれぞれ「成果」のインフロー・アウトフローであると定義することにする。

「成果」という言葉は，シュマーレンバッハの定義によれば「価値を有するもの」ないし「価値」の純フローを意味するものでなくてはならないのであるが，前述のようにその価値自体が曖昧であるから成果という名前だけ与え，実体については「何らかのもの」としてブラックボックスのままにしておくわけである。つまり，「成果」という何らかの概念が先にあり，そのフローが直接認識できるということを前提とするのである。

また，この「成果」は収入・支出額で測定されるわけであるから，収入・支出・給付・費消の測定単位は全て共通の「貨幣単位」である。このことの意味については第5節で再び述べる。

§3　収入・支出・給付・費消の相互関係

給付・費消が「何らかのもの」のフローという程度にしか確定できないとしても，既述のように貸借対照表項目として存在する以上，貸借対照表項目相互間の関係を明確にしておかなくてはならない。そのため必要な，かつ確認できる範囲での内容を給付および費消に与えておく必要がある。そしてそれは「給付は収入によって解消され，収入は給付によって解消される」という関係と，「費消は支出によって解消され，支出は費消によって解消される」という関係である。収支計算差額（収入マイナス支出）および成果計算差額（給付マイナス費消）の全期間での合致を考えれば，収入と給付が互いに解消関係にあり，支出と費消が互いに解消関係にあることがわかるであろう。また，当然の前提として「収入と支出とは相互に解消しあい」，「給付と費消も相互に解消関係にある」ことはいうまでもない。動的貸借対照表1の収入・支出・給付・費消の解消態様（未…）を見ればこのことはさらによく理解できると思われる。ゆえに，この4つのフロー概念の相互関係は次の図のように示されることになろう。

2 フロー貸借対照表観の原型　97

```
収入（＋）⟷ 支出（－）    ⎛矢印はその両端のフローが⎞        正負の符号は逆でも
 ↑↓           ↑↓         ⎜正負関係あるいは解消関係⎟        さしつかえない。
給付（－）⟷ 費消（＋）    ⎝にあることを示す。      ⎠
```

　すなわち，収入・支出・給付・費消の相互関係を，数学的かつ機械的に見ると，収入をプラスと考えれば，支出および給付はマイナスという関係にあることになり，費消は支出および給付の反対の性質をもつからプラスとなるのである。逆に，収入と費消がマイナスであれば支出と給付はプラスという関係にあることになる。これはあくまで機械的な関係であるから収入と費消，そして支出と給付がそれぞれ同質であるというようなことはいえない。相互関係がこのようになっているということである。

§4　貸借対照表項目としての収入・支出・給付・費消の意味

　次に，上記§1～§3'の定義と関連することであるが，収入・支出・給付・費消という4つのフロー概念のシュマーレンバッハ理論における意味，それも貸借対照表に関わる場合の独特の意味について明らかにしておきたい。
　通常の企業会計において次のように仕訳される取引があったとする。

　　1．（買 掛 金）200　　（現　金）200：買掛金の支払
　　2．（現　金）100　　（借入金）100：銀行からの借入

　このとき，1では現金支出，2では現金収入が生ずるわけであるが，シュマーレンバッハが「収入・支出」という場合は1の貸方の「（現金）200」や2の借方の「（現金）100」ではなく，1の場合は借方の「（買掛金）200」が支出であり，2では貸方の「（借入金）100」が収入と呼ばれるのである[17]。つまり，シュマーレンバッハは収入・支出という場合，現金の流入・流出の事実ではなくその「原因」を見ているということである[18]。また，同様に

　　3．（売 掛 金）10　　（売　　上）10：商品の掛売
　　4．（支払利息）20　　（未払利息）20：経過利息の計上

---

17) 谷端長『動的会計論』森山書店，1965年，202頁参照。
18) 新田忠誓『動的貸借対照表原理』国元書房，1987年，12-13頁参照。

という仕訳で示される取引があったとすると，3の「(売掛金) 10」および4の「(未払利息) 20」がそれぞれ給付・費消に相当するものである。つまり，成果のインフロー・アウトフローそのものが3の「売上」（収益），あるいは4の「支払利息」（費用）であるとすると，貸借対照表上の概念としては，そのフロー自体ではなく，その原因を給付・費消と呼ぶわけである[19]。つまり本編において「給付・費消」という用語は，通常の企業会計でいう収益・費用の「原因」を意味するものとして用いられるのである。

§5 貸借対照表項目としてのフロー概念について

最後に注意しておきたいことがある。現行の一般の貸借対照表においては，期間損益ではなく，留保利益（わが国では未処分利益）という項目が収容されているという点についてである。ある期間の期末における「留保利益」という言葉は，通常は，営業第一期から当該期間までの損益の合計から企業の所有者等へ分配された利益を除いたものという意味で用いられている（留保利益ではなく，欠損金となる場合があるが，それはマイナスの留保利益と考えることにする）。

しかし，筆者がシュマーレンバッハ理論の形式構造の基底に据えた合致の原則は，利益分配を考えていないと思われるのである。利益の分配を支出であると考えると，企業の全存続期間における給付・費消差額がプラスになったとしても，収入・支出差額はゼロになるから，両者の合致は有り得ないことになってしまうことを想起すればそれは明らかであろう。ゆえに本編では原則として利益の分配が存在しないと仮定する。

そして，給付・費消計算の結果として得られる「成果」という概念も，営業第一期から当該期間末までの概念，具体的には留保利益を想定した概念であり，このことは収支計算の結果として得られる「現金」という概念についても同じである。さらに，貸借対照表項目全体にわたっても同じである。つまり，

---

19) 普通に考えるとここでいう給付・費消は成果の「原因」というより「結果」というべきなのかもしれないが，本書では「成果のある一つの側面を表すフロー概念」という程度の意味で「原因」という言葉を用いている。

本章においては,「収入・支出・給付・費消」,収入・支出差額としての「現金」,給付・費消差額としての「成果」の全てが,営業第一期からある会計期間末までのフロー概念であると定義される。

(3) 動的貸借対照表形式構造の展開
§1 単式簿記型 ― シュマーレンバッハ理論の原型 ―

(2)で述べた前提によって,シュマーレンバッハが『動的貸借対照表論』新版で行っているように現金計算書(収入・支出計算書)をつくり,さらにそれと形式上は同様にして成果計算書(給付・費消計算書)を作成してみる。

収入・支出計算書a		給付・費消計算書b	
支出 U 支出 Su 支出 S	収入 U 収入 Su 収入 S	給付 U 給付 Su 給付 S	費消 U 費消 Su 費消 S
現　金		成　果	

このとき,収入・支出計算書と給付・費消計算書は「相互に」全く無関係に,独立に作成されるものとする。給付・費消計算書の要素が「何らかのもの」のフローであると定義したのは,理念的に「何らかのもの」が独立に認識できると位置づけるためである。この収入・支出計算書と給付・費消計算書は左側が支出と給付,右側が収入と費消であることとする(これは逆であってもいっこうに差し支えないが,動的貸借対照表1が左側に支出と給付,右側に収入と費消を配しているのに合わせたものである。また計算書の収入・支出・給付・費消にはU,Su,Sの添え字がついているが,その意味については後述する。この段階では,収入・支出・給付・費消に幾通りかの種類があり,それを区別したものと考えておいて頂きたい。)。

この収入・支出計算書aと給付・費消計算書bはそれぞれが相互に独立に,かつ単式簿記的な形で作成されている。つまり,計算書aは「現金」のフローがあったときそのフローの原因(収入または支出)と金額を借方,貸方のいずれか一方にのみ記載したものであり,計算書bは「成果」のフローがあっ

たときにそのフローの原因（給付または費消）と金額を貸借いずれか一方にのみ記載したものである。既述のように，企業の営業第一期からある会計期間の期末までを考えるから，収入・支出の差額として現金すなわち期末現金在高が，給付・費消の差額として成果すなわち期末留保利益在高が計算されることになる。その意味で，両計算書は本質的に貸借が均衡するものではない。

次に，それぞれ収入・支出計算書，給付・費消計算書の枠内で解消関係にある収入・支出および給付・費消を「認識」する。それがUの添え字をつけた収入・支出・給付・費消である。収入Uと支出Uは相殺され，給付Uと費消Uも相殺されるという関係にある。

この収入・支出計算書aと給付・費消計算書bはこれまでのところ互いに何の関係もない。しかし，(2)で述べたようにそれぞれ収入と給付，支出と費消は反対の性格をもつ関係（正負の関係）にある。つまり，全期間を想定すると互いに差引計算される関係にあるわけである。ゆえに，ここでこの二つの異質の計算書aとbとを一つに重ねることが可能である。つまり，収入の反対側に給付を，支出の反対側に費消を配するわけである。すると次頁の収入・支出・給付・費消対照表aのようになり，それを整理すると収入・支出・給付・費消対照表a′のようになる。

なお，計算書ではなく，対照表というのは，図からも明らかなように「何らかのもの」のインフローとアウトフローの差額として，その「何らかのもの」の純フローを計算するものが計算書であるという考え方による。計算書で示される（収入・支出・給付・費消の）フローを総額で表示するに過ぎないものであるから，「対照表」と呼ぶのである。

Suの添え字のついた支出と費消，そして給付と収入が「解消関係」にあるとすると，この収入・支出・給付・費消対照表a′は結局，波線の上が相殺されて収入・支出・給付・費消対照表bのようになるであろう。これはすでに解消関係にあった収入・支出・給付・費消（UおよびSu）を相殺したものである。そしてこの対照表bが，シュマーレンバッハの動的貸借対照表に相当するものなのである。すでに示したシュマーレンバッハの動的貸借対照表1

2 フロー―貸借対照表観の原型　101

は，この未解消のフローを，さらにどのような原因によってそれらが解消されるかも付記して示したものということができよう。

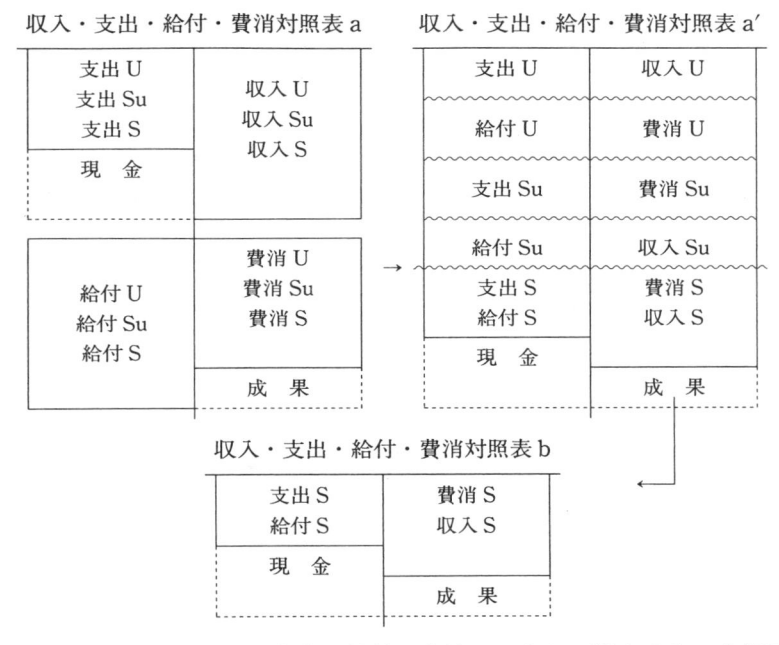

収入・支出・給付・費消対照表 a

支出 U 支出 Su 支出 S	収入 U 収入 Su 収入 S
現　金	
給付 U 給付 Su 給付 S	費消 U 費消 Su 費消 S
	成　果

収入・支出・給付・費消対照表 a′

支出 U	収入 U
給付 U	費消 U
支出 Su	費消 Su
給付 Su	収入 Su
支出 S 給付 S	費消 S 収入 S
現　金	
	成　果

→

収入・支出・給付・費消対照表 b

支出 S 給付 S	費消 S 収入 S
現　金	
	成　果

←

Sの添え字のついた収入・支出・給付・費消は，まさに期末時点で未解消であったフローである。また，このように見てくると，貸借対照表の「現金」および「成果」は他の項目とは異なり未解消項目ではないことが明らかであろう。

シュマーレンバッハの動的貸借対照表は，このように二つの単式簿記的な計算書から導かれる構造を持っている。ここで，単式簿記的な計算書とは，現金あるいは成果のような「一つの何らかのもの」の増減をある一面からのみフローとして記録するものであり，一つの取引について借方か貸方か（プラスかマイナスか）いずれか一方にのみ記載されるものである。「何らかのもの」はそのフローの差額として純フローないしストックとして計算されるわけである。

ところで本書では，動的貸借対照表の形式構造の説明のために「成果」概念

を所与のものと仮定し、さらにその「成果」のフローである給付・費消が独立的に把握されると仮定した。シュマーレンバッハの会計構造は、この「成果」概念をもとに成立するわけであるが、この概念は現金と異なり簡単に把握されるものではない。そもそも「成果概念」ないし「損益概念」は論者によって異なることが非常に多く、その計算法も多様である。実際にこうした会計構造を運用するためには、どのようにすれば良いのだろうか。

現実の企業会計においては、複式簿記がこの計算のために用いられている。日常の取引の記録と、損益の計算のために複式簿記が用いられているわけである。この複式簿記は、上述の収入・支出計算書aと給付・費消計算書bを同時に作成するものであると著者は考えている。ゆえに、そうした関係を以下で論じてみたい。

§2 複式簿記型 ― 複式簿記構造の導出 ―

§1で論議の出発点とした収入・支出・給付・費消の相互関係に何の変更も加えず、ただ基本となる収入・支出計算書aと給付・費消計算書bを、それぞれ複式の形式で示すと次頁の計算書A、計算書Bのようになる。

これは、それぞれの計算書の枠内で、フローの原因と結果を複式に記入したものである。つまり、§1で述べた単式簿記的計算書において認識されたフローは「何らかのもの（現金および成果）」の増減の原因であったが、そのフローの記入の際、貸借反対側にその「何らかのもの」の増減の結果を記入する複式記録法を用いるのである。このとき収入・支出計算書Aの［原因］のフローと［結果］のフローは完全に一対一の対応関係にあり（貸借逆の関係で）、同様に給付・費消計算書Bの［原因］のフローと［結果］のフローも一対一の対応関係にある[20]。原因と結果は、異質の概念であり、計算書aおよびbの場合と同様にこれらの計算書AおよびBも、実質的内容から考えて貸借均

---

[20] 収入・支出計算書Aは「収入・支出計算書（原因）およびキャッシュ・フロー計算書（結果）」、給付・費消計算書Bは「給付・費消計算書（原因）および損益計算書（結果）」と呼ぶべきであるが、便宜上小文字のaおよびbの計算書と同じ名前にしておいたものである。

衡関係は成立していない。原因と結果は，それぞれ非均衡体系として完結した関係にある。しかし，原因と結果の対応により，常に貸借均衡が成り立つような形式構造を有していることも確かである。ゆえに，形式的にみてこれらの計算書AおよびBは均衡関係にあると考えることとする。

収入・支出計算書A		給付・費消計算書B	
支出U 支出Su　［原因］ 支出S	収入U 収入Su 収入S	給付U 給付Su　［原因］ 給付S	費消U 費消Su 費消S
キャッシュ・ インフロー	キャッシュ・ アウトフロー ［結果］	費　用	収　益 ［結果］

なお，計算書AおよびBは，原因の貸借差額および結果の貸借差額によって「何らかのもの（現金および成果）」の純フローをそれぞれ独立に計算するものである。「何らかのもの」を計算するという関係が存在するため「計算書」と呼ぶことができるわけである。また結果概念の用語であるが，便宜上，現金増減の結果（原因たる収入・支出の裏の概念）をそれぞれ「キャッシュ・インフロー」・「キャッシュ・アウトフロー」，そして成果増減の結果（原因たる給付・費消の裏の概念）をそれぞれ「収益」・「費用」と呼ぶことにする[21]。

そして，§3で「計算書a」と「計算書b」を重ねて「対照表a」を導出し，この対照表から相殺項目を除いて導出される「対照表b」を作成したのと全く同様にこれらの「計算書A」と「計算書B」を重ねて「対照表A」を導出し，さらに期間的解消フローを除いて「対照表B」を導出すると，次頁のような収入・支出・給付・費消対照表が作成できる。

---

21) 収入・支出計算書の［結果］は，現行の企業会計で採用されている複式簿記における「現金勘定」に，給付・費消の［結果］は「損益勘定」に相当するものであることに留意されたい。

第6章 フロー貸借対照表観の原型と展開

収入・支出・給付・費消対照表A

イ 現金増減の原因	支出U 支出Su 支出S	収入U 収入Su 収入S	
ロ 現金増減の結果	キャッシュ・インフロー	キャッシュ・アウトフロー	
イ 成果増減の原因	給付U 給付Su 給付S	費消U 費消Su 費消S	
ハ 成果増減の結果	費　用	収　益	

収入・支出・給付・費消対照表B

（純フロー）	支出S 給付S	費消S 収入S	イ 現金および成果増減の原因 ［貸借対照表］	
ロ 現金増減の結果 ［現金勘定］	キャッシュ・インフロー	キャッシュ・アウトフロー	（総フロー）	
		収　益	ハ 成果増減の結果 ［損益勘定］	
（総フロー）	費　用			

　これらは対照表aおよびbの「現金」と「成果」を純額ではなく総額で書いたものに等しい。この対照表Aが複式簿記を前提とした場合のシュマーレンバッハの会計構造そのものであり，対照表Bを経て，最終的に現金と成果が純額で示されたもの（対照表b）がシュマーレンバッハ理論本来の貸借対照表構造となる。換言すれば，この対照表Aはシュマーレンバッハ理論を前提とした複式簿記の構造を意味し，同時に貸借対照表構造の本質をも意味することになろう。これが本節のもっとも重要な結論である。

　ところで，計算書Aによって収入・支出計算が，計算書Bによって給付・費消計算が示されるわけであるが，収入・支出計算が「現金」というきわめて

2 フロー貸借対照表観の原型 105

具体的な対象のフロー（収入・支出）を把握すればできるのと逆に，給付・費消計算は「成果」というきわめて抽象的な対象のフロー（給付・費消）を把握するという理論構造となっている。収入・支出・給付・費消の相互関係は対照表 A で明らかになったが，これらのフロー概念，特に給付・費消の実体はどのようにとらえれば良いのだろうか。

『動的貸借対照表』旧版によれば給付・費消は価値の創造・消滅であるが，収入・支出で測定され，またその認識時点については計算確実性の原則（der Grundsatz der Sicherheit der Rechnung）に支配されるため，結局，企業外部との取引の存在に制約される。つまり漠然たる「価値」の代わりに，貨幣価値ある財・用役および現金のフローが当該企業とその外との間に生じることを基本として給付・費消が認識されるわけである。つまり，給付・費消計算書 B において，たとえばある成果のインフローが認識されるとき，

　　（成果原因：給付）100　　（成果結果：収益）100
あるいは成果のアウトフローが認識されるとき
　　（成果結果：費用）　60　　（成果原因：費消）　60
のような複式記録がなされるわけであるが，原因の方には貨幣価値ある財・用役または現金のフロー（給付・費消）がいわば当該実体の写像として記入され，結果の方には会計の枠内だけで考えられる記号である「成果」の増減（収益および費用）が生じた，と記入されているということができる。現行の複式簿記体系を例にして説明しよう。商品の現金販売の場合，

　　1.　（現　　金）100　　（売　　上）100
と複式記入されるが，借方は成果原因たる現金のインフロー，貸方は成果結果たる何らかの概念（成果）のインフロー（収益）である。原因のほうは現金という現実の事物のフローの写像，結果のほうは会計上の記号（ただし，現金フローの写像たる記号との相互関係によって存在する記号である）である。

ここで，あえて原因として「現金」を持ってきたのには，理由がある。これが売掛金ないし未収金の場合，現金収入・支出計算書 A とは無関係に，計算書 B の範疇のみで記録されるが，現金の場合，計算書 A と計算書 B は相互に

独立しているという前提からその現金のフローは計算書Aにおいても記録されなくてはならないのである。上述の取引は計算書Aにおいても

　　2.　（現　　金）100　　（売　　上）100

のように計算書Bと全く同じに記録されるが，借方はキャッシュ・インフロー（結果），貸方は収入（原因）となる。

　このような計算書Aと計算書Bの内容は，原因どうし解消されることになる。つまり，収入Suと給付Suの相殺である。ゆえに，1の借方の現金と2の貸方の売上が相殺されるわけである。そして，収入・支出計算書と給付・費消計算書を区別せず，対照表Aの形式で記録される複式簿記体系を想定すると，最初の記録の段階で1と2の仕訳を行って，さらに1の借方と2の貸方を相殺するという手間をかけず，相殺した形を最初から記載しているわけである[22]。

　二つの計算書の融合体系はこのように説明できる。理念的にはシュマーレンバッハ理論においては企業会計は，計算書AおよびBの形で取引を記録する構造を有しているが，最初から相殺関係にある給付と収入，そして費消と支出はその相殺をすでに行っているものと理解できるであろう。

（4）　動的貸借対照表の構造と企業会計

　シュマーレンバッハの貸借対照表構造論についての筆者の理解は以上のようなものであった。すなわち，彼の貸借対照表構造の理念型は，収入・支出計算書Aおよび給付・費消計算書Bの融合形態である収入・支出・給付・費消対照表Aにあり，しかもそれは複式簿記構造自体をも構成しているのである。

　このようなシュマーレンバッハ理論に即して複式簿記を考察すると，複式簿記の「複式」たる所以は，第一に現金のインフローおよびアウトフローが貸借反対に記入され，成果のインフローおよびアウトフローが貸借反対に記入されるところにあり，第二に当該フローの原因と結果も貸借反対側に記入されると

---

[22]　費消の場合は省略するが，理論内容は給付の場合と全く同じである。

ころにある(すなわちインフローの原因とアウトフローの結果,そしてインフローの結果とアウトフローの原因が同じ側に記入される)といえる。そして,第三に現金と成果のインフローどうしが貸借反対側に対置され,アウトフローどうしも貸借反対側に対置されるところにあるわけで,いわば三重の複記原理が働いているわけである。そして,これらの原理は最終的な対照表(収入・支出・給付・費消対照表bイコール貸借対照表)の貸借一致をもたらす構造を有しているのである。

　第一および第二の理由は現金計算の枠内,成果計算の枠内だけでの複記原則であり,インフローとアウトフロー,そして原因と結果という自然的性格に基づく対置関係を根拠としている。そして第三の理由は,合致の原則から生ずるものであって,これは現金と成果が対置的な関係にあるという認識がシュマーレンバッハに存在することを意味していると思われる。つまり,企業の全存続期間を前提とした場合,現金と成果は互いに互いの別の側面(あるいは同一物の二つの側面)を表すものであるという認識がシュマーレンバッハにはあると筆者は解しているのである。この第三の理由こそが,後に述べるシュマーレンバッハにおける貨幣資本観の根拠であり,さらに第一第二の理由を自然発生的にともないつつシュマーレンバッハの会計構造,貸借対照表構造ないし複記原理を構成するものであるといえよう。

　このような形式的会計構造,つまり収入・支出計算書Aと給付・費消計算書Bの融合型というものは,実質的な内容として収入・支出および給付・費消の同質性が問題となる。収入・支出・給付・費消という「何らかのもの」のフローを加算したり減算したりする形式構造は,実質内容として「何らかのもの」が全てに共通した一つの概念でなくてはならないわけである。

　本編では収入・支出は現金のフロー,給付・費消は成果のフローと位置づけているが,現金と成果がその属性において共通のものをもつことと,その属性が把握されることが必要である。シュマーレンバッハの場合,それは,企業の全存続期間における両者の合致,そして,共に現金の収入・支出で測定される属性を有するという点であった。ここからシュマーレンバッハは,「何らかの

もの」として貨幣資本的なものを考えているといえるであろう。

　現実の企業会計の構造は，筆者のいう収入・支出・給付・費消対照表Aから，取引の段階ですでに解消されている収入と給付，そして支出と費消をはじめから控除したかたちで形成されているといえる。そしてさらにいうと，本章では現金および成果のフローは，企業の営業第一期からある会計期間の終わりまでを前提とした概念であったが，これが前期までの純フローと当期の総フローに巧妙に区分されているということがいえるのである。

　すなわち，収入・支出計算書および給付・費消計算書は，営業第一期から当期末までを想定したものであるが，その融合形態である対照表Aは，一期間ごとに対照表b（貸借対照表）にまとめられるから，ある期間の期末の対照表Aは，前期末の対照表bと当期に属する収入・支出・給付・費消を合計すれば作成できることになる。むしろ，営業第一期から当期末までの計算書は理念的なものであって，具体的にはこのようにして会計が営まれているわけである。

　これを，今までに述べてきた論理に即していえば，第N期の期末貸借対照表（収入・支出・給付・費消対照表b）は，第［N+1］期の期末になるまでそのまま存在し，第［N+1］期の収入・支出・給付・費消対照表A（［N+1］期だけの収入・支出・給付・費消を示したもの）にさらに第N期の貸借対照表が合算されるという関係にあるわけである。その上で解消された収入・支出・給付・費消は消え，新たな未解消項目と現金（現金期末在高）と成果（留保利益）が第［N+1］期の貸借対照表に収容されるわけである。

　これだけではまだ，現実の企業会計を全て説明することはできない。それは，シュマーレンバッハ理論の形式構造を形づくる概念の規定自体から生ずる問題と，形式構造に包含されないものが現実の企業会計では問題とされていることによる。

　前者としては，すでに述べたように，合致の原則が収入・支出として利益分配を考えていないことが明らかであるから，利益分配は上述の形式的会計構造では捨象されざるを得ない点が挙げられる。利益分配による支出は収入・支出

計算の枠外にあり，対照表Aには存在しない。

また，後者としては収入・支出計算および給付・費消計算の双方に直接関わりのない事象が捨象されるという点が挙げられよう。収入・支出も給付・費消も生じていない取引は把握され得ないのである。買掛金や未払金で購入した棚卸資産や固定資産（期間的に収入・支出・給付・費消が介在していない），あるいは現物出資による土地（超期間的に収入・支出・給付・費消が介在しない）等が収入・支出計算書，給付・費消計算書で認識されず，したがって貸借対照表に収容され得ないということになるのである。

どちらも，結局はシュマーレンバッハの規定した収入・支出概念，給付・費消概念に当てはまらない「何らかのもの」のフローが生じる場合を説明できないということである。会計構造がこの「何らかのもの」のフローを認識・測定するためのものであるとすると，どのようなフローが認識されるべきかという基本前提を決定することがいわゆる会計理論の課題であろう。そして，シュマーレンバッハの会計観のもとでは，そのフローとは収入・支出・給付・費消の形で現れるものであるととらえられているわけである。

この4つのフローは，全て「現金収支に還元して考えることができるもの」である。少なくとも貨幣経済社会では，現金収支に還元して考えることのできる何らかのものを中心とする思考，いわば「貨幣資本観」が会計構造の前提となるであろうことは想像に難くない。しかし，シュマーレンバッハ理論の場合，現実の企業会計と比較してみると，把握すべき貨幣資本の形態の範囲が狭いという難点を有することは否めないであろう[23]。シュマーレンバッハ理論が，貨幣価値ある財のフローを全て把握できるわけではなく，給付・費消の形で現れる貨幣価値ある財のフローしかとらえられないという内容を有することがその原因なのである。

---

23) 筆者は，貨幣価値ある財の企業内外間のフローに基づいて給付・費消が認識されると述べたが，これは当期の給付・費消に関わりがない場合，当該フローを認識する必要がないことを意味する。筆者は，純粋な動態論においてはそれで十分であると考えているのであるが，現実の企業会計は，損益計算だけを目的とするものではないためこれだけでは不十分な点が生ずるのであろう。

これは，最高目標として損益計算を行うという観念を抱いているためであり，そのためには必ずしも必要とされない貨幣資本の増減の把握が軽視されているためということができる。また，期間損益計算が達成できればそれで十分であるとの考え方をすれば，シュマーレンバッハの概念規定ですら十二分であるといえるのである。

この面（期間損益計算に直接に関係のない取引の把握問題）を動態論のその後の論者ワルプおよびコジオールはどのように考えたのだろうか。このような点に焦点をあわせて，次の第3節は進められることになる。

3　フロー貸借対照表観の展開
― ワルプおよびコジオールの貸借対照表論 ―

(1) 動態論と収支概念

シュマーレンバッハの動的貸借対照表論において，その理論的中核は合致の原則にあった。企業の全存続期間にわたる現金の収入・支出差額である全期間利益と一会計期間の給付・費消差額である期間損益の，全期間での合致が会計構造を構成していることは第1章で述べた通りである。

しかし，全期間利益の計算要素である現金収入と現金支出は，ある一会計期間を考えると利益の計算要素ではなくなる。ゆえに，シュマーレンバッハが述べるように現金収入および現金支出に基づいて期間利益を算定するための一つの方法としては，実質上，収支をすべて把握しその中から「期間利益」の要素を抜きだして期間計算を行うというやり方が考えられるであろう。つまり，いわゆる損益作用的収入および損益作用的支出を「何らかの基準」に基づき損益非作用的収入および支出から分離することになるのである。

このような観点に基づき動的理論を展開させていったのが，ワルプの『私的および公的経営の損益計算』[24]における理論であり，さらにその「収支」の理

---

24) E. Walb, *Die Erfolgsrechnung privater und öffentlicher Betriebe. eine Grundlegung*, Berlin/Wien, 1926年。

論的内容を洗練させたのが，コジオールの『パガトリッシュ貸借対照表』[25]における理論であるということができる。しかし著者は，この二者がシュマーレンバッハと本質的に異なる点を有していると考える。それは，次に述べるように損益計算の要素がシュマーレンバッハとそのエピゴーネンとでは異質である点である。

この損益計算構造の相違は，貸借対照表構造の相違をもたらす一つの要因となっている。端的にいって，ワルプおよびコジオールの損益計算論は収支概念に依存し，貸借対照表が収支的性格を帯びるのであるが，シュマーレンバッハの貸借対照表シェーマは，既述のように独自の給付・費消概念によっても構成され，給付・費消概念が収支概念と一致していない場合には，貸借対照表が必ずしも収支一元的な内容を持たないことになるのである。

なるほど，確かにシュマーレンバッハ理論における給付・費消は，収入・支出によって測定されるが，『動的貸借対照表』旧版の場合，必ずしも給付・費消差額と収入・支出差額を合致させるという「合致の原則」が，徹底的に貫かれるわけではない。期間損益が，企業間ならびに一企業の期間間で比較可能な形で計算されなくてはならないという「比較性の原則」(der Grundsatz der Vergleichbarkeit) が存在し，これと合致の原則が競合する場合，合致は放棄されると考えられるのである[26]。

この結果，『動的貸借対照表』旧版が，必ずしも取得原価主義の貸借対照表観を採るとは限らないと考えられるのに対し，一元的に収支的性格を有するワルプおよびコジオールの貸借対照表観は原価主義のものになると思われる。その点について論証し，かつ「フロー貸借対照表」としてのワルプおよびコジオールの貸借対照表シェーマの理論的内容を明らかにすることが本章の目的なのである。

---

25) E. Kosiol, *Pagatorische Bilanz, die Bewegungsbilanz als Grundlage einer integrativ verbundenen Erfolgs-, Bestands- und Finanzrechnung*, Berlin, 1976年。

26) 森田哲彌「シュマーレンバッハ学説における期間利益概念の変化——比較性の原則と合致の原則をめぐって——」87-88頁参照。

(2) 支払系列貸借対照表 ― ワルプの貸借対照表論 ―
§1 支払系列・給付系列「合致」の論理と収支概念の拡張

　ワルプの理論においては，独自の計算構造論が展開されているが，損益計算の理論的内容については，シュマーレンバッハの『動的貸借対照表』[27]を基本としていることが述べられている。ゆえに本節では，前章で検討したシュマーレンバッハ動的貸借対照表の構造との比較によって『私的および公的経営の損益計算』の理論的内容を検討することにしたいと思う。

　本書の結論を最初に述べておこう。ワルプは，『私的および公的経営の損益計算』において，シュマーレンバッハとは異なる収入・支出概念，給付・費消概念をとりつつ，シュマーレンバッハとは異なる形でこの両者を計算構造的に統合しようとしたと考えられる，というのがそれである。シュマーレンバッハの両概念およびそれらの統合形態は第1章で考察済みであるが，ワルプは，純形式的には，シュマーレンバッハと同様に，「収入・支出」と「給付・費消」を統合させようとするのである。ゆえに，以下ではワルプにおける両概念とそれらの統合形態の理論的内容を，シュマーレンバッハとの比較において考察するわけである。

　ワルプの『私的および公的経営の損益計算』は，『動的貸借対照表』の立場から複式簿記の構造を考察することをその重要な目的であるとし[28]，複式簿記における勘定を支払系列（Zahlungsreihe）と給付系列（Leistungsreihe）に分類しての説明が行われる[29]。そして，このワルプにおける「支払系列」とシュマーレンバッハにおける「収入・支出」，ワルプにおける「給付系列」とシュマーレンバッハにおける「給付・費消」は論理構成上，きわめて近い関係にあるということができる。

　前節で明らかにしたように，『動的貸借対照表』では企業の全存続期間にお

---

27) これは『動的貸借対照表』第3版であるから，ここでは，シュマーレンバッハ理論としては旧版の内容・用語を用いることにする。
28) E. Walb, 前掲書, 5頁。
29) E. Walb, 前掲書, 69頁。

ける収入・支出差額と給付・費消差額の「合致」をはかるために，異質な計算体系である収入・支出計算と給付・費消計算が融合させられていた。融合形態については，著者なりの論考を加えることによって現行の複式簿記との整合性を重視して説明したのである。

『私的および公的経営の損益計算』の場合，やはり異質な要素である「支払系列の積極要素と消極要素の差額」と「給付系列の積極要素と消極要素の差額」の合致がはかられることになると考えることができる。結論からいうと，両系列がそれぞれ計算する期間損益が合致するのである。

これは複式簿記という「現に存在している会計システム」の存在を前提としての説明だと考えられるが，その点はワルプの論理構成の中ではかなり見えにくくされているように思われる。なぜならリアル・ワールドにおける貨幣と財の対流関係を基礎にして，貨幣の流れを表す支払系列と財の流れを表す給付系列とが対置される，という論法が用いられているからである[30]。

その「合致」の論理は次のようなものである。すなわちワルプによれば，支払系列の借方に記入されるものは収入，貸方に記入されるものは支出であり，交換経済においては収入・支出は給付を伴うものであるから，それに対置される給付系列が存在するとされているのである。なお，彼は現実の交換経済社会において，貨幣と財の対流関係が存在することの根拠を，経済学者フィッシャー（I. Fisher）の古典的な貨幣数量説[31]に求めている。

しかし，ここでいう「収入・支出」はシュマーレンバッハの場合とは異なり，現金の「即時収支および将来収支」の両方を意味している。「収入・支出概念の拡張」がなされているのである。また，財の流れを意味する給付系列の勘定も，シュマーレンバッハと異なり財に投下された貨幣資本を重視するため収益・費用（Ertrag und Aufwand）と呼ばれることになる。その上で，支払系列

---

30) 本質的に相補的会計観に基づいているものでありながら，写像的会計観に基づいているかのような論理構成となっているといえる。
31) アービング・フィッシャー著，金原賢之助・高城仙次郎共訳『貨幣の購買力』改造社，1936年参照。

と給付系列はそれぞれの系列内で損益計算を行い、両者で計算される損益は合致するとされるのであるが、実質的には、支払系列は残高勘定と同じものであり給付系列は損益勘定と同じものとなる[32]。

そして、何よりシュマーレンバッハと異なるのはワルプの場合、全期間の計算は問題とならず、期間計算の観点からのみ収支概念を取り扱っているということであろう。将来収支とは、ある会計期間において生じた信用の流れを意味しているのである。シュマーレンバッハ理論においては収支計算は全期間利益計算の要素であったが、ワルプ理論においては期間利益計算の要素としての意味しかもたされていないのである。

§2 支払系列・給付系列「合致」の論理の矛盾

ワルプが、簿記の諸勘定を給付系列と支払系列に分類するとき、その分類基準は決して明らかではない。基本的には収益および費用の勘定と考えられるものを給付系列に含め、資産、負債および資本の勘定と考えられるものを支払系列にいれているに過ぎないのではないかと考える。現存する複式簿記システムに寄りかかったものであるといってよい。ただ、いわゆる費用性資産を支払系

---

[32] ワルプ貸借対照表シェーマのシュマーレンバッハ貸借対照表シェーマに比しての理論的優位性を「収支概念の拡張」に求める場合、本書のように、シュマーレンバッハとワルプの論理的つながりを「共に損益概念を構成する収入・支出差額と給付・費消差額の合致」とした上で、収支概念の拡張がもたらす相違を論ずるというアプローチは余り見かけられないものであろう。

通常は、収支概念拡張の結果、シュマーレンバッハのシェーマ借方における「貨幣」が「未収入」項目を包含して貸借対照表の一部分ではなく大部分を占めるようになる点、そしてさらに「未費消」項目が過去の支出の取り消しとして収支に包含される点の二つによって貸借対照表がほぼ一義的に説明できるようになることが強調されることが多いと思う。明瞭にこの二点に言及してワルプの長所とする論者も著者の知る限り存在しないが、たとえば次に挙げる諸説のエッセンスは、結局はこの二点に還元できると考えられる。なおコジオールによるものは、その一番基本的な形のものを取り出して後に論じる。

E. Walb, 前掲書、107頁。E. Kosiol, 前掲書、745-747頁および749-751頁。林健二「ワルプの新二勘定系列と損益計算の二途」『国民経済雑誌』第40巻第4号、1926年、614頁。大島美留「動的貸借対照表観の再吟味」『明治学院論叢』第119号、1967年、130-132頁。

列ではなく給付系列に包含させている点に§1で述べたような写像的会計観の影響があると思われる。しかし，ある勘定が給付系列か支払系列かという写像的な基準[33]はないといってよい。従来から存在している勘定の分類，すなわち，資産，負債，資本，収益，費用の分類に従うしかないのではないか[34]。

ただ，<u>費用性資産</u>を給付系列に包含せしめたのは，フィッシャーが有名な交換方程式において，貨幣と財とを対置せしめたことに倣い，財と考えられる費用性資産を貨幣と考えられる貨幣性資産（支払系列）に対置させたものであろう。しかし，ドイツで伝統的に用いられることの多かった総記法による商品勘定の処理を説明する場合，形式的に資産である商品も，会計期間中は費用および収益の勘定として用いられるから給付系列に含めることに矛盾はない。結局，会計システムを前提とする相補的な会計観によってワルプの論理は構成されているといってよいと思うのである。

フィッシャーが，交換方程式の成立を証明しようとしていたことに対して，後年，ケインズ（J. M. Keynes）が皮肉まじりに語ったように，交換方程式は必ず成立するものである。それは，交換方程式は恒等式であって，成立するように定義されているからである[35]。これと同様に，ワルプが写像的な基準に基づいて「支払系列と給付系列が対置される」という論理を採っているにしても，

---

33) 「会計が存在しようとしまいと現実に存在する対象」の性格を判断基準とするという意味である。つまり，現実の事物の性格に基づいて，その写像としての勘定の性格が判断されることになる。なお，会計システムを前提とし，勘定と勘定の相互関係に基づいて，ある特定の勘定の性格が判断される場合，これを「相補的」な基準に基づいているという言い方をすることにする。言語学における「構文論的」という概念に近いが，筆者が用いる「記号相補的」という概念はこれと同一のものではない。

34) ワルプのこのような勘定理論は，すでにスガンチーニ（C. Sganzini）によって論じられていたものに酷似しており，結局，『私的および公的経営の損益計算』はシュマーレンバッハ貸借対照表学説とスガンチーニ簿記学説の巧妙な融合物に過ぎないという見方ができるかもしれない。
　C. Sganzini, *Zur Grundlegung der realistischen Theorie der doppelten Buchhaltung,* St. Gallen, 1908 年参照。

35) いわば，I. フィッシャーは相補的な論理の産物をリアル・ワールドに求めるという誤りを犯したといえよう。

実際には会計の枠内で残高勘定と損益勘定の勘定残高どうしが一致するよう定義されていることを利用したものであるといえる。つまり，現実の事物の写像としての「支払系列の積極要素と消極要素の差額」と「給付系列の積極用途と消極要素の差額」とが合致するのではなく，会計上の記号としての「支払系列の積極要素と消極要素の差額」と「給付系列の積極用途と消極要素の差額」とが合致するのである。

　マクロ的な一国の国民経済内の場合も，定義によって財と貨幣が対流するに過ぎない。同様に，一企業内においてかつ一会計期間において，支払（現金および信用のフロー）の流れと給付（財・用役のフロー）の流れが，同じ大きさで対流することは偶然的な場合を除いてはほとんど有り得ないであろう。この現金・信用・財・用役などは，現実に存在する有形無形の事物のフローであると考えられるが，現実の事物の写像としての支払系列勘定および給付系列勘定の（貸借差額の）合致が生ずるとはいえないのである。

　しかし，決算手続きを済ませた後の損益勘定と残高勘定の当期純利益は，複式記入を前提とする以上必ず合致する。いわば勘定間の相補的関係によってその合致が保証されているのであり，ワルプはこれをもって支払系列と給付系列の対置といっているわけである。既述のように，「企業会計の存在によって生ずる」記号としての支払系列勘定と給付系列勘定の（貸借差額どおしの）合致は成立する。これを以て，現実の事物たる「現金の即時的収支および将来的収支」と，「財および用役のフロー」の一致があったと考えるのは論理的に誤りである。

§3　収支概念拡張の実質的意味

　リアル・ワールドにおいて「支払というもの」（"die" Zahlung）の流れと給付の流れは必ずしも一致しない。ワルプ理論における両者の合致は，会計上の決算整理（彼はこれを戻し計算 Zurückverrechnung および追加計算 Nachverrechnung という概念で説明している）を行った後の損益勘定の貸借差額と残高勘定のそれとの合致に過ぎないのである。著者はさきに，シュマーレンバッハにおいては全期間利益計算の計算要素である収支が，ワルプにおいては期間利益計算の計算要

素になると述べたが（もちろん，収支概念に差はある），それは会計の世界内での操作を考えた上のものに過ぎないわけである。つまり，拡張された収支概念に基づいたとはいっても，ワルプにおける支払の概念は独自的には期間利益の計算要素にはなり得ないわけである。

ゆえに，ワルプの「収支概念の拡張」は，簿記における取引対象の説明を行うためのものであると考えられるであろう。つまり，（全期間における）収入余剰が（全期間）利益であるというシュマーレンバッハの認識とは異なり，ワルプにおける収支はもはや，利益の直接的な計算要素ではなく複式簿記における資産・負債・資本勘定の変動を説明するための概念に他ならないのである。

全期間利益はもとよりワルプにおいては問題とならないから，損益計算を最大目標とする以上，収支計算自体の意義は比較的低い位置におかれてしまうことになる。これは，同じく損益計算を重視するとはいっても，収支を全期間利益の計算要素として用いる動的貸借対照表論と根本的に異なる点であろう。そして収支を損益作用的なものとそうでないものとに区分し，損益作用的な収支の複式簿記における相手勘定である給付系列勘定に重点をおくのだが，その限りでは，損益作用的収支および非作用的収支全てを含んだ意味での収支自体，（損益計算を第一の目標と考える以上）重要性が低くなるのである。

シュマーレンバッハに比しての収支概念の拡張は，勘定間の相互関係に基づいて成立する複式簿記システムを現実写像的に説明するために用いられたものである。しかし，その現実写像性の論理は前セクションでも述べたように矛盾の多いものであった。第1章で行われたシュマーレンバッハ理論の会計構造の論理的展開においては，現金の収支については現実写像的な説明をしたが，成果のフローについては貨幣または貨幣価値ある財の流れに基づいて行うといったのみで，ある取引が給付・費消を構成するかどうかの判断基準は（会計の世界において与えられるものであるから）扱っていない。リアル・ワールドにおける即時的な収支と将来的な収支「だけ」を用いての論理構成は，現実に存在する記号体系としての会計ないし複式簿記システムを説明するためには不十分なのではないかと思う。

§4 支払系列在高貸借対照表

　ワルプは，彼の理論における支払系列が残高勘定を，給付系列が損益勘定を構成するとしている。そして，§3の最後に述べたような難点を含むにも関わらず，彼の意味での収支を統括する残高勘定（貸借対照表）と，シュマーレンバッハにおける動的貸借対照表とが基本的に一致すると述べている[36]。下にそれを示す。

　前章で述べたように，シュマーレンバッハのシェーマにおいては，主として5の貨幣に関しての問題が指摘されていた。すなわち，企業の全存続期間において給付・費消差額が収入・支出差額と合致させられる（合致の原則）ことを前提とすれば，「収入および費消が，支出および給付と相互解消関係を有することになる」ため，ある会計期間の期末時点において未だ解消されていない収入・支出・給付・費消項目を次期以降の計算のため漏れなく貸借対照表に収容して繰越すという論理が貸借対照表構成項目全体にわたって適用されることになり，本来は未解消項目ではない収入・支出差額自体（貨幣ないし現金）と給付・費消差額自体（損益ないし成果）まで未解消項目であると説明されてしまった点である。

シュマーレンバッハ貸借対照表[37]

1. 支出・未費消	6. 費消・未支出
2. 給付・未収入	7. 収入・未給付
3. 支出・未収入	8. 収入・未支出
4. 給付・未費消	9. 費消・未給付
5. 貨幣	

ワルプの支払系列による貸借対照表[38]

1. 支払系列の内容 ＝シュマーレンバッハの5, 3, および2の一部	4. 支払系列の内容 ＝シュマーレンバッハの8, および7の一部
2. 戻し計算された支出 ＝シュマーレンバッハの1と4	5. 戻し計算された収入 ＝シュマーレンバッハの7
3. 追加計算された収入 ＝シュマーレンバッハの2	6. 追加計算された支出 ＝シュマーレンバッハの6と9

---

36) E. Walb, 前掲書, 107頁。
37) 同上。
38) 同上。

ワルプ理論は、シュマーレンバッハ理論のこの難点を解決することをその大きな目的として打ち立てられた。そのための論理的操作が収支概念の拡張であったのである。

ここで、ワルプが貨幣の即時的収支と将来的収支とを同一視しているのに対して、シュマーレンバッハはそうではないということを再確認しておきたい。このため、シュマーレンバッハの貸借対照表シェーマにおいては、即時的収入である5の「貨幣」は、将来的収入である2,3の「未収入」とは別の分類になるのに対して、ワルプの貸借対照表シェーマでは、両者が1および3の「収入」として同質的に解釈されることになる。また、貸方においてもシュマーレンバッハのシェーマで「未支出」である6および8は、ワルプのシェーマでは4および6において「支出」として扱われることになるのである。このように、ワルプのシェーマにおいては収入・支出概念が拡張されていることによって、シュマーレンバッハのシェーマにおける未収入および未支出に相当する項目が未解消項目ではなくなるのである。

なお、ワルプ理論における貸借対照表は基本的に1および4の支払系列の内容から成るのであるが、会計期間末において「適正な」損益計算を行うという観点から2,5の戻し計算と3,6の追加計算が行われることになる。この戻し計算、追加計算は、決算整理といってよいものである。戻し計算支出は過去の過大な支出の取り消しであり、戻し計算収入は過去の過大な収入の取り消しであるし、追加計算収支は過去の過小な収支の追加と説明されるのであるが、これらが、過去の取り消しないし追加であるのは期末時点のみであって、期中および次期以降においてはそうではない。この収支の「過大・過小」さは期間的損益計算の観点からのみ過大・過小なのであって、ワルプ的収支概念からは過大でも過小でもない。いわば、現実の事物の写像としての収支は1および4で必要・十分な内容を含んでいるのであって、それが過大であるとか過小であるとかいう判断基準は、現実の事物の対流関係（貨幣と財の対流）に基礎をおくというだけでは出てこないのである。この対流関係よりも上位に損益計算という目標がおかれ、その内容によって逆に貨幣と財の対流関係に影響が生ずると

いう奇異な論理的帰結を生ずることになるわけである。

これは現実の事物の動きと会計上の諸勘定に記載される数値のどちらが主であるのかを忘れた錯覚に基づくものであろう。貨幣と財の対流関係というリアル・ワールドの事物の動きは，企業の会計が何を目的として構築されようとそれによって影響を被るはずはない。しかるにワルプが会計期間の期中における複式簿記の記入原則の説明を行う場合と同様の論理によって簡単に，期末における決算整理記入の説明を行ってしまった点には難点を見いださざるを得ないと考える。期末の記帳は貨幣と財の対流関係を基盤にして行われるのではないからである[39]。

このような期中の記帳原則と期末の記帳原則の混同は，ワルプにおける収支計算の二義化をもたらすことになる。まず期中において収入・支出は，損益作用的収支を把握するためのもの，すなわち損益計算の基礎になると考えられる。財の対流のある収入・支出が損益作用的であり，財の対流のない収入・支出が非作用的なものであるといえるからである。しかし，期末においては計算構造の外から損益計算の内容が与えられ[40]，それが収入・支出にフィード・バックされることになる。今度は逆に損益計算が収支計算の基礎となるのである。

結局，収支概念の地位はシュマーレンバッハの場合と比べて相対的に低くなっていると考えられよう。シュマーレンバッハは収入・支出差額（全期間利益）を究極的な利益概念として位置づけたのに対し，ワルプにおいては収支計算と損益計算の関わりが多義的となって，収支計算の存在意義が明らかではな

---

39) 現実の事物が，企業会計によって直接に影響を受けることは有り得ないことはあらためて言うにも及ばないが，会計の数値によって企業の主体的行動あるいは企業に課せられる責務（税金，配当等）に影響が生ずることはある。われわれは，その点の混同がなきよう注意すべきであろう。

40) ワルプは，ここまで述べてきたような内容を「損益計算の形式的構造」としてまず論じ，その後にこの形式的構造が損益計算の具体的な数値を決定する内容を含んでいないことを踏まえて，あらためて「損益計算の実質的内容」を論ずるという論理構成を採っている。ゆえに形式構造だけを問題にする場合，具体的な収益・費用の項目・金額（実質的内容）は外から与えられていると考えることができるであろう。

くなっているからである。シュマーレンバッハにおいては収支計算と損益計算は共に確固とした理論的根拠（旧版においては，前者が全期間利益計算，後者が期間利益計算を反映する）をもっていたのに対して，ワルプにおいては収支計算は，ある意味で，なくてもかまわないものとなっているのではないか。損益計算に役立つという意味であるなら，複式の記帳を完遂するという自己満足的な意味を除いては，期末における支払系列の記録に意味はなくなるし，期中においてすら，支払系列勘定がなくても給付系列勘定の記録だけで損益計算は可能である。ワルプにおける支払系列は，給付系列の「鏡像」(Spiegelbild)として，共に損益計算を行うものとの位置づけにあり[41]，支払系列勘定を設けることの最大の目的も損益計算を行うことにあるが，実質的に損益計算が給付系列勘定で行われているなら，収支系列の最大目的が無意味になるのである。

一方，シュマーレンバッハは現金の収支すなわち全期間利益を一つの理念的な核とし，それに給付・費消差額としての利益というもう一つの理念的な核を加えて，二つの究極的なイデアから出発し一つの折衷的な「期間損益」を引き出して貸借対照表を両者の「全期間での合致」をはかるための手段とした。収入・支出と，給付・費消とはそれぞれ異質な損益計算の要素なのである（〈補注1〉——本項末——参照）。

ワルプは一期間における収入・支出差額（支払系列内容）と給付・費消差額（給付系列内容）の合致をはかったが，これはマクロ経済学の古典的貨幣数量説における貨幣と財の対流に基づいて，一方をもう一方の鏡像とみることによるものである。ただし，その論理は，合致するに決まっている複式簿記の残高勘定と損益勘定の残高どうしの関係を，貨幣と財の対流関係に基づいて説明するというに過ぎないものであった。マクロ経済においてはいざ知らず，一企業においては偶然にしか合致し得ない貨幣と財の「現実の」対置関係に基づいて複式簿記全般にわたる記帳の論理を説明する点に，ワルプ理論の限界があると思われるのである。

---

41) E. Walb, 前掲書, 52頁。

さらに，シュマーレンバッハにおいて合致の原則および継続性の原則を全うするため貸借対照表は未解消の収入・支出・給付・費消を次期以降に繰越す手段であると位置づけられるのに対し，ワルプにおいてはそのような意味はないというべきであろう。貸借対照表はあくまで損益計算自体を行うものであり，一期間のフローを示すものだからである。

　この考え方を敷衍すると，シュマーレンバッハの貸借対照表シェーマが企業の営業第1期からある期間末までの未解消のフローの収容表であったのに対し，ワルプのシェーマは当該期間のみのフローの収容表であることになろう。もちろん貸借対照表項目は次期に繰越されるのだが，この繰越ないし開始仕訳の解釈として，ある1期間におけるフロー計算は当該期間末で終了し，次期の期首には新たにその期間に属するフローが生じたと考えるのである。

　一方，リアル・ワールドの動きに基礎をおくワルプ理論に即して，期末の会計処理および翌期首の会計処理を説明するとどのようになるだろうか。

　まず，ワルプの理論においては次のことが成立している。すなわち，ある会計期間の期末において，期間損益を振り替える以前の，かつ決算整理（記録の誤謬・脱漏の修正および戻し計算・追加計算）済みの給付系列諸勘定（損益勘定）と支払系列諸勘定（残高勘定）それぞれが，それぞれで同額の期間損益を計算しているのである。そして，両系列に記載された全ての取引は，支払と給付の対置があったとみなされている。もちろん，期中において収支間のみの取引，あるいは給付間のみの非交換経済的取引は存在しているが，これは「一面的であり，したがって貸借平均している項目」[42]であるからこれを「無視して一般的にいえば」[43]の話である。そして，給付系列の残高（当期純損益）を支払系列に振り替える簿記処理をワルプ理論において説明すれば，ここで追加計算費用と追加計算支出があったとみなされるか，戻し計算収益と戻し計算収入があったとみなされることになろう（〈補注2〉──本項末──参照）。

　そして翌期首においては，支払系列項目の支払系列内のみでの収入・支出が

---

42) E. Walb, 前掲書, 52頁。
43) 同上。

生じたとみなして開始仕訳を行うことになると思われる。いかにも苦しい説明であるが，計算の期間的継続を問題としない場合，このような論理が採られざるをえないのではないだろうか[44]。結局，シュマーレンバッハのような全期間損益計算の論理を欠き，期間損益計算を偏重したため「現実の企業会計の説明能力」が不足してしまったという問題点がワルプ理論に対して指摘できよう。第1章で述べたシュマーレンバッハ理論において，企業会計システムが把握する貨幣資本の範疇の狭さによる現実の企業会計の説明能力が不足しているという面が指摘されたが，ワルプ理論の場合も本質的には同様の側面を有していると考えられよう。

〈補注1〉 給付・費消とは，第1節で述べたように企業における価値の創造・消滅を意味するものであるが，この価値とは有用性および稀少性を有するものである(E. Schmalenbach, *Dynamische Bilanz*, 第4版，1頁)。これは国民経済学にいう効用価値および希少価値であって，理念上の存在であると考えることができよう。さらに，現金の収入余剰である全期間利益は**私経済的利益**を，理念的な給付・費消(企業における価値の創造・消滅)の差額としての期間利益は**共同経済的利益**を反映していると考えることができる。

なお，『動的貸借対照表』旧版の利益概念は，実質的にこの私経済的利益概念と共同経済的利益概念の折衷的なものとなっており，この折衷的な利益概念を「共同経済的利益の尺度となる私経済利益」と名づければ，三者の関係は次頁の図のように示すことができよう。

企業の全存続期間における貨幣の流入・流出差額(A)と，一会計期間における価値の創造・消滅の差額(a)が利益概念の理論的中心となる二極的存在であり，両者の折衷概念(Bおよびb)が『動的貸借対照表論』旧版の実質的な利益概念を構成しているのである。これを要するに，『動的貸借対照表論』旧版における損益計算論は，「貨幣価値ある財(経済財)」の計算論になっていると解することができる。これは，「"価値を有するもの"イコール"財"である」との思考と相まって，特に，物的価値変動論および貨幣価値変動論において顕著にあらわれているといえる。

---

44) 筆者は，このような「みなし」行為は，すでに現実写像的な行為ではなく，記号主体的な会計観に基づく行為であると考えている。

```
┌─[全期間利益]──────────────────
│ A 「貨幣」の流入・流出の差額…**私経済的利益**
│ B 「貨幣価値ある財」の流入・流出の差額
└──────────────────────────

┌─[期間利益]────────────────────
│ a 「価値」の創造・消滅の差額…**共同経済的利益**
│ b 「貨幣価値ある財」の創造・消滅の差額
└──────────────────────────
```
→ 共同経済的利益の尺度となる私経済的利益

〈補注2〉 従来からワルプ勘定理論に対しては，期末における損益振替の説明ができないとの批判があった。筆者も，基本的にはその通りだと考えているが，形式的にはこのように説明できるだろう。

なお，損益の振替を追加計算と考える場合，将来の利益分配（支出）を費用と考える「企業実体説」に似た企業観が採られるためと説明づけられ，戻し計算と考える場合，過去の収益および収入が「何らかの基準に照らして」過大であったと説明されることになると思われるが，追加計算の論理のほうが自然であろう。しかし，現に存在している複式簿記においては，損益勘定の貸方の過大項目を残高勘定貸方の資本勘定（将来の支出）に振り替えると考えるのが自然であり，給付系列に関して戻し計算，支払系列に関して追加計算の論理が当てはまる。このような戻し計算と追加計算の複合は，ワルプ理論においては存在しない考え方である。

（3） パガトリッシュ貸借対照表 ― コジオールの貸借対照表論 ―

§1 パガトリッシュ貸借対照表の成立経緯

コジオールの所論は，パガトリッシュ貸借対照表論（pagatorische Bilanztheorie）として知られるが，このパガトリッシュ pagatorisch という用語は，わが国では一般に「収支的」と訳されることが多い。この言葉は，もともとラテン語の動詞である pagare（ドイツ語では zahlen または bezahlen, 英語では pay）に由来するものであり，コジオールの造語であるため，そのニュアンスを残すという意味で，さらに収支という言葉が異なる意味で頻繁に用いられるのを避けるため，本書ではあえて「収支的」ではなく「パガトリッシュ」と呼ぶことにする。

この貸借対照表論は，最初から完成された姿で生じたわけではもちろんな

い。パガトリッシュ貸借対照表は，その成立までにシュマーレンバッハおよびワルプの貸借対照表論と密接な理論的つながりを有しているのである。

まず，彼が貸借対照表計算（Bilanzrechnung）における価値の概念について述べるところによれば，期間計算（Zeitraumrechnung）としての貸借対照表計算は，基本的には，一つの支出・収入計算である[45]。そして，貸借対照表における二つの主要な価値として，費用の取得価額と収益の売却価額が挙げられる[46]のである。この考え方を敷衍させて，彼の貸借対照表に関する収支的な思考が成立することになる。つまり，貸借対照表を収支一元的に説明することが可能だと考えるわけである。

このような貸借対照表観を基底に据えたコジオールの理論は，その後，シュマーレンバッハとワルプの動態論を比較し，両者の異同点を浮き彫りにした上で「動態論」における収入・支出を基本とした理論構造を明らかにするという形での研究によって，パガトリッシュ貸借対照表論としての形を整えるようになった[47]。彼によれば，ワルプのシュマーレンバッハに比しての特徴は，収支概念の拡張に見いだされる。本書においても前項で述べたように，シュマーレンバッハ理論の欠陥，特に貸借対照表における貨幣項目に関する欠陥を改めようとして生じたワルプの貸借対照表論の収支の拡張にである。しかしコジオールは，ワルプの貸借対照表シェーマが戻し計算および追加計算によって支払系列だけを包含するものでなくなること，つまりパガトリッシュな性格を持たない項目を受け入れることは問題であるとした[48]。収支に関連のない給付系列項目（収益・費用）が収支概念に入ってしまうことになるからである。

そしてコジオールは，シュマーレンバッハおよびワルプの貸借対照表シェーマが共に二重の性格，つまり「収入・支出計算の締め切り」と「期間限定によ

---

45) E. Kosiol, "Bewertung," H. Nicklisch 編, *Handwörterbuch der Betriebswirtschaft*, 第 2 版，第 1 巻, Stuttgart, 1938 年，977 頁。
46) E. Kosiol, 前掲書, 978 頁。
47) E. Kosiol, "Formalaufbau und Sachinhalt der Bilanz," E. Walb 還暦記念論文集, *Wirtschaftslenkung und Betriebswirtschaftslehre*, Leipzig, 1940 年，103-132 頁。
48) この論文においては，まだパガトリッシュという用語は用いられていない。

る収入・支出項目繰越機能」を有する点を共通原理としている[49]という。すなわち，両者で収支概念は異なるものの，それぞれの本来の収支計算自体（シュマーレンバッハにおいては「貨幣」の計算，ワルプにおいては戻し計算および追加計算を含まない本来の支払系列項目の計算）を締め切り，その上で，根本的に損益計算に司られる計算上の収支計算（シュマーレンバッハにおいては「貨幣」以外の全ての項目の計算，ワルプにおいては戻し計算および追加計算）が加えられて損益計算の結果を示すということである[50]。

なお，このようなコジオールの理解は，特に前半の貸借対照表の収支計算機能を強調する点において，わが国のシュマーレンバッハおよびワルプ理論の解釈に大きな影響を与えているものであるが，本書ですでになされたシュマーレンバッハおよびワルプ理論の解釈とは異なるものである。前項の最後に述べたように，著者の見るところでは，理論的にシュマーレンバッハの貸借対照表シェーマは決して収支計算を行ってはいないし，ワルプの貸借対照表シェーマは決して収入・支出項目の繰越機能を有してはいないからである。コジオールの解釈において明らかに納得できるのは，シュマーレンバッハおよびワルプの貸借対照表シェーマが「収入・支出項目自体」と，「損益計算の影響によって生ずるそれ以外の項目」から成るという点だけではないか。

しかし，コジオールによるシュマーレンバッハ・ワルプ貸借対照表シェーマ解釈は，むしろ，彼自身のパガトリッシュ貸借対照表の理論的基礎であると考えるべきであろう。すなわち，後年のパガトリッシュ貸借対照表は「貸借対照表は，収支計算の形で生ずる損益計算である」[51]というシュマーレンバッハ・ワルプ両理論の吟味の結論をもとに，新たな創造物として現れることになるのである。

§2 全期間損益計算と期間損益計算

コジオールの損益計算論は，ワルプとは異なり企業の全存続期間にわたる全

---

49) E. Kosiol, 前掲書, 116 頁。
50) Vgl., E. Kosiol, 前掲書, 106 頁および 112 頁。
51) E. Kosiol, 前掲書, 112 頁。

3 フロー貸借対照表観の展開 127

期間損益計算の論理に基づいている。これはシュマーレンバッハと軌を同じくするものと見ることができるであろう。全期間計算の計算要素が収入・支出である点も同様である。しかし、わが国でもよく指摘されるように[52]、コジオールにおける全期間損益計算は、シュマーレンバッハにおけるそれと異なる側面を有している。それは、一会計期間における損益計算が収支計算としての性格をもち、全期間計算の収支計算が分割された形であらわれるものとして理解される点である。

結論を先にいうと、一期間の収支的な損益計算を行うものとして彼のパガトリッシュ貸借対照表は位置づけられることになるのであるが、その背景には収支に対するシュマーレンバッハおよびワルプを踏まえた理解がある。つまり、「合致の原則」の要請により、全ての収支を把握した上で、未解消の収支は漏れなく次期以降に繰越さなくてはならないというシュマーレンバッハの理論と、貸借対照表が収支を統括して収支計算および損益計算をするものだとのワルプの理論が共に生かされているのである。

すなわち、コジオールにおける「収支」概念は、シュマーレンバッハ的なきわめて現実写像的なものと、ワルプ的な簿記における勘定の表示対象の双方を包含するといってよい。ただし、ワルプと異なるのは、現に存在する複式簿記体系に寄りかかるのではなく、あくまでリアル・ワールドの「ものの動き」をとらえるという考え方を基本にしての論理構成が行われる点である。

具体的には、まず収入・支出を財貨的な事象に関するものと財務的な事象に関するものとに区分する（前者が損益作用的収入・支出、後者が損益非作用的収入・支出となる）というワルプと同様の論理を基礎にしながら、シュマーレンバッハが観念的にのみ示した合致の原則を期間計算の上で成立させようとする。現金の運動自体（現金収支）の把握と、この現金収支の時点を移動させるための計算上の擬制的収支（計算収支）の確定がコジオールのパガトリッシュ貸借対照表の基本構造であり、この二つの「収支」がフロー貸借対照表たるパ

---

52) たとえば、峯村信吉『財務諸表の基礎理論』中央経済社、1977年、81頁。新田忠誓『動的貸借対照表原理』16-17頁参照。

ガトリッシュ貸借対照表の構成要素である。

なお，このようなコジオールの構想によれば，貸借対照表の構成要素の評価は，取得原価主義（Anschaffungswertprinzip）によってなされることが必要になる。これは本質的に，貸借対照表に何らかのストックが表示され，その評価が取得原価でなされるという考え方によるものではなく，収入・支出というフローが貸借対照表に当該フローの生じた時点の金額で収容されるというフロー貸借対照表観によるものといえる。またそれと同時に，収支がいずれの期間に帰属するのかを確定する期間限定の原則が明確に定められていなくてはならない。この二つの問題は，実現主義（Realisationsprinzip）を期間限定の原則とすることによって同時に解決されることになる[53]。なお，彼は実現主義によって行われる期間的な損益計算を意味する計算，を「実現計算」（Realisations-rechnung）[54]と呼んでいる。

さらにコジオールは，貸借対照表に収容される諸勘定項目の期間的増減を総額で示す「運動貸借対照表」（Bewegungsbilanz）を作成するための手段としての組織的単式簿記（die systematische einfache Buchhaltung）[55]の考え方に基づいて（ひとことでいえば，期間損益に作用する収支が単式で記録され，作用しない収支は複式で記録されるところに特色を持つ簿記法である），現金収支であれ計算収支であれ同一期間内にそれと対立するマイナスの収支（収入に対しては支出，支出に対しては収入）を伴うものと伴わないものに分離し，既述のように，伴うものを損益非作用的収支，伴わないものを損益作用的収支と呼ぶ。そして，全期間を想定すると損益非作用的収支はその反対の収支によっていつかは必ず清算されるから，全期間損益計算が損益計算としての性格を備えるということになるわけである。

著者がみるところでは，コジオールの全期間計算の考え方とシュマーレンバ

---

53) E. Kosiol, *Pagatorische Bilanz, die Bewegungsbilanz als Grundlage einer integrativ verbundenen Erfolgs-, Bestands- und Finanzrechnung*, 129-133 頁および 434-435 頁。
54) E. Kosiol, 前掲書，434 頁。
55) E. Kosiol, 前掲書，128-272 参照。

ッハの全期間概念とのもっとも大きな相違点は，コジオールが収支を損益作用的なものと非作用的なものとに区分し，非作用的なものが全期間において相殺されることを強調する点にある。シュマーレンバッハの場合，本章第2節でも述べたように企業の全存続期間における現金収入・支出「差額」と給付・費消「差額」が合致することを重視したから，損益作用的収入・支出と非作用的収入・支出を期間計算において区分するということについてはさほど重視せず，さらに収支計算と損益計算とは期間的に関わりがないものとなっているのに対し，コジオールは損益作用的収支が給付・費消（ないし収益・費用）以上に重要な損益計算要素であると位置づけるのである[56]。

このようなコジオールにおける収入・支出を基調とした全期間計算と期間計算の関係は，「収入・支出」の現実写像性を強調するものとなる。リアル・ワールドにおける収入・支出の写像としての〈収入・支出〉取引に基づいて，期間損益計算が成立することになるからである。コジオールによれば期間損益計算は，収支取引の上に「のみ」構成され得るものとさえ考えられており[57]，損益作用的な収入・支出差額こそが重要で，それが「貸借対照表そのものの中に含まれていて付加的に加えられる詳細に記入された収益・費用計算（留保利益勘定の営業活動による増減，すなわち当期純損益の「内訳」としての損益勘定の内容）に依存しない」[58]のである。

この期間計算の考え方は根本的に次の点によりかかっているといえよう。それは，全ての収入・支出（現金収支および計算収支）から損益作用的なものを分離する基準—実現主義—である。

---

56) 私は，このコジオールの考え方には同意しない。ある収支が損益作用的か非作用的か決めているのはそれが収益・費用を構成するかどうかという会計的判断であると考えるからである。この点については後述する。
57) E. Kosiol, "Betriebswirtschaftliche Gesichtspunkte zum Bilanzsteuerrecht," *Zeitschrift für Betriebswirtschaft*, 第22巻，1952年，268頁参照。
58) 同上（かっこ内は筆者）。

§3 実現概念の意味と組織的単式簿記

既述のように、コジオールは、実現主義によって行われる期間的な損益計算を意味する計算を「実現計算」と呼んでいるが、これは、一般にいわれる実現主義に基づいての損益計算そのものであり、これを基準に収支の属性を判断することになるわけであるが、典型的には、通常の信用販売業における売上高が実現主義によって認識され、それに対応する費用として（費用収益対応の原則によって）売上原価が認識されるのと同様にして収益的収入と費用的支出の期間的確定計算が行われることと考えれば理解し易いであろう。

現行の会計における実現主義の意味を考える際にも共通した問題になると思われるが、コジオールの考え方によれば、「リアル・ワールドにおけるある動き」が「損益」という会計内部の概念を構成するかどうかの判断基準が、「もし、市場における販売活動が完全に終了させられたならば常に、損益は現実化（verwirklicht）させられた」[59]と考える「実現主義」のみに完全に依存しているわけである。

このような意味の実現主義が、収支の期間限定（損益作用的収支の期間帰属決定）の役割を十分に果たすかどうかに関しては、かなり微妙な問題がある。営業収益および営業費用たる売上および売上原価「以外の」諸収益・費用項目の実体[60]というべき損益作用的収支が、実現概念のみで必ずしも確定できるかどうかという問題である。実現主義は、必ずしも「売上となる収入および売上原価となる支出以外の収入・支出」を期間限定する際の決め手にはならないのではないだろうか。

さらに、一般的に実現主義は収益の認識基準であるから、売上原価となる支出の期間限定は実現主義によって直接なされているのではなく、収益との対応関係を考えてなされていると考えるべきであろう。これを実現による期間限定

---

59) E. Kosiol, *Pagatorische Bilanz, die Bewegungsbilanz als Grundlage einer integrativ verbundenen Erfolgs-, Bestands- und Finanzrechnung*, 132 頁。
60) 第 2 節におけるシュマーレンバッハ理論の検討において用いられた概念に拠れば、「収益・費用の原因」といってもよい。

と呼ぶことができるかどうか疑問である。たとえ，そう呼んだとしても，損益作用的支出は，必ずしも販売活動との関連性を明確に有するとは限らず，売上原価に算入される損益作用的支出の中には，収益との対応関係を認められたものばかりではなく，当該期間に生じたという理由しか有していないものや，標準原価と実際原価の差異のような特定の会計上の計算制度に基づいて便宜的に当該期間の製品原価とされたものなどが含まれている場合もある。

　これを要するに，実現損益と損益作用的収支の結びつきを現実写像的に説明するプロセスが欠けているということである。コジオール理論においては，本来，収入・支出の存在と実現概念の二つによって，損益的収入・支出が確定できるはずであり，その損益的収入・支出はいわゆる収益・費用と一致するはずなのだが，既述のように実現概念を用いるだけでは一致し得ない。リアル・ワールドにおける収入・支出とリアル・ワールドにおける実現（市場における販売活動の完全な終了）のみによって，リアル・ワールドを離れて存在するアカウンティング・ワールドの中での論理に支配される収益・費用を説明することはできないというべきであろう。

　それでは，コジオール理論における実現概念はどのような意味を有しているのだろうか。私は，「市場における販売活動の完全な終了」という程度の意味の実現概念は，結局収入・支出の期間限定基準としては何の意味も持っていないと考える。

　収入・支出の期間限定基準として実質的に作用しているのは，通常の意味での収益・費用の認識基準であり，コジオールはそれを「実現主義」という言葉で一まとめにくくってしまったといえるのではないか。それは，著者が思うに，組織的単式簿記という考え方に由来する問題点ではないだろうか。組織的単式簿記における勘定は全て収入・支出であり，それはリアル・ワールドにおける何らかのものの運動の写像だといってよい。ところが，そのような考え方は単純には成り立たないと思われるのである。

　簡単な例で説明しよう。たとえばある会計期間の期首時点において，耐用年数5年，残存価額10％と見積もられる機械を，50マルクで購入し，この見積

が完全に正しく，償却方法が定額法であることを所与とする。このとき，理念的には支払った現金50マルクのうち，損益作用的支出は45マルク，損益非作用的支出が5マルクであるということができ，また，損益作用的支出45マルクのうち，当期の損益を構成する支出は9マルク（45マルク÷5年）で，次期以降の損益に作用する支出は36マルクである。

このような場合，支払った現金50マルクを「目に見える現金の流出」として観察する限り，まったく内容に差はない。これを損益非作用的支出と損益作用的支出に区別する基準は，コジオールに即していえば反対収入の有無であるがそのような反対支出が存在するだろうか。コジオールは，この50マルクのような，損益実現前の現金支出の時間的先行を「貯蔵支出」と呼ぶ。これは，同じ金額の戻し収入によって「損益計算上」一時的に中性化され（期間損益に影響しないようにされ），しかる後にいわゆる減価償却費の計上を後支出と説明することによって行うのである。収入・支出という言葉を用いていてもこれは単に複式簿記の記帳原理による貸借対照表項目の動きを収入・支出という言葉で呼んでいるに過ぎないといえよう。

また，たとえば，借入金と貸付金利息とを現金で受け取った場合，借入金として受け取った現金（中性的収入）と受取利息として受け取った現金（損益作用的収入）とを「目に見える現金の流入」として観察する場合にもまったく差はない。しかし，現金を借り入れたときの通常の複式簿記の仕訳

　　　（現　　　　　金）×××　（借　入　金）×××

は，コジオールにおいて次のように解釈されるのに対し，

　　　（債　務　収　入）×××　（相関的前支出）×××

利息を受け取った場合の複式簿記における次の仕訳

　　　（現　　　　　金）×××　（受　取　利　息）×××

は，反対支出がない単式記入であるとされて，次のようになる。

　　（損益作用的収入）×××　──────────

このような説明，すなわち反対支出の有無によってある収入が損益作用的かそうでないかの判断基準とするとの論理が成立するためには，リアル・ワール

ドにおいて反対支出のある収入とない支出とが明瞭な形で生ずるという事実がなくてはなるまい。コジオールはこのような事実が実現という形で存在すると考えたといえる。しかし，それは明らかに因果関係が逆である。現実に用いられる複式簿記においては，ある取引が収益・費用の認識基準に照らして損益作用的かどうか判断されるのであって，収入・支出の事実に照らしてそれが損益作用的かどうか考えるわけではないのである。

コジオールにおける組織的単式簿記は，現に存在する複式簿記の収益・費用の勘定を空欄にして，その相手勘定を成果作用的収入・支出といっているに過ぎない。結局，アカウンティング・ワールドにおける収益・費用の認識基準全てが収入・支出の期間限定のために用いられることになるのである。しかし，コジオールはその点を軽視し，リアル・ワールドにおける収入・支出の事実によって損益作用的収入・支出の特定が可能であるとの組織的単式簿記の論理を背景にしたため，収入・支出の期間限定問題が比較的単純な実現概念のみでも可能となるとの考え方に落ちついてしまったのではないだろうか。

§4 パガトリッシュ在高貸借対照表

この組織的単式簿記は，本書の見方では，収支計算および損益計算に関わる側面に限っていえば，実質的に複式簿記とまったく同じ原理によって記帳がなされる簿記システムである。

しかし，既述のように，この組織的単式簿記は本来，運動貸借対照表を導くためのものであり，その点に意義を見いだすことができよう。複式簿記的に考えて借方に記載されるものは全て収入，貸方に記載されるものは全て支出と考えられるわけであるから[61]，一会計期間において生じた収入と支出をそれぞれまとめると総額運動貸借対照表が生ずることになる。

そして，その収入・支出は現金収入・支出と計算収入・支出の双方を含み，さらに現金収入・支出は損益作用的収入・支出，留保収入および貯蔵支出（収入対価および支出対価），債務収入および債権支出，清算収入・支出（債権回

---

61) E. Kosiol, 前掲書, 186 頁。

収・債務償還の際の計算勘定）から成り，計算収入・支出は前収入・支出，消去収入・支出，戻し収入・支出，後収入・支出から成る。

なお，パガトリッシュ運動貸借対照表に収容されるそれぞれの収入・支出の意味については，なじみの薄いものはかっこ内に簡単に示したが，本書においてその詳しい内容に立ち入るいとまをもたないし，以下の論述を進めるに当たって立ち入る必要もない。さしあたり，脚注[62]の文献を参照されたい。

この運動貸借対照表は，損益非作用的収入・支出については反対支出・収入が記載されているが，損益作用的収入・支出は当該収入・支出のみが記載されているから，貸借の差額として当期純損益を算定することができるものである。

そして，この運動貸借対照表の貸借間で相互に関連する項目を差引計算することによって，通常の貸借対照表の各項目の残高の純増減額を求めることができるが，それを一覧表示したものは，総額運動貸借対照表に対する純額運動貸借対照表であり，変動貸借対照表（Veränderungsbilanz）とも呼ばれるものである。

そしてさらに，これに期首の貸借対照表項目の在高が加算された形で示されるのが本章第1節で示したパガトリッシュ在高貸借対照表である。原典通りの形で次頁に再掲する。なお，前期以前の損益が存在する場合，つまり留保利益（ないし欠損金）が存在する場合，それは債務（ないし債権）として示される点がこのパガトリッシュ貸借対照表の特色である。

このパガトリッシュ貸借対照表はフロー貸借対照表であるが，コジオールはこれを物的に表示すること，すなわち本書の見方ではストック貸借対照表として解釈することも行っている。借方および貸方のⅠは名目財産および名目負債であり，借方および貸方のⅡは実体財産および実体負債とであるとされ，借方の1は現金，2は名目債権または金銭債権，3は物的資産（いわゆる費用性資

---

62) Erich Kosiol, 前掲書, 196-198 頁。武田隆二『貸借対照表資金論―ドイツ会計近代化論の展開』同文舘，1962 年，119 頁。谷端長，前掲書，179 頁。峯村信吉，前掲書，90-97 頁。

産）としての性格を持ち，貸方の1は「資本参加債務または自己資本」および「信用債務または他人資本」，2は物的負債（いわゆる引当金等）としての性格を有するというのである[63]。

パガトリッシュ在高貸借対照表[64]

I 収入在高	I 支出在高
1. 現金または貸越残高＝現金在高	
2. 債権＝収入の見越計上	1. 債務＝支出の見越計上
II 支出対価	II 収入対価
3. 貯蔵	2. 留保

残高＝期間損益

　コジオールは，収支的に位置づけられたパガトリッシュ在高貸借対照表が，収入・支出残高の一覧表としての性格を有することに着目し，その収支残高に物的な表現を採らせた。このストック貸借対照表としてのパガトリッシュ在高貸借対照表は，特に，支払能力を示した在高貸借対照表としての「財産および資本貸借対照表」（Vermögens- und Kapitalbilanz als bonitäre Beständebilanz）と呼ばれるが，財産および資本を収入・支出金額を基準として評価したものといえるだろう。換言すれば，原価で評価された財産（積極財産および消極財産）の一覧表であるといえるのである。

　このように観察された貸借対照表は，単に一時点において企業に存在する財産と資本とを原価に基づいて評価し，対照表示したに過ぎないものであるから損益計算機能を有してはいないと考えられる。しかし，変動貸借対照表に貸借均衡する期首在高を加えて作成されるパガトリッシュ在高貸借対照表は，既述のように，収支計算を行っており，さらにその収支計算が損益計算としての意味も持つから，損益計算機能を有しているというべきである。この両者の貸借対照表がまったく同一の場合，両者の関係をどのように考えるべきか。

　フロー貸借対照表と見れば損益計算を行っており，ストック貸借対照表と見れば行っていないと考えるという解釈が一つであるが，コジオールはいずれに

---

63) E. Kosiol, 前掲書, 323頁。
64) E. Kosiol, 前掲書, 203頁。

しても貸借対照表に損益計算機能を認めるであろう。しかし私は，どちらの貸借対照表観によっても損益計算機能は認められないと考える。総額運動貸借対照表が損益計算を行っているという考え方自体，すでに述べたように錯覚に過ぎず，本質的には複式簿記における収益・費用計算基準を想定してその裏側の収支が損益計算を行うように見えるだけだからである。

一般には，コジオールの理論は貸借対照表の損益計算機能および収支計算機能を証明したものととらえられているが，本書ではそのようには考えない。貸借対照表はあくまで（複式ないし単式）簿記から「導かれる」ものであって，貸借対照表から簿記へさかのぼってその損益計算および収支計算機能を標榜するのは論理的におかしいと思うからである。損益計算および収支計算機能を有するのは複式簿記システム自体なのであって，そこから誘導された貸借対照表がそうした機能を有するという言い方はできないのではないだろうか。その点がコジオールの問題点であると考える。

(4) 貸借対照表と損益計算
§1　期間計算の重視

本節第2項で検討したワルプの貸借対照表論と，第3項で検討したコジオールの貸借対照表論のもっとも大きな相違は，コジオールがシュマーレンバッハと同様に企業の全存続期間を想定した理念上の計算，つまり全期間計算を自らの理論の中核に組み込んでいるのに対し，ワルプは完全な一会計期間の計算のみを扱っている点であると考えられる。しかし，貸借対照表に関していえば，コジオールにおいてもそれが，一会計期間のフロー計算を表示するものだとの考え方を根底にして成立していると思われる。では，この全期間計算を考えることと考えないこととの実質的な差は何になるのだろうか。

これは，計算構造的にいえば前期末の貸借対照表項目が当期に繰越されるという点をどのように解するか，そして期間損益が貸借対照表においてどのような位置づけになるかを見ることによって現れてくる差であるといえよう。

ワルプ理論の場合，一期間において損益計算を最高目的とする限り支払系列

の内部と給付系列の内部とでそれぞれ同額の損益計算がなされることになるから，前期末の貸借対照表項目が当期に繰越される場合，それを当期に属する支払系列のフローとして擬制することによって論理的一貫性が得られることを著者はすでに述べた。しかし，彼自身はこの点を単に支払系列の貸借一致が保たれれば損益計算が可能であるとの程度の（貸借一致していればまったく恣意的な数値を支払系列に加えたり差し引いたりしてもよいのかという反論の前には力を失ってしまう程度の）説明しかしていない。一方，コジオール理論の場合，前期からの繰越項目は，理論的にはパガトリッシュ運動貸借対照表と無関係だが，実務上は繰越項目と運動貸借対照表の合計によって在高貸借対照表が作成され，それ自身パガトリッシュな性格（pagatorischer Charakter）を持っているとしている。貸借対照表の本質を期間的収入・支出においている点でワルプと同じだが，貸借対照表をむりやり「期間フローとしての収入・支出」概念で説明しようとはしておらず，理論的力点を運動貸借対照表においている点に長所があるといえよう[65]。

　結局，コジオールのほうがワルプより精緻な理論展開をしているということができるが，共に表現は異なっていても実質的には「期間」損益計算を最重視していることになる。これが本セクションの結論である。

　ワルプと異なり，確かにコジオールにおいてはシュマーレンバッハと同様に全期間計算を重視する。また，収支の期間限定という考え方は期間と期間の継続を前提とした考え方である。けれども，シュマーレンバッハの『動的貸借対照表』旧版ともっとも異なるのは，全期間という概念に損益計算との実質的関わりをもたせていない点である。シュマーレンバッハの場合，全期間利益は期間利益の概念無しに独立に存在するものであったが，コジオールの場合，全期間収益・費用という概念は，まさに期間収益ないし費用の合計額に過ぎず[66]，

---

65) ワルプは，コジオールの "Formalaufbau und Sachinhalt der Bilanz" によって自らの理論の不十分な点を悟り，運動貸借対照表を扱った『財務経済的貸借対照表』（E. Walb, *Finanzwirtschaftliche Bilanz*, Berlin, 1942/43年）を著したといわれる。

66) リーガー（W. Rieger）はシュマーレンバッハのいう合致の原則は，期間利益の合計が全期間利益になることを示す，何の変哲もない原則であるとして批判して　　（次頁へ）

期間損益の概念に依存しているのである。

　これを要するに，シュマーレンバッハにおける全期間「損益」計算の概念は，給付・費消の測定基準として貨幣の収支額を用いるという実質的計算原則をもたらすのに対して，コジオールにおける全期間「損益」計算は，なくてもよいものと考えられるということである。コジオールの場合，合致概念は収支の期間限定の基礎として用いられているが，これは因果関係が逆であり，収支の期間限定の基準が与えられていて初めて合致が成立するといえるからである。簡単に説明すると，コジオールは反対収支の有無によってある収支の期間限定を行うわけであるが，反対収支とはリアル・ワールドにおける収支ではなく，損益計算の観点から生じたかどうか決められるものであるから，ある収支事象に対し最初に期間損益計算に関わるかどうかの判断がなされ，しかる後に損益に関わらないものに反対収支があるとされている。ゆえに，この期間損益計算基準（コジオールの場合は実現主義）が収支の期間限定基準であり，期間損益計算に関わらない収支は必ずいつかは反対収支があるということ（期間的ずれを伴って生ずる反対収支を当期において計算収支として認識している）を前に出していう必要はまったくないのである。

　コジオールの全期間計算の概念は，損益ではなく収支の計算として働くというべきである。シュマーレンバッハの場合，全期間計算は損益計算であると同時に収支計算であったが，コジオールの場合，「全期間を想定すると反対収支を伴う収支」を特定するための概念なのである。この収支は損益非作用的ないし中性的収支であるが，これを特定すればそうではない収支が損益作用的なものとなるから，そちらで期間損益計算ができる。つまり，シュマーレンバッハとコジオールでは全期間計算の位置づけが前者では損益計算に（全期間利益概念の要素として，すなわち期間利益の測定基準として）**直接的**に関わり，後者

（前頁より）　いるが(W. Rieger, *Schmalenbachs dynamische Bilanz, eine kritische Untersuchung*, Stuttgart, 1936 年, 88 頁)，この批判はそのままコジオールに当てはめることができる（筆者は，逆にシュマーレンバッハには該当しないと考えている。第 2 節参照。）。

では（損益に作用しない収支を特定するため）**間接的**に関わるのである。

§2 貸借対照表の貸借不均衡

　通常，よく指摘されるシュマーレンバッハとその継承者たちとの相違は，シュマーレンバッハ理論における貸借対照表も，ワルプおよびコジオール理論におけるそれも，損益計算を果たすために存在するといわれながら，シュマーレンバッハの貸借対照表シェーマが未解消の収入・支出・給付・費消を次期以降に繰り越すための残高表に過ぎないのに対し，ワルプおよびコジオールの貸借対照表シェーマはそれ自体が損益計算を行っているという点であろう。このことの意味は，結局，ワルプおよびコジオールの貸借対照表を見る目は，シュマーレンバッハと較べて，期間と期間の計算の継続性にはさほど注がれていないという点であると私は考えるのである。一期間の損益計算を貸借対照表が行っていると考えれば，それが次の期間に繰越されることの意味はシュマーレンバッハの場合のようには説明できなくなるからである。

　ワルプとコジオールは，貸借対照表自体が損益計算を行っているとしている点で共通している。ワルプにおいては給付系列の鏡像としての損益計算が，コジオールにおいては運動貸借対照表における損益計算構造を含んだものとしての損益計算が在高貸借対照表においてなされていると考えるのである。両者とも，貸借対照表における期間損益を除いた全ての項目の貸借差額として損益計算がなされると観ているといってよい。

　しかし，貸借対照表が期間損益を計算するものと考えると，損益勘定から残高勘定へ損益を振り替えるという現行の複式簿記の処理を説明することは共にできないというべきである。なぜなら，それが可能であるとすると，損益勘定の要素が残高勘定に加算される以上，少なくとも期末時点においては損益勘定と残高勘定の「異質性」が取り消されなくてはならないが，そのような説明はワルプにもコジオールにもないからである。ワルプにおいては支払系列と給付系列は貨幣と財を示すものとして対置されてしまっている。コジオールにおいては収益・費用の勘定自体が本質的に重視されておらず，現に存在する機構としての複式簿記は，「組織的単式簿記の中でも複式記帳原則を常に貫き，損益

の原因明細を得るためのみのもの」として扱われているのである。

期末の貸借対照表で計算された損益は，なぜかワルプもコジオールもそのまま本来の貸借対照表構成要素として扱うが，その点に関して納得いく説明はないと著者は考えている。収入・支出というフロー概念に依存して貸借対照表を説明し「損益は，収入・支出の期間的差額である」とされる両者の貸借対照表論においては，差額としての損益自体は収入・支出というフロー概念では説明できず，もし貸借対照表が収入・支出を表示するのであれば，損益は本来，貸借対照表に包含されるものではなく，いわば（損益を収容しないで）貸借不一致のまま存在するものでなくてはならないと考えるからである。貸借対照表自体に損益計算機能を求める場合，貸借一致していては差引計算はできないから，貸借差額が期間損益となる以上，貸借は均衡していないはずなのである。

なお，本セクションの結論はここにある。すなわち，ワルプおよびコジオールの支払系列貸借対照表・パガトリッシュ貸借対照表は，理論的には「当期損益」の部分だけ欠落し，貸借一致しているものではない，という点である。これは，第1章で明らかにしたシュマーレンバッハの動的貸借対照表が形式的に貸借一致していると考えることができた点と較べ，もっとも大きな違いであると考えられる。

§3 《ストック》変動としてのフローと取得原価主義

§1および§2における二つの結論，すなわち，①ワルプおよびコジオールはシュマーレンバッハと比較すると一会計期間の計算を重視し，②ワルプおよびコジオールの理論における貸借対照表シェーマは貸借均衡しない，という結論は，この二人の貸借対照表観とシュマーレンバッハの貸借対照表観との間の重大な相違を導くことになると著者は考える。

それは，収益・費用（『動的貸借対照表』旧版では給付・費消であるが，ワルプおよびコジオール理論との比較のため，本セクションではこれも収益・費用と呼ぶことにする）の「認識」が，「収支」というリアル・ワールドの何らかのものの動きによってなされるのか，そうではないのかという相違である。「収支」および「認識」の意味を，より明確にしていえば，企業の内部と外部

3 フロー貸借対照表観の展開　141

との間に「貨幣ないし貨幣と考えることのできるもの」[67]の流れがあった時点に収益・費用を認識するのか，それともその時点には関わりなく，別の何らかの基準に照らして適切な時点に収益・費用を認識するのかという違いである。

　シュマーレンバッハも，ワルプおよびコジオールも，《貨幣》の企業内外間の流れを収入・支出と呼んでいる。しかし，シュマーレンバッハは《貨幣》の流れの時点と給付・費消を認識すべき時点とが一致するとは考えていない。ところがワルプおよびコジオールは，《貨幣》の流れが生じた時点において（その流れが損益作用的であれば）収益・費用が認識されることになるのである。

　シュマーレンバッハにおける収益・費用（給付・費消）は，収入・支出額を基準として測定されることになるが，認識時点は収入・支出の時点には依存せず，何らかの損益計算基準によっている（このため，本章第2節においても給付・費消の認識問題はブラック・ボックスにいれておき，所与のものとして扱ったのである。）。収益・費用の認識は，理念的には財の価値の動きによってなされ，それは企業の内外間の取引には依存しないのである。

　一方，ワルプおよびコジオール理論は，期間利益計算を貸借対照表で行うことに最大の関心をおき，貸借対照表に収容されるものとしてリアル・ワールドの収支（《貨幣》の企業内外間のフロー）を理論の基本においた。しかし，リアル・ワールドの収支のみを収容する貸借対照表が損益計算をすることはできないから，ワルプにおいては戻し計算収支および追加計算収支，コジオールにおいては計算収支が加えられざるを得ず，その上で貸借対照表が収支計算と考えられる損益計算を行うとされるのである[68]。

　シュマーレンバッハの場合，財の価値の動きたる収益・費用の認識基準は理

---

67)　この，「貨幣」および「貨幣と考えることのできるもの」をあわせて，便宜的に《貨幣》と表記することにする。これは，リアル・ワールドに存在するものであると考えていただきたい。ただしシュマーレンバッハにおける《貨幣》は，支払手段となる現金と現金等価物だけであるが，ワルプおよびコジオールにおいてはそれに債権・債務や計算上の貨幣も含まれる。

68)　これは筆者の目からは，（特にコジオール理論において）アカウンティング・ワールドにおける「貸借対照表項目の動き」を収支という名前で呼んでいるに過ぎないように思われるが，その点についてここでは批判の対象とはしない。

論上はリアル・ワールドの価値の創造・消滅時点である。つまり、企業の内部だけを見て、そこに価値の創造ないし消滅があった場合、その時点で収益・費用が認識されるということが観念的には正しい、唯一の収益・費用認識基準なのである[69]。しかし、そのようなリアル・ワールドの動きを完全に把握することは技術的に不可能であるため、結果として収益・費用差額が収入・支出差額と合致する計算基準を採るのである[70]。しかし、シュマーレンバッハにおける損益計算は、収入・支出というフローによってなされるばかりではなく、企業内部における財在高（ストック）の価値変動という事象によってもなされる。つまり収益・費用計算が企業の外部とのフローに依存せず企業内部のストック変動によってもなされるわけである[71]。この《フロー》と、《ストック》変動の二つの要素を収益・費用の認識基準にしているということができよう。

一方、ワルプは財の動きを給付系列勘定の対象として収益・費用の認識を行うという理論構築を行っているが、ここでいう財の動きとは、企業内外間の財の流れである《フロー》を意味している。交換経済社会における交換という事象を理論の基点においたため、この財の動きは収入・支出という明らかな《フロー》の鏡像であることになるからである。また、コジオールにおいては、シュマーレンバッハが価値の創造・消滅というような言い方で収益・費用の概念を定義したのとは異なって、本来的に収益・費用は存在せず、対価のない収入・支出（損益作用的収支）の原因を明らかにするものとしてのみ収支が位置づけられている。これは、収益・費用が（損益作用的）収入・支出そのものであるとの認識であり、《フロー》を意味しているのである。

《ストック》の変動を扱う体系がシュマーレンバッハには包含されるのに対

---

69) このような観念上の収益・費用の差額が共同経済的利益である。
70) その計算基準は、現行の会計処理の基準ときわめて近いものといってよい。
71) 通常は、何らかのものを所与とすれば、その動きがフローであり、一時点の在高がストックと呼ばれる。ゆえに、二時点間のフローと二時点間のストック差額は表裏一体の関係にある。しかし私は何らかのものの「企業内外間の」流れをフローとよび、「企業内部での」状態変化をストック変動と呼んでいる点に留意されたい。以下、企業内外間の何らかのものの流れを《フロー》、企業における当該「何らかのもの」自体を《ストック》と表記することにする。

3 フロー貸借対照表観の展開   143

しワルプおよびコジオールにはない。これは，同じくフロー貸借対照表である動的貸借対照表，支払系列貸借対照表，パガトリッシュ貸借対照表におけるフロー概念のとらえ方の相違によるものである。何らかのものの流量というフロー概念の中には，《ストック》の変動という概念が包接されるが，ワルプおよびコジオールの貸借対照表は，《フロー》たる収入・支出のみを包含するため，《ストック》変動を収容する余地がないのである。支払系列あるいはパガトリッシュという呼称に見られるように，ワルプおよびコジオールの貸借対照表は《フロー》としての収入・支出，つまり企業の内外間の《貨幣》の動きしか包含していない。企業内部の《ストック》変動を扱うことができない以上，必然的にワルプおよびコジオールの貸借対照表論は原価主義会計の枠組みを抜けでることができないものであると考えられる。

　一方，シュマーレンバッハの動的貸借対照表は，収入・支出ばかりではなく収益・費用という《フロー》並びに《ストック》変動の双方を含んだフロー概念を有し，貸借対照表に強いては損益計算機能を求めないから，「収益・費用に関わる範囲で」取得原価の制約を離れることができると考えられるのである。これを要するに，シュマーレンバッハ理論においては，貸借対照表は収入・支出というフロー概念によって規定される部分と収益・費用というフロー概念の内容によって規定される部分の接合物であり（第1章の収入・支出・給付・費消対照表A参照），この4つのフロー概念によって貸借対照表が定められる以上，取得原価主義に基づく部分（同じく収入・支出計算書A参照）とそうなるとは限らない部分（同じく給付・費消計算書B参照）の双方を含んでいるということである。もちろん，収益・費用は収入・支出の金額によって測定されるが，企業の全存続期間における収益・費用差額と収入・支出差額の合致が要請されるだけであるから，ある一会計期間においては収益の金額が収入額を，あるいは費用の金額が支出額を大幅に超えることも許されよう。

　以上，シュマーレンバッハの貸借対照表論とワルプおよびコジオールの貸借対照表論を比較して，それぞれの論理的帰結の差異を明らかにした。シュマーレンバッハ理論は，損益計算に与えられる目的によっては取得原価主義を超え

る可能性を持つのに対し、ワルプおよびコジオール理論は、損益計算を《フロー》計算たる収支計算、しかも一会計期間の収支計算に従属させ、その結果、収支を逸脱した損益計算が不可能となる結果をもたらしたといえるのである。

4 むすび

　動態論は、損益計算を最高目標とする理論である。貸借対照表に関わる「損益」とは、資本の部（以下〈資本〉と表記する）の営業活動による変動である。

　しかし、ワルプおよびコジオールは収入・支出計算を行うことを以て損益計算とし、それが貸借対照表における資本の部の変動としての側面を有することは表に出してはいない。一方、シュマーレンバッハは、『動的貸借対照表』新版で過去の損益を資本に含めることを行い、また旧版でも過去の損益は当期の損益を計算するための損益算定資本（Erfolgsermittlungskapital）であるとされている。損益が資本と同一視されることから、〈資本〉変動額の計算論として見ることができるのである。さらにいうと、彼は資本を「損益計算の結果として生ずる在高を総額で示すもの」[72]と観、ワルプおよびコジオールとは異なった意味で貸借対照表が損益計算を行うと考えている。貸借対照表に収容されている資産負債双方を意味する「資本」が期首と期末の間にどれだけ増減したか（増減資や利益分配がないと仮定する）を求めれば損益計算ができると考えているわけである。

　シュマーレンバッハにおいては、収益・費用の具体的内容について、つまりリアル・ワールドにおいてどのような動きが生じたとき収益・費用が認識されるのかという点に関して「柔軟性あるいは曖昧な面がある」のに対して、ワルプおよびコジオールにおいてはそうした意味の自由度が少ない。《貨幣》の期間的な流入・流出がもたらされなくては、収益・費用の認識ができないのであ

---

72) E. Schmalenbach, *Dynamische Bilanz*, 第4版, 104頁。

4 むすび

る。これは，ワルプおよびコジオールにおける損益が，背後に実体を伴う「資産および負債」(すなわち「資本」)の営業活動による変動としてではなく，それ自体収支概念に依存して定義されていることによるといえよう。

シュマーレンバッハの動的貸借対照表は計算構造自体，資本の変動額を求めるものと観ることができる。『動的貸借対照表』新版において，拠出資本および留保利益の双方が「資本」として扱われる点に彼のそうした考え方を見いだすことができる。さらに旧版においても，上述の「資本の差額としての損益」を算定する際，期首の留保利益は当期の損益を算定するため期首資本に含まれる「損益算定資本」であるとの考え方があるのである。期間の継続性を基本とすれば，期間損益は資本の増減に他ならない。そして，資本の実体は上述のように資産および負債であり，その損益に影響する変動を認識することが認められるから，財産の評価益を計上することすら可能なのである[73]。

この資本ないしその背後にある資産負債の増減と考えられる損益も，ワルプおよびコジオールの損益計算論においては資本の増減と考える必要がない。ワルプにおいては実質的な収益・費用の認識の際，名目資本維持ないし実質資本維持の考え方が採られるが[74]，簿記上の資本が計算目的ではないことを強調するし[75]，コジオールにおいては既述のように，資本は債務と同一視されその収支的側面のみでとらえられるのである。これは，〈資本〉の増減である概念をフローとして独立させたことによるものであろう。ゆえに，本質的には〈資本〉の営業活動による増減という概念が基盤に存在しつつも，それを無視して記号と記号の相補的な関係を記述するだけで十分な体系になっているものと観ることができよう。

ワルプおよびコジオールの理論において，貸借対照表項目を観察するとシュマーレンバッハ理論と較べての理論的一貫性・精緻性の理由を，包含される項

---

73) もちろん，目的にかなう損益計算基準のもとにおいての話である。たとえば，企業に拘束されておらず，自由に処分できる財に関する価値変動は，当該期間の損益を構成することをシュマーレンバッハは述べている (E. Schmalenbach, 前掲書, 171頁)。
74) E. Walb, 前掲書, 331頁および339頁。
75) E. Walb, 前掲書, 344頁。

目の一元的な収支的性格に求めることができる。その結果，ワルプもコジオールも彼らの示す貸借対照表の貸借差額が損益計算を行い得る構造を有するのであるが，結果として，彼らの貸借対照表論は，現実の貸借対照表における当期純損益を除いた全ての項目の算定論となっているということができる。この諸項目は，実体を持った資産，負債などの写像的記号としてではなく，収支というフローの現実写像的記号[76]として生ずるものということができるであろう。

結局，貸借対照表項目をフローと考える場合，動態論においては三者三様のフロー概念が存在すると考えることができる。①シュマーレンバッハの場合，リアル・ワールドにおける現金の収支と同時に，リアル・ワールドにおける財の価値変動をもフローに包含させた。この場合，貨幣の収支に関してはそのフローの生じた時点および金額を確定するのに問題はないが，財の価値変動認識に関しては技術的な困難がつきまとう。結局，財の価値変動という概念は現に存在する損益計算が行っている収益・費用計算と大差ない形で理解されるようになるのである。②次にワルプは，リアル・ワールドにおける即時的および将来的収支と，アカウンティング・ワールドにおける損益計算基準に基づく戻し計算収支および追加計算収支が貸借対照表を構成するとした。③そしてコジオールは，リアル・ワールドにおける現金収支とアカウンティング・ワールドにおける計算収支とが貸借対照表を構成するとの理論構成を用いている。

三者に共通するのはリアル・ワールドにおける収支（シュマーレンバッハおよびコジオールは典型的支払手段たる現金収支，ワルプはこれに与信・受信を含めた即時的および将来的現金収支）が，一応は貸借対照表を構成するフロー概念に含まれることであるが，それ以外の貸借対照表要素としてシュマーレンバッハは価値の創造・消滅（これは損益計算の実質的内容を与える基準といえる）を考えるのに対し，ワルプおよびコジオールは損益計算の観点から考えら

---

76) ただし，既述のようにワルプおよびコジオールにおける収支概念はリアル・ワールドにおける《貨幣》の流ればかりではなく計算上の収支も含むから，理論構成上はともかく，実質的には相補的記号に基づくものと考えられる。これは，物的価値や貨幣価値の変動を考慮しない場合のシュマーレンバッハの理論においても同様である。

4 むすび

れる擬制的な収支を考えている点で異なる。

このように見てくると,シュマーレンバッハと,ワルプおよびコジオールは異なる方法によるとはいえ,リアル・ワールドにおける《フロー》とアカウンティング・ワールドにおけるフローの双方から成るフロー貸借対照表を構想していることがわかる。そして,その二つをまとめて統一的に解釈する際に,シュマーレンバッハは収入・支出という概念も収益・費用という概念も「未解消のフロー」である点に共通性を見いだし,貸借対照表のフロー概念を構築した。ゆえに,収入・支出差額と収益・費用差額の項目はその統一性からはみでるものとなるのである。またワルプおよびコジオールはこの二つを統一する手段として収入・支出という概念を拡張して用いたことになる。

第2節および第3節を通じてフロー貸借対照表を見てきたが,ここで一応の結論がでることになった。それは,動態論においては収入・支出がリアル・ワールドにおける《フロー》であるとして扱う理論構成を採るが,それだけでは説明のつかない内容を含まざるを得ないということである。結局,その内容とは,リアル・ワールドの動きとしては簡単に説明できない「損益計算」に由来するものであり,シュマーレンバッハのごとく価値の創造・消滅というような言い方では,この内容を写像的に説明することはできない。これをコジオールは「実現」という一言で説明しようとしたが,それにも問題があることはすでに指摘した。彼らは,個々の収益・費用の計算法,たとえば財の販売による収益の確定法とか固定資産の減価償却費の計算法とかを個別的に論じるが,それは,ある理念的なかつ相補的な収益・費用観に照らして,それを計算するためにはリアル・ワールドの動きのどの部分を認識しどの部分を無視するかを考えながらなしているといってよいのではないだろうか。

この結論を以て,動態論の検討をひとまず終え,次章ではこれと対立的な貸借対照表観を考察する。静態論および有機論の貸借対照表観である。

第7章
ストック貸借対照表観の原型と展開

1 はじめに
― 静態論と有機論 ―

　シュマーレンバッハの動的貸借対照表論は，当時支配的であった静的な貸借対照表観を打ち倒すために構築された理論であった。ここで，シュマーレンバッハが問題とした静的貸借対照表とは，当時の商法および税法が想定していた貸借対照表のことである。財産計算を目的とし，財産の在高を表示することを目的とする貸借対照表が静的貸借対照表であるが，そうした貸借対照表観に対する彼の批判論点を一口にいえば，「財産」を計算することは不可能であり，当然，貸借対照表が財産の在高を収容することはありえないというものであった[1]。

　一般に，ドイツにおいて貸借対照表論が発達したことの端緒は，1861年のドイツ普通商法（Das allgemeine deutsche Handelsgesetzbuch）第31条に求めることができるとされる[2]。この条文「財産目録および貸借対照表の作成に際して，全ての財産および債権を，作成時にそれらに付すべき価値に従って計上し

---

1) 既述のように，シュマーレンバッハの考える「財産」は，一企業全体が獲得する将来利益合計額の現在割引価値であるから，計算不可能なのである。E. Schmalenbach, *Dynamische Bilanz*, 第4版，101頁参照。

2) E. Walb, "Zur Dogmengeschichte der Bilanz von 1861-1919," 4頁参照。渡邊陽一『貸借対照表論』1頁参照。
　　なお，ワルプはこれに先立つ1857年のニュールンベルク会議に貸借対照表論の端緒を求め，渡邊はさらに1673年のフランス商業条例に遡っているが，貸借対照表論に直接関わったという意味で，本書では1861年法を起点とした。

なくてはならない」という文言のうち,「付すべき価値」の内容が曖昧であったため,どのようにも解釈され得る余地があった。しかし,法の強制力を鑑みれば,条文解釈によって財産および債権に付すべき価値が変わってくるということでは困るのである。

そのため裁判所が必要に応じて見解を発表し,さらに法律家や実務家たちの見解も世に問われた。帝国高等商事裁判所（Reichsoberhandelsgericht）の売却価値を主張した1873年12月3日の判例,シェフラー（H. Scheffler）およびジモン（H. V. Simon）の個人価値説,あるいはシュタウプ（P. Staub）の営業価値説などがそれである。こうした見解は,共通して「付すべき価値」とは価値論すなわち財の評価論から出発するものであるとしていると考えることができる。しかし,財産および債権に付すべき価値についてこのような価値論的規定を行うことは,実際にその数値をどのようにして決めるのかという問題に対しては何も答を示していない。つまりこのような見解においては,価値概念と実際に財産および債権に付される金額とが一致しているとはいえなかったのである[3]。

このような価値論的立場に拠る貸借対照表論は19世紀の中頃から20世紀初頭にかけて発展したものであるが,今日では一般に否定的に解されておりこれを旧静態論と呼ぶことができる[4]。一方,動態論の成立・発展期とほぼ同じ時期に発展した価値論を主たる内容としない静態論もあり,これを新静態論と呼ぶが,いずれにしても両者の共通点としては貸借対照表に何らかの意味での状態表示機能を求める点にある[5]。

こうした貸借対照表観は現代においても立派に成立するものであり,一般に時代遅れの,理論的に劣った,あるいはすでに存在しない貸借対照表観と解されがちな「静態論」という言葉を,貸借対照表に状態表示機能を求める理論と

---

3) 岩田巖『利潤計算原理』98-100頁参照。
4) 五十嵐邦正『静的貸借対照表論』森山書店,1989年,59頁参照。
5) 五十嵐邦正,前掲書,1～3頁参照。なお,本書における貸借対照表分類論に照らすと,これはストック貸借対照表観を基調とする理論である。

1 はじめに

いう意味の普通名詞として用いるのは誤解を招き易い。ゆえに，本章においては静態論ないし静的貸借対照表論という言葉を，特定の論者の貸借対照表論を指示する固有名詞として用いることにしたい。その論者の特定が本節の目的なのである。

価値論的側面を表に出す旧静態論としては，ドイツ普通商法第31条の帝国高等商事裁判所の判例の一般的解釈を採る。そもそもこの判例は，財産および債権の評価に際し，企業の清算を仮定する評価と営業の継続を仮定する評価の双方を行わなくてはならないとし，きわめて矛盾の大きいものであった[6]。しかしながら，この判決に対して「全財産に対する売却価値での評価」としての解釈が一般に定着し，営業の継続は無視されたのであった。法学の文献において強かった売却価値での財産評価という考え方を公的に認めたものとしてこの判例は受け取られ，「以降第31条の解釈に関して出される帝国裁判所，プロシャ高等行政裁判所，連邦裁判所等の判決は，そこに多少の相違が見られるとしても，大体本判決の線に統一されてゆく」[7]のである。

財産の評価基準として売却時価を採る考え方と並んで，評価論を主体とする貸借対照表観（旧静態論）をとる考え方としては，前述のシェフラー，ジモン，シュタウプらのものがあるが，彼らは法律家あるいは注釈者であって経営経済学者ではなかった。グーテンベルク（E. Gutenberg）によれば，「比較的古い静的貸借対照表観」（die älteren statischen Bilanzauffassung）の支持者と解することのできる経営経済学者として誰よりもまずシェアーおよびニックリシュ（H. Nicklisch）の名が挙げられるとされる[8]。本書においてもグーテンベルクに従い，シェアーおよびニックリシュの貸借対照表論を「一応」旧静態論に属するものと考えることにする。

一方，グーテンベルクは「比較的新しい静的貸借対照表観」（die neueren

---

6) この1873年判例については，渡邊陽一，前掲書，42-43頁，あるいは安藤英義『商法会計制度論』国元書房，1985年，75-82頁が詳しい。
7) 渡邊陽一，前掲書，43-44頁。
8) E. Gutenberg, *Einführung in die Betriebswirtschaftslehre*, Wiesbaden, 1958, 162頁。

Bilanzauffassung）の代表者として誰よりもまずル・クートル（W. le Coutre）が妥当することを述べている[9]。周知のように彼の会計理論は，普通名詞としてではなく固有名詞としての「新静態論」という名称で呼ばれてもおり，本書でも新静態論として彼の貸借対照表論を措定することにしたい。

　ここで，さらに述べておきたいことがある。それは，シェアーおよびニックリシュの貸借対照表論が，旧静態論としての面ばかりではなく新静態論としての側面を有しているということである[10]。もちろん，新静態論というものが価値論を理論の中心としないものだという程度の規定だけでは新旧静態論の区別が曖昧になることは否めないのだが，両静態論の相違点は以下の論述の中で明らかにしていくことにするとして，典型的な旧静態論は1873年判例，典型的な新静態論はル・クートル理論であるという位置づけになり，シェアーおよびニックリシュの所説はその中間に位置するものと考えたい。シェアーおよびニックリシュの理論は，時代と共に変遷しており旧静態論，新静態論のいずれの側面をも併せ持つことがその大きな理由である。シェアーおよびニックリシュが「一応」旧静態論に属するという言い方はそのためになされたのである。

　ただ，厳密にいうと，筆者の考える旧静態論・新静態論の区別は，「価値論を理論の中心におくかおかないか」という基準によってなされているものではない。会計システムを前提としない貸借対照表観を有するものが旧静態論，前提とする貸借対照表観を有するものが新静態論と呼ばれるべきであると思っている。このような観点によれば，後述されるように，シェアーは旧静態論者に属することになるが，ニックリシュ理論[11]はまさに新旧静態論の折衷的理論を有しているということができるのである。ニックリシュは，会計システムに依存しない価値論を前提としているから，形式的には旧静態論に属するが，実質的にその「価値」は，現に存在する会計システムにおいて，結果として採られることになる勘定残高の評価法（原価主義）と大差ないものになっていると

---

9) E. Gutenberg, *Einführung in die Betriebswirtschaftslehre*, Wiesbaden, 1958, 162頁。
10) 五十嵐邦正，前掲書，62頁参照。
11) H. Nicklisch, *Die Betriebswirtschaft*, 第7版, Stuttgart, 1932年参照。

考えられるからである[12]。

ゆえに本章では，次の第2節(1)において，旧静態論に属する思考として帝国高等商事裁判所1873年判例の通説的解釈を取りあげ，さらに第2節(2)では経営経済学において旧静態論の貸借対照表観を有するシェアー理論[13]を取りあげて検討する。そして，(3)において新静態論の学説としてル・クートル理論[14]を取りあげて，それぞれがいかなる意味で旧静態論ないし新静態論に属するのかを明らかにしたいと思う。

さらに，ドイツには動態論・静態論に並び，有機論と呼ばれるストック貸借対照表観を有する学説がある。第3節では動態論・静態論と有機論の関係について触れた上で，有機論の分析を行う。その上で，ストック貸借対照表観とフロー貸借対照表観の関係についてまとめてみたい。

2 ストック貸借対照表観の原型
― 旧静態論および新静態論 ―

(1) 売却時価評価の財産目録（旧静態論1）― 帝国高等商事裁判所 1873年判例の通説的解釈 ―

典型的な旧静態論としては，既述のように帝国高等商事裁判所の1873年の判例の通説的な解釈による貸借対照表観を挙げることができよう。これは，経営経済学確立より前の時代における，法律的な貸借対照表観である。商法は債権者保護を重要な目的としているのであるから，貸借対照表および財産目録に記載される財産・債権に付すべき価値は，論理的には清算時の売却価値である

---

12) 五十嵐邦正，前掲書，35頁参照。
13) 次の文献に基づいて，論議を進める。J. F. Schär und W. Prion, *Buchhaltung und Bilanz*, 第6版, Berlin, 1932年。
14) 次の文献を用いる。W. le Coutre, "Die statische Bilanzauffassung der Praxis (Kapitalbilanz, nicht Vermögensbilanz)," *Zeitschift für Betriebswirtschaft*, 第4巻, 1927年。
　　W. le Coutre, *Vom allgemein-betriebswirtschaften Ideengehalt der Bilanzauffassungen*, Berlin/Wien, 1933年。

べきである。これは，債権者保護という言葉が，企業の倒産に際して彼らの債権を保全するという意味でとられる以上，当然の解釈であろう[15]。

このとき，前提として貸借対照表は，一時点において企業内に存在する財産および債権を収容するものと考えられることになる。貸借対照表は，単に財産目録（Inventār）の要約に過ぎないという位置づけとなるのである。もちろん，財産・債権という概念は，リアル・ワールドのものであり，しかも会計行為を前提としなくとも存在する概念である。ドイツ普通商法が貸借対照表における財産・債権が付すべき価値によって計上されなくてはならないという内容の条文を有することの含意は，リアル・ワールドにおける存在としての財産・債権を所与とし，それに付すべき価値をどのようにするのかという観点に集約されるのではないだろうか。これを要するに，「旧静態論」とは，リアル・ワールドにおける《ストック》を貸借対照表が収容することを当然の前提とした考え方であると結論づけられるということなのである。

筆者は，典型的な旧静態論として考えられるのは，このような商法的思考であると解している。すなわち，リアル・ワールドにおける財産・債権の表である貸借対照表を問題とし，その評価がどのようになされるかという点に即して論を展開するのが旧静態論である，と。

その意味からは，1873年判例の通説的解釈は，現実の事物としての財産および債権に対して付される価値を「売却時価」であるとした静態論であるといえるが，観念的には所与と考えることができるリアル・ワールドの財産・債権の範囲に対して，逆に付すべき価値が影響を与えるという側面も見逃すことはできない。売却価値を持たない財産は貸借対照表に収容されることができない，つまり貸借対照表能力がないということになるからである。たとえば，売

---

15) 「現在の価値」，「普遍的取引価値」，「市場価格または取引所価格を有する財産は原則としてこれにより，その他の財産については他の方法によって決定されるべき現在の客観的価値」で貸借対照表評価を行うことが1873年判例の本来の解釈であるとの考え方があり（安藤英義，前掲書，80頁），筆者もこれに賛同するが，本書は判例解釈の是非を問題にするものではなく，当時の支配的・通説的な貸借対照表観を問題としているため売却価値説を採っている。

却価値ではなく調達価値で財産評価がなされる際には財産概念を構成するものが，売却価値での評価を前提とすると財産概念に含まれなくなるという事態が生ずるのである。

ゆえに，財産・債権の範囲の限定問題と評価問題は密接にかかわり合うことになるのである。しかし，旧静態論の立論に即していえば，あくまで財産・債権の範囲は所与のものとして定められており，問題となるのはそれに付される価値の種類を特定することだけであろう。貸借対照表あるいは財産目録の存在にまったく関わりなく財産・債権の範囲は限定されていると考えなくては，そもそも1861年商法の31条の条文が成立しないからである。

「リアル・ワールドに存在する具体的な財産・債権」を，売却価値によって評価するという考え方は，素人にも分かりやすいものであるが，実際の評価行動に際してそれが多くの難点を有するであろうことは想像に難くない。固定資産を時価で計上すれば，当該資産を購入した年度に多大の損失を認識しなくてはならず，それは配当を不可能にし，新株発行や銀行借入のような資金調達活動にも多大の困難をもたらす。そもそも，客観的な売却時価の特定ができない財産も多いという技術的な問題もあるのである。

このように，商法における財産・債権の評価規定の通説的解釈は，実務に対して問題点をもたらした。売却時価を評価原則とする財産計算重視の貸借対照表は，動態論によってその存在意義を低下させられ，ないし否定されたのである。動態論，とりわけシュマーレンバッハによって批判されたのは，財産計算が売却時価によってはなされ得ないという点，そして現に存在する貸借対照表が損益計算目的を有するものである以上，それが財産計算目的を同時に達成することはできないという点であった。《ストック》を収容する財産目録と同じ内容を収容する貸借対照表は，損益計算目的のためには役立たないというのである。この見解は広く受け入れられ，売却時価を基調とした静態論は姿を消したといってよいであろう。

しかし，私見によれば，《ストック》としての財産・債権を前提としつつそれに付すべき価値を考えるという静態論固有の思考自体が否定されたのではな

いと思う。この付すべき価値が売却価値であったがために、上述の問題点を生じたのであって、その点を明確に認識することが必要であろう。

1861年普通商法と同様に、財産・債権を前提とした上で、それに売却価値ではない価値で評価するという価値論的側面を有する旧静態論がある。それが次に論じられるシェアーの理論なのである。

(2) 多元的評価の財産目録（旧静態論2）— シェアーの勘定理論と貸借対照表観 —

わが国において、シェアーは簿記の理論家として著名であるが[16]、本書においては、主として彼の決算貸借対照表に対する見方を取りあげる。彼が資本等式として知られる勘定理論の提唱者としても有名であることから明らかなように、前節で扱った財産目録的な貸借対照表とは異なり、簿記から導かれた貸借対照表が「一応の前提」となるのである。

積極財産（資産）をA、消極財産（負債）をP、純財産（資本）をKという記号で示せば、シェアーの勘定理論は

$$A - P = K$$

という「資本等式」を前提とする。これはニックリッシュの勘定理論が、

$$A = P + K$$

という「貸借対照表等式」を前提としていることと、しばしば対比されるものであるが、以下では、貸借対照表構造に関する意味づけを、この勘定理論との関わりで考えていくことにしたい。

なお、シェアーはスイス人であり、彼がベルリン商科大学に招聘された1906年にはすでに60歳であったから、ドイツにおける経営経済学の発展よりも以前にスイス的土壌のもとで彼の理論体系はできあがっていたと考えるべきであるが[17]、本書における検討対象はドイツ語圏の理論という形で限定し、必

---

16) 安平昭二『簿記・会計学の基礎〜シェアーの簿記・会計学を尋ねて〜』同文舘、1986年参照。

17) F. Schönpflug, *Betriebswirtschaftslehre, Methoden und Hauptströmungen*,（次頁へ）

2 ストック貸借対照表観の原型　157

ずしもドイツ国内に限定しなかったのは，シェアーのようなドイツ以外の国で，ドイツの貸借対照表論に影響を与えた人物の理論もまた検討対象とすべきであると考えたからである（同様に，第5章でもドイツ以外のドイツ語圏諸国の理論が取りあげられることになる）。

シェアーの勘定理論は物的二勘定系統説と呼ばれる。彼は，資本等式の事実上の確立者であるが，上述の資本等式は，財の出入りと在高を表示する左側の在高勘定の系統（A−P）と，当初資本ないし純財産と，企業活動によってもたらされたその増減を表示する右側の資本勘定（K）の系統からなり，在高勘定を中心として見れば物的（二勘定）系統説といえるのである[18]。

ただ，Pの扱いについて補足しておかなくてはなるまい。シェアーは，まず負債を考えずに企業の所有財産とその源泉をA＝Kという等式で説明する[19]。そして，この等式を示すのが，財産貸借対照表ないし貸借対照表（Vermögens-bilanz oder Bilanz）であると説き，その意味は現実的にして具体的な形で存在する一経済体の総所有財産（A）とその結果である抽象概念，すなわち，経済体所有者の資本（K）の対置関係の表示にある[20]としているのである。その上でAの一部を形成しつつも他の法律主体に属し，将来，貨幣等価物で返済しなくてはならない財が存在するとし，その支払はAから分離することによってのみ可能であるからAに対してこの財は負の性格を有するとしている。これが負債（P）である。このような財産観から，資本は純財産として把握され，負債はマイナスの財産とみなされる。ここから資本等式が導かれるのである。

ここで重要なのは，在高勘定（AおよびP）が財の出入りおよび在高を示すとされる点である。出入りというフローと在高というストックが，同一物の二つの側面として考えられているといってよい。さらにいうと，何らかの事物を

（前頁より）　改訂第2版, Stuttgart, 1954年, 91頁参照。
  18)　シェアー勘定理論は，資本勘定を主体として観ることにより，「純財産」学説と呼ばれることもある。
  19)　J. F. Schär, 前掲書, 13頁。
  20)　J. F. Schär, 前掲書, 14頁。

所与とすれば，その出入りの差額は在高となるという至極一般的な考え方を採っているということである。動態論のようにフロー概念を独立的に取り出すことはしていないのである。その含意は，在高勘定の一つ一つは，それぞれ何らかの《ストック》（財）の写像的記号であるということであり，一つ一つの勘定の実体がリアル・ワールドに存在していると考えられているということであろう。その結果，ある一つの勘定はそれ自身を意味する《ストック》を常に示していると考えられることになる。ワルプおよびコジオールの理論において，一つの勘定は「収支ないし給付というフロー自体」しか意味しておらず，それが「何の」フローなのかは勘定理論の上では二次的な問題とされているのと対照的な考え方であろう。

　さらにシェアーの簿記理論がワルプおよびコジオールのそれと異なる点がある。勘定残高がそのままの形で貸借対照表を構成するものとはされず，実に貸借対照表の本体は財産目録であるとされる点である。貸借対照表は財産目録を変形したものに過ぎないととらえ，貸借対照表の作成に関してはまったく簿記に依存しないのである[21]。簿記はその勘定残高と財産目録上の価値との差額によって自動的に損益計算を行うためのものととらえられるに過ぎない[22]。

　このような貸借対照表観は，財産目録における財産評価がいかなる価値によってなされるかという問題を含み，これは旧静態論特有の思考，つまり何らかの《ストック》を前提としてそれに付すべき価値を考察するという思考によって行われるものといえる。そして，シェアーも，既述の1861年ドイツ普通商法第31条に相当する規定[23]に従った評価を主張する。ただし，単純に売却時価によって評価しようとしたわけではなく，購入価値，販売価値，使用価値，

---

21) J. F. Schär, 前掲書, 93頁。安平昭二, 前掲書, 111頁参照。
22) 財産法の利潤計算に相当する。J. F. Schär, 前掲書, 169-173頁参照。岩田巖『利潤計算原理』114-120頁参照。
23) 今世紀初頭には，1897年に改正された商法が適用されており，1861年商法第31条に相当するのは1897年商法第40条である。ただし1897年商法では，債権という言葉が負債（Schulden）となっており，財産概念が消極財産にまで拡大されたと解することができる。シェアーの勘定理論における在高勘定系統は，この1897年商法の財産概念を基礎にしているともいい得るであろう。

個人的価値, 営業価値など様々な価値概念を指摘している。ただ, それらの中でどれを採るのか, という具体的な問題には踏み込まず, 「『真実な経済的価値』というような抽象的表現によって問題を回避してしまう」[24]のである。

シェアーの評価論はこのように不徹底である。前節の1873年判例の解釈も曖昧であったのと同様に, これは価値論を主体とする旧静態論の宿命であるかに思われる。付すべき価値に関する1873年判例の通説的解釈は「売却価値」であり, シェアーの考えは「真実な経済的価値」であるが, 前者は技術的な問題によって, 後者は概念の曖昧さによって, 実際に貸借対照表を作成する上での問題点を有しているのである。

しかし, 私見ではあるが, シェアーの想定していたと思われる価値概念は, 彼の簿記理論における在高勘定系統つまり財産および負債の勘定が表すところのリアル・ワールドの「財」を評価するものであるから, 必ずしも取得原価とは言い切れないものの, それを基調とした概念であることが類推できるのではないか。シェアー理論においては, 勘定残高である「当在高＝ゾル・ベスタント」(Sollbestand) と, 財産目録上の在高である「実在高＝イスト・ベスタント」(Istbestand) の差が損益を構成するとの財産法的な損益計算が前提となるが[25], このような場合, 財産評価の原則が勘定記入の原則と大幅に異なるものとは考えにくいからである。また, シェアーが様々な価値種類を挙げていることは, イスト・ベスタントの評価原則が必ずしも一つであるとは限らないということであると思われる。動態論のように貸借対照表項目が一元的に一つの何らかのもののフローと考えられる場合とは異なり, 各貸借対照表項目はそれぞれがリアル・ワールドにおける個別的な何らかの対象の写像であるから, その対象の性格によって評価原則は異なると考えるのが自然である。

従ってシェアーの貸借対照表観は, 個々の貸借対照表項目それぞれの性格に即した評価を前提とするものと考えるべきである。一律に貸借対照表項目全てにわたり一つの評価原則 (たとえば, 通説的1873年判例解釈の場合では「売

---

24) 安平昭二, 前掲書, 116頁参照。
25) J. F. Schär, 前掲書, 92頁参照。岩田巌, 前掲書, 130頁参照。

却価値」)を当てはめるというものではないであろう。ただ,個々の貸借対照表が表すリアル・ワールドの財産(ないし負債)の性格をどのようにとらえるかによって,同じ財の評価原則が幾通りも考えられることにはなる。個々の財産の評価原則をどのように定めるかが重要な問題となろう。ただし,その財産の性格は,いわば「企業の経営成績の評価」という面ではなく,「企業の財政状態の表示」という面に照らして認識されるといえるのではないだろうか。

(1)においては,全ての財産が統一的な基準(売却時価)で評価されるとの解釈がなされた。これは,貸借対照表を清算時の価値を示すものとして考えた際に生じたものであり,財産評価の問題として考える以上,評価基準が全ての財産に対して同じものでなくてはならない必然性はない。しかし,次に論じられる新しい静態論においては,結果的に一個の評価基準が採用されることになる。それは取得原価なのであるが,評価基準は単一がよいか多元的がよいかという問に対する答は強いて求める必要がないと考える。静態論における固有の問題意識——財産に付すべき価値をどうするか——に関していうと,両者間に優劣はまったくないといえるだろう。

(3) 原価評価の財産目録(新静態論)— ル・クートルの貸借対照表論 —
§1 取得原価主義の財産目録 — 旧静態論的側面 —

(1)および(2)で論じられた旧静態論は,貸借対照表というものがリアル・ワールドにおける財産(および負債)の写像を収容するということを前提とするものであった。その論理的帰結としての貸借対照表の本質観から考えれば,複式簿記ないし会計システムは,貸借対照表との関係を完全に断ち切られていることになる。貸借対照表は実質的に財産目録と等しいものなのである。

このような貸借対照表の見方は,評価問題を所与とすれば,古い貸借対照表論として打ち捨てられるべきものとはいえないであろう。むしろ,一般的な考え方からはこのような貸借対照表観は,きわめて妥当性の高いものである。しかし,前節で述べたように財産評価は単純な問題ではない。実際に貸借対照表を作成するに当たって,財産・負債に付す金額をどのように決めるかという問

題は，非常に重大な制約となるのである。

　ここで登場する静態論が，ル・クートルの新静態論である。彼が考えている貸借対照表は，実務で作成されている貸借対照表を基本とするものであるが，この実務の貸借対照表が何を表示しているのかという問に対しての解答は，動態論者シュマーレンバッハの理論を検討した上でなされることが注目すべき点であろう[26]。ル・クートルによれば，実務では消費可能利益（konsumfähiger Gewinn）が算定されており[27]，その利益概念は，シュマーレンバッハのものとは異なっているとされる。つまり，収益の認識は実現（Realisation）主義で行われ，棚卸資産の低価主義による評価，固定資産の過大償却による評価，ひいては全ての貸借対照表項目の評価が慎重の原則（vorsichtige Prinzip）で行われることによって，期間利益は，企業家が期末に消費してもかまわないと考える消費可能利益となっているというのである[28]。

　このことは，期間損益が貸借対照表項目の評価によって算定されているということを意味している。すなわち，「消費可能利益の計算は，資産の評価を予定して初めて可能となる」[29]のである。そして，一言でいえば，「企業家が彼の個人的判断，経験および経営の通常の健全な活動によって実現できると確信している価値」[30]が貸借対照表の上に掲載されることになるわけである。これは，個別財産が「確実に達成され得る実現価値」[31]で貸借対照表に計上されることを企業家が志向していることを意味する。

　この実現価値は企業家の主観的な判断によるものであるから，曖昧な点があることは否めないが，少なくとも一時点に企業内に存在する財産を，「実現価値」で評価するという論理が実務においては適用されているとの見方をル・ク

---

26) 新田忠誓『動的貸借対照表原理』211頁参照。
27) W. le Coutre, 前掲書，73頁。
28) W. le Coutre, *Vom allgemein-betriebswirtschaften Ideengehalt der Bilanzauffassungen*, Berlin/Wien, 1933年, 415頁参照。新田忠誓，前掲書，212頁参照。
29) 新田忠誓「貸借対照表明瞭表示への一試論 —— W. ル・クーター理論の検討 ——」『商学論集』第39巻第3号, 1971年, 7頁。
30) W. le Coutre, 前掲書，421頁。
31) W. le Coutre, 前掲書，420頁。

ートルがしているということである。彼は，実務の貸借対照表観が旧静態論の思考に基づくものであるとのとらえ方をしているといえよう。ただし，別の見方もできる。消費可能利益の算定思考が財産評価に影響をもたらしているという動態論的なとらえ方である。ル・クートル自身がいうように，実務の貸借対照表は損益計算重視の側面と状態表示の側面とを併せもっているのである[32]。

　ル・クートルの展開する貸借対照表論は，「実務の貸借対照表の有する損益計算の側面に注目し，それを体系的に展開させたのがシュマーレンバッハの理論であり，一方，貸借対照表がある状態を表示している面を発展させ，財産表示としての貸借対照表明瞭表示原則を確立したのが，彼（ル・クートル）の理論である」[33]といわれるように，実務の貸借対照表をこのように認識した上で生ずるものである。貸借対照表が個々の財産を収容するという基本認識から出発する点で，旧静態論と変わらない論理構成が採られているといってよい。もちろん，1861年商法の条文自体やシェアーの理論と同様に「価値」がどのようなものであるのかという点には「立論の初期段階では」触れていない。原則として，簿記を絶対条件とせず，いかなる過去の記録にも依存せずに貸借対照表が作成できるということ，このためには「貸借対照表日に存在する個々の財産を把握し，その価値を確定しなくてはならない」[34]ことをル・クートルは述べているが，これは旧静態論についてその特徴として挙げた論理，すなわち「会計システムを前提とせず，リアル・ワールドに存在する財産および負債を所与の価値によって評価する」という論理とまったく同じである。

　しかし，ここでル・クートルの新静態論者としての特徴が現れることになる。実際問題として評価問題を完全に捨ててしまうのである。時価評価を導入することは，不確実性（Unsicherheit）と困難性（Schwierigkeit）を伴うことから否定され[35]，①確実性があること，②未実現利益を計上しないこと，③企業

---

32) W. le Coutre, "Die statische Bilanzauffassung der Praxis," 74頁参照。
33) 新田忠誓，前掲論文，9頁。（かっこ内は筆者）
34) W. le Coutre，前掲書，72頁。
35) W. le Coutre, *Vom allgemein-betriebswirtschaften Ideengehalt der Bilanzauffassungen*, 421頁。

の継続を前提とする限り一定時点の財産の換価価値を考えることは不必要であることの三つの理由から，取得原価評価を採るのである[36]。こうして貸借対照表は簿記を基礎として作成されることになり，これは勘定残高から誘導された実務で作成されている貸借対照表と変わらないものとなるのである。

すなわち，ル・クートルは理念的には財産目録に依拠した貸借対照表を考え，それに収容される諸項目の評価を取得原価で行うことによって，評価問題を避けたものといえる。しかし，そのような貸借対照表は，複式簿記の勘定残高を集めて作成される実務の貸借対照表と実質的に同じものであるとしても，財産評価の観点から作成され，損益計算の観点から作成されたものではないといえる。やはり，ル・クートル理論においては所与の財産概念が存在し，その財産を取得原価で評価したところ，たまたま複式簿記から得られる勘定残高一覧表と一致するとの論理が採られることになろう。さらに論を進め，複式簿記の一つ一つの勘定（資産・負債勘定）が，一つ一つの「具体的な財産・負債」を表し，それらの取得原価によって評価された在高を示すとの前提をもとに，複式簿記自体を，ル・クートルの意味における財産の期末在高（原価評価の財産）を得るためのシステムであると位置づけることができよう[37]。

---

36) W. le Coutre, 前掲書, 421頁。なお，新田忠誓『動的貸借対照表原理』219頁参照。
37) ル・クートルは次頁のシェーマに示したように，貸借対照表の借方を，A営業稼働資産，B安全資産，C管理資産，D余剰資産，E社会資産と，F計算項目にわけているが，A～Eの項目は，彼の貸借対照表本質観と結びつき，財産目録によって把握される財産を経営目的に照らして分類したものと解釈できる。一方Fは，偶発債務見返など法律的な財産観から生ずるa) 一時的通過項目と，前払費用など損益計算の観点から生ずるb) 計算限定項目から成るが，aは一般に実務の貸借対照表に包含されず，bは含まれるものである（ル・クートルの貸借対照表においてFのaの金額は，貸借対照表借方合計金額に加算されない）。このFにル・クートルの貸借対照表観を見ることができる。つまり，AからFのaまでが彼の考える財産でありFのbはそうではないものであるが，実務の貸借対照表にはFaがなく，Fbはある。つまり実務の貸借対照表にFaを加えて財産貸借対照表の内容を確立し，その上で財産概念を有しないFbをA～Eの項目には含めず，計算項目として独立させているのである。

なお貸借対照表貸方は，A自己資本，B他人資本，C計算項目，D留保利益から成るが，ABDは本来の財産貸借対照表において資本の源泉を表すものとされ，Cは借方Fに対応するものである。W. le Coutre, 前掲書, 247頁参照。

旧静態論は，リアル・ワールドにおける財産を前提とし，個々の財産に付すべき価値が問題になっていた。これは，個々の財産のリアル・ワールドにおける価値を問題にしていたことになる。一方，新静態論をこのように解釈すると，旧静態論と同じようにリアル・ワールドにおける財産を前提としつつも，その価値はアカウンティング・ワールドにおける価値になるといえるであろう。これが本セクションの結論である。

なお，この新旧静態論の相違点の本書における意味については，本章の第5節でまとめて論ずることにして，本セクションでは，最後に彼の貸借対照表シェーマを示しておく。これは，実務の貸借対照表を新静態論の観点から解釈したものといえ，ル・クートルの主張に基づく「あるべき」貸借対照表（取得原価表示の財産目録）においては，このシェーマの借方のFのbと貸方のCのbは含まれず，借方Fのaと貸方Cのaの金額は貸借対照表合計額に加算されることになる。

ル・クートルの貸借対照表シェーマ

A．営業稼働資産	A．自己資本
B．安全資産	B．他人資本
C．管理資産	C．計算項目
D．余剰資産	a）一時的通過項目
E．社会資産	b）計算限定項目
F．計算項目	D．留保利益
a）一時的通過項目	
b）計算限定項目	

（借方Faと貸方Caの「一時的通過項目」の金額は，それぞれ貸借対照表借方合計金額，貸方合計金額に含まれない）

§2　調達・運用状態の表示 ── 新静態論的側面 ──

以上述べてきたようなル・クートルの貸借対照表観は，本来的には，現に存在する複式簿記体系に含まれている一つの面を発展させて一つの「あるべき」貸借対照表を得るものであると思われる。当然，そのあるべき貸借対照表を現に存在する貸借対照表と較べれば捨象されている部分があり，それはル・クートル自身の言からもわかるように，（シュマーレンバッハによって発展させら

れた）損益計算によって生ずる貸借対照表項目に関する部分となる（シェーマ借方のFbと貸方のCb）。

このような貸借対照表（財産貸借対照表）観は，本質的に旧静態論の思考と変わってはいない。当然，評価論の問題，つまり財産評価が本来，どのような評価基準によってなされるべきかという問題は残っているはずである。しかし，その問題の解決策はまったく考慮されず，時価の求め方が困難かつ不確実であることを以て，あっさり取得原価による評価が主張されることになる。既述のようにル・クートルは，貸借対照表の固有の性格（財産目録たる性格）との関連で取得原価による評価を論理的に正当づけることをしていないのである。

けれども，ル・クートルは取得原価による財産評価を正当づける論理を別の側面から展開している。それが，本セクションにおいて述べられる貸借対照表（資本貸借対照表—資本の調達・運用状態表示貸借対照表—）観である。以下，その点について述べたいと思う。

ル・クートルの主張は，現に存在する貸借対照表は不完全で，シュマーレンバッハ的な部分とル・クートル的な部分，すなわち損益計算重視の面と財産計算重視の面の双方を不十分な形で二つながら有しているということであったが，これは逆に考えることもできよう。つまり，シュマーレンバッハの論理とル・クートルの論理のどちらか一方では説明のできないものが実務の貸借対照表には存在するのではないかということである。すでに示したル・クートルの貸借対照表シェーマは，彼の固有の論理から生ずる貸借対照表ではなく，この実務の貸借対照表を動態論と静態論それぞれの論理から生ずる項目の融合物（借方Fおよび貸方Cの「計算項目」の加算）として扱っていたと考えるのである。

本書第6章第2節において検討されたシュマーレンバッハの貸借対照表論においても，現に存在する会計システムと比較すると捨象される部分があったことを想起すれば，ル・クートルの貸借対照表観と，シュマーレンバッハの貸借対照表観とは相互に補完しあって，現に存在する実務の貸借対照表を形成する

166　第7章　ストック貸借対照表観の原型と展開

との見方ができるとも考えられるし，筆者はそのようにとらえている。すなわち，このような目でル・クートルが示した貸借対照表シェーマを見ると，現実の貸借対照表を「取得原価で評価された財産目録」として解釈した場合に足りないもの（計算項目のa「一時的通過項目」）を加え，動態論の論理で収容される項目（計算項目のb「計算限定項目」）を特殊な項目として説明したものとして観察できるのである。

　ところで，このような「取得原価で評価した財産目録」としての性格が，より多く前面に出されて観察される実務の貸借対照表について，前章で検討したコジオール理論において，フロー貸借対照表ではなくストック貸借対照表として観察されたパガトリッシュ貸借対照表（支払能力を示した在高貸借対照表としての「財産および資本貸借対照表」）が，やはり実務の貸借対照表に等しいと考えられることと併せて考えると，新静態論の貸借対照表は動態論の貸借対照表（特にパガトリッシュ貸借対照表）と，その生成過程の論理を異にするものの，実質的内容はほとんど等しくなるといえるように思う[38]。

　ル・クートルは，このように，動態論の貸借対照表と実質的に同じ内容を持つ貸借対照表（実務の貸借対照表）を静態論的に観察した上で，その存在意義を資本の調達（Finanzierung）と資本の運用（Investitierung）の表示という側面において認めることになる。ル・クートルの新静態論が，旧静態論と袂をわかつことになる点は，貸借対照表貸方に「いかなる資本が企業内に流入したのか」[39]が示され，借方に「資本がどこにあるのか，それがいかなる設備を基礎づけるのか，それはどのように保持されているのか」[40]が示されていると考えること，つまり貸借対照表に資本の調達・運用状態の表示機能を求める点なの

---

38) もちろん，ル・クートルが損益計算の観点から得られる計算限定項目を他の貸借対照表項目と異質のものと考えるのに対し，コジオールは（計算）収支の在高として収支概念の中で全ての貸借対照表項目を同質的にみているという相違はあり，また，財産概念に包含されながら収入・支出概念に包含されない項目が存在しているという相違もある。
39) W. le Coutre, 前掲書, 415頁。
40) 同上。

である。

　このような貸借対照表観は，明らかに貸借対照表の貸方を最初に観察し，次に借方を見ることになる。従って，貸方の評価基準が借方の評価基準を限定することになると考えることができるであろう。貸方に示された源泉によって調達された資本が，借方に示された形態で運用されているわけであるから，運用形態の金額は，調達源泉の金額に一致するはずだからである。

　このように，貸借対照表に資本の調達源泉（貸方）とその運用形態（借方）を見る思考は，一見すれば取得原価による財産評価を正当づけることになると解される。ル・クートルの貸借対照表シェーマに即していえば，貸方における自己資本および他人資本は調達された時点の金額であり，その金額は理念的には個別的に借方の項目として運用されているはずだからである。少なくとも企業主から拠出された資本（自己資本）および外部から借り入れた資本（他人資本）の金額は確定しており，通常，当該資本取引があった時点に定められた金額以外の金額で評価されることはない。ゆえに，このような調達源泉によって調達された資本には評価問題は存在しないといってよいであろう。

　かくして，ル・クートルが考える静的な貸借対照表において問題となるのは，そのような資本が借方において，どのような形態で運用されているかを表示することとなる。動態論のように収支というフローから，ないし計算構造から観察すれば同一の性質を有する借方項目も，ル・クートルが考える財産保有目的に照らしてみると，さらに詳細な分類表示が望まれるのである。このように，「数値の説明では動態論に組みしつつ，（中略）さらにその状態をより明瞭に示すための分類論を発展させようとする」[41]点に新静態論の意義が見いだされるという考え方は自然なものであろう。

　ただし，このように新静態論をとらえる考え方は，新静態論が旧静態論と同じように「財産・負債を前提として」それを表示するのに取得原価を用いているという論理を受け入れたものと思われる。これは，財産・負債の評価は本

---

41) 新田忠誓「静的貸借対照表論（静態論）」271頁。

来,何らかの理想的な基準でなされるべきであるが,それができないため取得原価基準を用い,そのかわり個々の貸借対照表項目を明瞭に分類することによって評価基準の不備を補うというような認識であろう。

けれども筆者は,新静態論において実質的に用いられている貸借対照表は,財産・負債が先にあってそれを取得原価で評価したというようなものではないと考える。つまり,本節で扱った「資本の調達源泉・運用形態」として観察される貸借対照表は,財産・負債を所与とするものではなくなっていると思うのである。これは,資本の調達源泉・運用形態として観察される貸借対照表が「貸方を基準として貸借均衡するものである」との認識から導き出される考え方であり,以下,その点を説明する。

貸借対照表の貸方を資本の調達源泉,借方をその運用形態として観察するという考え方は,先に述べたように貸方項目が借方項目に先んじて考えられ,その結果,あたかもリアル・ワールドにおいて資本すなわち貨幣が企業に流入し,運用されているかのような印象を与えるものである。しかし,貸借対照表の貸方項目はリアル・ワールドにおける「貨幣の直接的流入原因」を表す項目ばかりから成っているわけではない。ル・クートルの示した貸借対照表シェーマの貸方にはA自己資本,B他人資本の他に,C計算項目,D留保利益が存在しているのである。貸方項目が借方の財産の評価を決めているという論拠による以上,CおよびDの項目,つまり損益計算基準が財産評価基準を決めている面も存在するはずなのである。

すなわち,ル・クートルの貸借対照表シェーマ貸方の「D留保利益」には当期損益が含まれており,これを調達源泉と考えた場合,借方の評価は,たとえばその損益がいわゆる実現損益なのかそうではないのかという点によって変わってくることになるはずである。そしてさらに,当期損益以外の留保利益も過去の損益計算基準によって生じた資本の調達源泉であり,計算項目も同様に損益計算基準によって生じた資本の調達源泉となるはずである。

ゆえに,資本の調達源泉・運用形態として解釈される貸借対照表は,静態論的な側面からばかりではなく,動態論の立脚点も加味した上で初めて説明でき

るものであると結論づけたい。ル・クートルの考えているこのような貸借対照表は，取得原価で評価された財産目録ではなくなっているのである。

さらに前セクションで述べたように，ル・クートル理論においては財産評価が取得原価でなされることに対して，未実現利益を計上しないという理由があった。静態論の立場から財産評価を目的としつつも，実は，その評価基準の選定に当たり，何らかの損益観が作用していることは重要だと考える。このように財産評価と不可分な損益観については，次の (4) において論じたいと思う。

(4) 新旧静態論と動態論

シェアー理論においては，損益計算は財産評価に依存していた。複式簿記から得られる試算表（ゾル・ベスタント）を，実地調査から得られる財産目録（イスト・ベスタント）と比較することによって損益原因が算定できるからである。また，貸借対照表を構成するのはこの財産目録であって，財産計算は簿記に依存せず，増減資や利益処分がない場合，期首の財産在高を把握しておけば，期末の財産との差引計算によってまったく簿記に依存しない損益計算が可能である。

一方，ル・クートル理論の場合，本来の貸借対照表概念，つまり取得原価で評価された財産目録が前提となれば，シェアーとまったく同様の論理で，簿記に依存せずに貸借対照表を作成しかつ損益計算ができることになる（ただし筆者は，前項で述べたように，ル・クートルの財産目録としての貸借対照表を，簿記を用いてその評価基準たる取得原価を算定するものであると考えている）。しかし，ル・クートルが実際上問題とするのは，簿記を離れた財産目録として作成される貸借対照表ではなく，簿記を用いて作成された貸借対照表である。これを資本の調達源泉と運用形態を収容する表とみるのであるが，このような貸借対照表観をとる場合，損益計算は問題にもされないように思われる。換言すれば，すでに計算された損益を収容する貸借対照表を念頭におき，それに収容される各項目の明瞭表示を考えるだけなのである。このような貸借対照表観をとる場合，損益観の存在が前提となることはすでに述べた。シェアーの場

合，財産観が損益を構成するのに対して，ル・クートルの場合はそのような側面と損益観が財産観を構成する側面との両方を持つことになるのである。これは現に存在する貸借対照表を前提とした結果である。

しかし，ル・クートルがこのような貸借対照表観をとる場合，貸方および借方をそれぞれ統一的に観ていることになる。共に「資本」(das Kapital) という上位概念の源泉および形態と説明されるからである。このような貸借対照表観は，借方合計額および貸方合計額に意味があることになる。シュマーレンバッハの動的貸借対照表の借方ないし貸方合計金額に固有の意味を認めることはできず，ワルプおよびコジオールの貸借対照表の借方金額および貸方金額は，それぞれの差額として期間損益が生ずるという側面，つまり貸借差額にしか意味が認められない点と対照的であろう。動態論と実質的に同じになると思われるル・クートルの貸借対照表には，動態論と較べてこのような特質を認めることができる。

そして，このような面に着目すると，旧静態論と新静態論の差は，状態表示機能を有するとみなされる貸借対照表を前提に，それに収容される現実の事物—《ストック》—の自体の表示を目的とするのか，《ストック》の上位概念—資本—の状態表示を目的とするのかという点にあるといえよう。ル・クートル自身，この両者を明確に分離して認識しているとは思われないが，ここに筆者は，ル・クートルの会計上の記号の相互関係に依存した思考を観る。動態論とは異なり，新静態論は収支という《フロー》の相互関係によるのではなく，《ストック》たる資本の調達源泉と運用形態という関係によって貸借対照表を観るのである。

以上，静態論の貸借対照表観を検討してきた。旧静態論においては，いずれにしても貸借対照表をリアル・ワールドの財産・負債の写像を収容する表であると考え，新静態論においても，本来はそうであった。しかし新静態論の場合，複式簿記を前提とする実務の貸借対照表を問題とするために貸借対照表が最初から損益を収容しており，しかも，借方項目は貸方項目によって調達された資本の運用形態であると説明されるために，損益によって調達された資本が

2 ストック貸借対照表観の原型　171

何らかの財産の形で運用されていると説明されることになる。損益は，単純に考えても現金で流入した収益や現金で支払った費用からのみ構成されているわけではなく，一定の損益計算基準によって具体的なリアル・ワールドの動きとは別に認識されている。ゆえに，新静態論においては貸借対照表項目を現実の事物の写像としてのみ観察することはできないのである。

　静態論の貸借対照表は，論理構成上，リアル・ワールドの事物の在高を貸借対照表が収容するということになる。動態論の貸借対照表が理念上はリアル・ワールドの事物の流量[42]を収容するとされるのと対比すると，そのストック貸借対照表観が明らかとなろう。しかし，旧静態論においては評価論の側面が論理を曖昧にし，新静態論においては，実質上，実務の貸借対照表を説明するだけの論理をとることが理念的な貸借対照表観からの乖離をもたらすのである。

　そして，最後に述べておきたいことは，新静態論が「資本」のストックを収容する貸借対照表を問題とするとき，「収支」を収容する動態論の貸借対照表と同質のものとなることの理由である。それは，「資本」も「収支」も理念上は，同じもの（貨幣）のストックの側面，フローの側面を表しているということなのではないだろうか[43]。しかも，現に存在する複式簿記システムに共に依存しているとすると，新静態論は複式簿記の一つ一つの勘定を，当該勘定がいかなるものの写像であるかという面に注目して解し，動態論は当該勘定に記される金額がいかなる取引の写像であるかという面に注目して解するものである，といえるのではないだろうか。

---

42) シュマーレンバッハでは貨幣および価値のフロー，ワルプでは貨幣および財のフロー，コジオールでは擬制的なものも含むが現金のフローである。本書第6章参照。
43) もっとも筆者は，新静態論も動態論も，実際にはリアル・ワールドの事物の在高ないし動きを離れた側面を有し，それはアカウンティング・ワールドの中で説明されるものと考えている。

172　第7章　ストック貸借対照表観の原型と展開

3　ストック貸借対照表観の展開
—— シュミットの有機的貸借対照表論 ——

(1)　動態論・静態論の貸借対照表観と有機論総説

　一般に動態論と静態論の違いは，貸借対照表に損益計算機能を求めるか財産計算機能を求めるかの違いであるとされているが，本書の観点は，貸借対照表がフローの収容表であると考えるのか，ストックの収容であると考えるのかという相違点に対しておかれた。動態論者シュマーレンバッハと旧静態論者シェアーの貸借対照表観は，前者が収入・支出・給付・費消の収容表と観ているのに対し，後者が財産目録と観ているという相違点を有し，典型的な違いを見せている（なお，この二人の損益計算観の違いは岩田巖によって，それぞれ損益法・財産法という理念型として取り出されている）。

　しかし，実際に会計を営む場合，シュマーレンバッハにおいては給付・費消という概念が曖昧であり，シェアーにおいては財産目録に収容された財産・負債に付すべき価値が曖昧なままであった。実質上は「現に存在する複式簿記システム」を前提として，それが把握できる範疇において給付・費消なり財産・負債なりを評価せざるを得ないという側面を有しているのである。これは，いずれも「論理の上では」リアル・ワールドにおけるフローおよびストックを念頭においているものの，よく考えるとそれだけでは説明のできない部分を残しているものと観ることができよう。

　動態論の継承者ワルプおよびコジオール，新静態論者ル・クートルは，それぞれシュマーレンバッハが明瞭に規定していなかったフロー，シェアーが明瞭に規定していなかったストックを，一応はリアル・ワールドにおける何らかの対象のフローないしストックとして説明した。しかし，ワルプおよびコジオール貸借対照表論におけるフローすなわち収支は，事実上，現実の事物の動きばかりを意味しているのではないし，ル・クートル貸借対照表論におけるストックすなわち資本の調達源泉・運用形態も，現実に存在している事物の源泉ない

し形態であるとは言い切れない。

　本編の第6章および本章前節で論じられた動態論・静態論の諸学説に対して，筆者は以上のような結論を下した。そして，このような見方をした場合，動態論においてはもとより，新静態論においても貸借対照表の構造が損益観に結びついて説明されざるを得ないことを述べた。これは，現に存在する貸借対照表を問題とする場合，損益は貸借対照表項目である資本ないし留保利益の一部を構成しており，当該損益が存在する前提として「損益認識による資産・負債評価（動態論ないし損益法）あるいは資産・負債評価による損益認識（静態論ないし財産法）」がすでになされていることになるからである。

　実務における会計処理は，このような資産・負債評価と損益認識との間に相互補完的な関係が存在することを前提とし，資産負債評価を損益認識より先に行う場合も，損益認識を資産負債評価より先に行う場合もあると考えることができよう。そしてどちらかいずれの面にのみ着目し，それぞれを理論的に説明したのが動態論，静態論であるといえる。

　ところで，どちらでもない貸借対照表論が存在する。ドイツの三大経営学者の一人としてシュマーレンバッハ，ニックリシュと並び称されるシュミットの貸借対照表論である。彼は，1921年に『経済の枠の中における有機的貸借対照表』[44]を著し，独特の経営観に基づいて有機論を展開した。この有機論は損益計算論と財産計算論という二つの大きな柱を持っており，必ずしも一方がもう一方を規制するという関係を有していないという点が指摘できるのである。

　このシュミットの貸借対照表観は，ストック貸借対照表観である。貸借対照表に収容されるものは一時点の財産であると考えられるからであるが，しかし彼が静態論者であるとはいえない。損益計算を重視する点では動態論者に勝るとも劣らないからである。しかも，損益計算論についていえば，動態論者が考える損益の計算構造（現実の事物のフローを基準にする）と静態論者が考える損益の計算構造（現実の事物の在高の二時点間の比較）の双方を包含するもの

---

44)　F. Schmidt, *Die organische Bilanz im Ramen der Wirtschaft*, Leipzig, 1921年。

であり，かつ貸借対照表自体，シュマーレンバッハの動的貸借対照表よりも動的であると自認しているのである。

以下では，このようなシュミット理論の概要を明らかにし，その上で彼のストック貸借対照表観と損益計算論のつながりを解明するという作業が進められる。それは，損益計算目的の貸借対照表と財産計算目的の貸借対照表を融合させたと自認する彼の理論が，どのようなものであるのかという関心から行われるのである。そしてそれは，上述のように現実の貸借対照表が双方の貸借対照表観の融合物であると考える以上，その融合のされ方を解きあかす作業がなされるべきであるが，その前提としての意味を持つことになる。

(2) 有機的時価貸借対照表論の概要
§1 有機論の成立経緯

シュミットは，企業を総合経済の一分肢ないし一細胞と考え[45]，さらに経済を財貨中心的なものと考えていた[46]。企業観あるいは経済観がかくのごときものは決してシュミットばかりではなく，動態論者のシュマーレンバッハも『動的貸借対照表』旧版の時期には同じであった。

シュマーレンバッハの動態論もシュミットの有機論も，第1次世界大戦終了直後にその基本的な姿を見せており，この時期から第2次世界大戦までの間の期間，すなわち大戦間期におけるドイツ貸借対照表論が，共同経済性（Gemein-wirtschaftlichkeit）という目的を企業が達成すべきことを前提としていたことは周知の事実である。すなわち，企業の目的は共同経済への貢献を行うこと，

---

45) F. Schmidt, *Die organische Tageswertbilanz*, 第3版, Leipzig, 1929年, 47頁。なお，森田哲彌「基本文献解題，Fritz Schmidt, Die organische Tageswertbilanz, 1929」『一橋論叢』第45巻第1号，1961年，33頁参照。

46) F. Schmidt, 前掲書, 49頁参照。
シュミットは，貨幣経済における企業を貫く二つの流れとして，貨幣の流れと財の流れがあるとし，貨幣はそれが所得をになうもの（Einkommensträger）であるか，または財（Ware）自体である場合のみ価値をもつにすぎないために貨幣の流れは財の流れを引き起こすと述べられている。ここに，貨幣に対する財の優位性を見ることができる。

あるいは貢献度を高めることであり、貸借対照表論をはじめとする経営経済学は、その目的を達成するために役立つべきであるとの認識が諸学説の共通点であったといってもよい。

しかし、その目的を具体的な計算に取入れるやり方は、論者によってことごとく異なっているといっても過言ではない。「共同経済性」あるいは「共同経済的経済性」を、実質的には単なるスローガンに過ぎないものとしてしまっているもの[47]から、具体的な計算原則に反映させているものまで様々である。そもそも、共同経済性の定義が一様ではなく、あるいは定義せずに用いられている場合が多々あるのである。

シュマーレンバッハの場合、共同経済性という出発点から全てを貫くことはしていない。当時の社会的な風潮が経営の共同経済的側面を重視するというものであったことは事実であるが、シュマーレンバッハは理論の理念的な部分にはその影響を強く受けながらも、会計的な計算領域においてはほとんどこれを無視しているといっても過言ではない。

けれども、シュミットは具体的な会計処理方法に至るまでこの見地から規定しようとしている。そして、企業行動によって国民経済におけるインフレ克服まで行おうとする雄大な構想[48]と、経済が財貨中心的なものであるとの彼の認識は、第一次世界大戦後の物資不足とインフレの中で企業問題を考えるとき、当然に出てくるものであったといえよう。

§2 有機論の主張

シュミットの有機的会計論の特質をひとくちにいえば、「相対的企業価値維持」(relative Werterhaltung der Unternehmung) と呼ばれる概念に集約されることになると思われる。これは、損益計算における費用の測定基準を、資産売却時

---

47) シュマーレンバッハに対してこのような批判がなされることがある。
F. Schönpflug, *Betriebswirtschaftslehre, Methoden und Hauptströmungen*, 281 頁。
48) 簡単にいえば、インフレが、財貨ではなく名目貨幣によって計算された「架空利益」の配当によって加速度的に促進されるとし、配当から架空利益を排除することによってインフレは縮小していくとしたものである。利益を計算する際に財貨中心思考によるべきことの根拠の一つとなる。F. Schmidt、前掲書、139 頁以下参照。

（取引日）における当該資産の再取得原価に基づかしめるものであり，この場合，もし取得原価と再取得原価に差額があるならそれは，財産価値変動ないし価値修正勘定（Konto Vermögenswertänderung oder Wertberichtigung）という資本修正項目として処理され[49]，利益処分の対象から除かれるわけである。企業が提供する生産物の生産のために消費した財を，提供時点の共同経済的価値といえる再取得原価によって測定することによって，計算される利益に尺度機能をもたせよう[50]というものということができる。シュミット自身の考え方からすれば，総合経済のなかの有機的細胞の一つである企業がその財産を「相対的に」維持し，それを超過して獲得したものが利益である[51]から，この尺度機能を有する利益を分配しても，企業の総合経済における相対的な財産が維持されるという意味で，この利益は分配可能利益でもある[52]。

　この相対的企業価値維持は，上述のような損益計算法のみで達成することはできない。資産の売却時点の再調達原価を費用計上するだけではいわゆる実体資本の維持には不十分で，実際に当該資産の再調達に要した価格が結果的に費用計上されていなくてはならないからである。シュミットはこの問題を財務政策によって解決しようとする[53]。資産の売却時に再調達も実際に行うか，再調達までの間，資産の売却代金を当該資産の価格変動と同様の価格変動を示す資産の形で運用するかが要求されるわけである。

　また，企業は全ての資産を実体的な資産の形で保有するわけにはいかず，貨幣や債権をある程度保有することは避けられない。しかし貨幣価値が下落する場合，これらはそうでない場合よりも少ない財貨請求権しか示さず，貨幣価値が上昇する場合にはそうでない場合よりも多くの財貨請求権を表す。債務は逆に貨幣価値上昇時には債務と引換に，より多くの財貨が犠牲にされるし貨幣価

---

49)　F. Schmidt, 前掲書, 98頁。
50)　森田哲彌「期間利益の分配可能性と尺度性 —— 実体資本維持の利益概念を中心にして ——」『商学研究』4, 1961年, 245頁参照。
51)　F. Schmidt, 前掲書, 55頁。
52)　F. Schmidt, 前掲書, 242頁。
53)　森田哲彌『価格変動会計論』国元書房, 1979年, 96-104参照。

値下落時にはより少ない財貨が犠牲にされなくてはならない。取引日の時価を費用計上するだけでは企業価値ないし実体資本は維持されないのである。この問題を避けるためには，貨幣資産および債務を全くもたないか，両者を同額で保有することが望ましいが，シュミットの提案は後者である。これは，貨幣性資産以外の資産は全て自己資本で調達し，貨幣資産は負債（他人資本）で調達することを意味するものであり，このような財務政策をシュミットは「価値均衡の原則」（Prinzip der Wertgleichheit）と呼んでいる[54]。

なお，実体資本維持を考えるのは正常な商工業の営業活動における場合のみであり，それは，こうした活動では財貨が一旦貨幣の形をとり，より多くの財貨に変わるという実物資本循環が想定されているからであるが，投機的な活動においては貨幣が一旦財貨の形をとり，より多くの貨幣に変わるという貨幣資本循環が考えられるべきであることが述べられている[55]。

シュミットの特質は，もう一つある。計算体系に財産計算が含まれていることである[56]。企業の期末財産の時価計算が総資産を期末時点の再調達時価の合計として計算することによって行われるのである。財産計算を行うことの意義は，分配可能利益の計算とは関係がなく，尺度性利益と対比させられるべき企業資本の計算というところにある[57]。そして，これは貸借対照表に示されるものである。

この点について，シュミットはシュマーレンバッハを非常に意識している。シュマーレンバッハが静態論批判のためになした主張の一つに，一つの貸借対照表が財産計算と損益計算の双方を行うことは不可能であるという見解が挙げられるが，シュミットは，このシュマーレンバッハの見解が財産計算と損益計算の密接・不可分の関係を根本的に認めるものととらえ，「ただ一つの点を除いて正当である」[58]としているのである。その点とは，シュマーレンバッハの

---

54) F. Schmidt, 前掲書, 131頁以下。
55) F. Schmidt, 前掲書, 58-62頁。
56) F. Schmidt, 前掲書, 95頁。
57) F. Schmidt, 前掲書, 135頁。森田哲彌, 前掲論文, 249-250頁参照。
58) Vgl., F. Schmidt, 前掲書, 45-46頁。

動的貸借対照表が十分に動的でないことであり，シュマーレンバッハが計算論において財産計算と損益計算の密接・不可分の結合を認めていない点をシュミットは批判するのである。シュミットは，財産計算と成果計算が密接な結合を有すると考え，貸借対照表を未完了の取引の一覧表と観ている。「取引に対して引き渡される全てのものは，その取引の瞬間に至るまでは財産でもある」[59]との認識をもっとも基本的なものとして有し，さらに，貸借対照表日においてはその財産の状態を正確に示さなくてはならないとしているのである[60]。

結局，シュミットの理論体系は，本質的に総合経済の中の一細胞としての企業の業績尺度を算定することを主眼とし，そのために損益計算および財産計算を時価をもって行おうとするものである。理念的には，共同経済性というものがそのまま会計の計算に反映され，かつ，財務政策によって相対的実体資本維持を達成しマクロ経済的にはインフレを克服しようとするものでもあるといえよう。

しかし，筆者はシュミットにおける損益計算・財産計算にはそれぞれ二つの相異なる考え方があることに注目する。経済性の尺度となる損益を計算しようという思考①と相対的価値を維持した上で分配可能な利益を計算しようとする思考②，そして，経済性の尺度となる損益の分母たる財産を計算しようとする思考①′と一時点の財産の在高を計算しようとする思考②′である。①は①′と，②は②′と結びつくものであると考えるが，本節では以下，この4つの思考の相互関係に焦点を合わせて考察を進めて行きたい。

---

59) F. Schmidt, 前掲書，47頁。
60) シュミットの見解を著者なりに解釈すれば，財産の期末時点での再評価をしていないことが「動的貸借対照表が十分に動的でない」という論述の真意であると思われる。しかし経済性の尺度としての損益を考えるとき，シュマーレンバッハ理論においては期間間の比較を可能にする「損益」計算のみが考慮され，比較の際の分母たる総資本は考察対象ではないから，この意味における総資本計算の必要性はないといえよう。なお，本来シュミットの財産計算はこれだけの狭いものではなく，企業全体の収益価値もとらえ，その変化を比較することも含まれる（F. Schmidt, 前掲書，47頁）。理論的には毎日，毎瞬間にあらゆる財産の再調達時価を表示することも含まれるであろう。「財産計算」は，ここで単なる「期間損益の分母計算」という以上の意味を有すると考えられる。

§3 損益計算の二義性 ― フロー体系の理論的優位性 ―

　シュミットにおける損益計算は，二つの側面を有している。企業と企業外部の間の取引による収益および費用の認識という側面が一つ。そして，企業の財産のうち，相対的な企業価値の維持に必要な部分を除いたものを損益とするという側面がもう一つである。なお，便宜上の目的で，この両者にそれぞれ呼称を与えることにする。まず前者は，現実の世界における財ないし貨幣の動き，すなわち《フロー》によって行われる損益計算であるから，「フロー体系の損益計算」と呼び，後者は現実の世界における財産の在高を確認しそこから維持すべき財産の在高を差し引くという《ストック》差額によって行われる損益計算であるから，「ストック体系の損益計算」と呼ぶことにしよう。前者は損益法，後者は財産法と呼ばれる損益計算概念に近似したものである[61]。

　さて，シュミットの理論においてもちいられる企業価値維持という言葉は，維持すべき財産として規定された財産額を超える財産が分配可能であることを前提とする概念である。そしてシュミットは，この維持すべき財産を物財としてとらえるため，彼の理論は会計学的には「実体資本維持説」の範疇に分類される[62]。本書の用語によれば，ストック体系の損益計算が前提となっているといえるであろう。しかし，シュミットの論理を正面から考えた場合，フロー体系の損益計算が前提となっていることに気づくことになる。すなわち，収益から差し引かれる費用が収益認識時点の財の再調達原価とされることによって，実体資本維持が基本的かつ本質的な部分において達成されるとされているのである。しかし前セクションで述べたように，再調達時価に基づく費用評価はそれだけで直接的に実体資本の維持には結びつくわけではなく，財務政策が前提となるのであった。この財務政策の意味を考えてみよう。

　財務政策が失敗に終わる簡単な例を考える。＠5円のa商品100個をもって

---

61) 本書においては，財産法・損益法という言葉は，岩田巌による厳密な意味で用いられているため，シュミットの損益計算法をこの言葉で呼ぶのは避けている。なお，岩田巌『利潤計算原理』第一編，特に107-157頁参照。
62) 森田哲彌，前掲論文，232頁参照。

営業を始めた企業が，この商品を再調達時価@6円のときに@10円で100個全て販売し，実際に再調達を@7円でおこなった段階で期間が終了したとする。これ以外の取引はなかったとすると，期首貸借対照表と期末貸借対照表は次のようになる。

期首貸借対照表	
a 商品 100個 500	資 本 金 500 700

期末貸借対照表	
a 商品 100個	資 本 金 500
	価値修正 100
現 金 300	利 益 400

シュミットの観点からは，有機的利益つまり総合経済の一細胞としての企業の経済性の尺度としての利益は，収益1000円－費用600円＝400円となると思われる。そして，うけとった現金1000円のうち，400円は分配されてもかまわず，600円は即座に実際再調達に用いられるか，a商品の価格変動と同様の価格変動を示す財の形で保有されることになるわけであるが，上述の例はそれが失敗に終わった場合のものである。このとき，a商品100個を維持した上での分配可能性を重視した利益は期末貸借対照表の積極側にある現金300円に等しい。さて，期間利益は400円とすべきか，300円とすべきか。

これを要するに，シュミット理論において必須の財務政策（費用計上した金額で財の再調達を実際に行うこと）が行われなかった場合，経済性の尺度としての利益（尺度性利益）の計算と資本維持を行うことのできる利益（分配可能利益）のどちらを優先するかという問題に帰着するものである[63]。その問題の解答になるかどうかわからないが，利益が尺度性を有するべきことと実体資本の維持とのどちらを上位目的とするかによって，利益金額が400円となるか300円となるかは変わってくると解するべきであろう。一つの利益金額で両方の目的を達成することができないことは明らかだからである[64]。

シュミットの理論においては，財務政策が失敗するというケースは考慮されていないが，論理展開上は利益の尺度性が上位目的となるように思う。この尺

---

63) 利益の尺度性と分配可能性については，森田哲彌，前掲論文を参照のこと。
64) 森田哲彌，前掲論文参照。

度性利益が分配されても国民経済的観点からの相対的企業価値は維持されるというのがシュミットの考え方であり，序列は尺度性利益が先だからである。財務政策の存在自体，フロー体系の利益を前提として，ストック体系の利益がこれと一致するようにするための方策であると位置づけられよう。

しかし，いわゆる区分式利益計算方式をとることを前提とすれば，尺度性利益（上述の例の400円）を計算した上で，分配可能利益を計算することが可能である。再調達を@6円ではなく7円でせざるを得なかったため，その差額の1円×100個＝100円が追加費用額として計上され，分配可能利益は400－100＝300円となる。なおこの100円は価値修正勘定にも貸記されることとなる。筆者は，シュミット理論の眼目は，実体資本の維持を可能とする利益の計算にあると見ているため，尺度性利益の計算から出発するにしても最終的には分配可能利益が計算されることが要求されることになると考えている。

分配可能利益の計算は，期中において収益Eと対応させた費用額A（取引日再調達原価）が常に実際再調達原価A′と比較され，実際再調達原価と等しい金額に修正されて利益の計算がやり直されるのと「形式的には」同様の意味をもつことになる。しかし尺度性利益を計算するという論理からは，取引日再調達原価こそが収益と対応させられるべき費用なのであって，「実際再調達原価－取引日再調達原価（A′－A＝a）」金額は，上述の収益と費用の差額である尺度性利益の控除項目としての意味しかもたないであろう。つまり，分配可能利益 Ga の計算は，

$$Ga = (E-A) - a$$
$$= Gm - a \qquad \cdots ①$$

（Gm は尺度性利益であり，Gm＝E－A）

という形で考えられるべきであって，決して

$$Ga = E - A' \qquad \cdots ②$$

（A′＝A＋a であるから①式の Ga と②式の Ga は金額的には等しい）

という形で計算されるのではないと解するのである。

これは，シュミットが尺度性利益計算を分配可能利益計算の上位におくもの

182　第7章　ストック貸借対照表観の原型と展開

と考えればこのように考えられるということであって，分配可能利益計算，すなわち資本維持が最上の目的という場合は逆である。ただ，シュミットの理論体系が財産計算を包含することの意味は，尺度性利益の（分配可能性利益に対する）計算上位性を意味する，すなわちその分母計算の意味を第一に有するのであり，資本維持とは直接には関係ないことを考えると，上述のような結論に達することができるように思う。

　なお，尺度性利益と分配可能利益の乖離を解決する方法はもう一つある。概念的操作を尺度性利益に加えることにより分配可能利益を尺度性利益と解釈する方法である。①式のaは，企業の財調達活動の失敗による損失であると考えるわけである。前述のa商品の例では，商品購入時点では

　　　（商　　　品）　700　　　（現　　　金）　700

のような仕訳がなされるわけであるが，これを

　　　（商　　　品）　700　　　（現　　　金）　700
　　　（商品購入費）　100　　　（価 値 修 正）　100

とするのが既述の分配可能利益計算のための処理であった。この仕訳の解釈として，商品購入費100を購入活動の失敗による損失と考えるのである。ただ，

　　　（商　　　品）　600　　　（現　　　金）　700
　　　（商品購入損）　100
　　　（商　　　品）　100　　　（価 値 修 正）　100

のように，価値修正は費用と取得原価の差ではなくシュミット的財産計算を前提としたその都度再調達原価評価とでもいうものとして扱われざるを得ない点で，理論的に十全のものとはいえない面を含んでいる。

（3）　有機的時価貸借対照表の構造
§1　フロー体系における資本維持の意味

　(2)においては尺度性利益の計算を上位目的としての「本来のシュミット理論」を考察したわけであるが，ここでは（実体）資本維持を尺度性利益計算の上位目的とした場合を仮定してそれを検討したいと思う。

3 ストック貸借対照表観の展開   183

　なお,これはあくまで本編の目的―〈貸借対照表〉の意味の探求―のために設けられた仮定によって行われる検討である。もちろん,シュミット理論において分配可能性を有する利益を計算するという思考が尺度性を有する利益を計算するという思考より上位に来るという考え方がなされ得ないとするわけではなく,本質的にはどちらの利益を計算する思考が上位に来るかは『有機的時価貸借対照表』の読者の観点から決められるものであろう。筆者は,前節の最終セクションにおいて述べたような意味で尺度性利益計算が上位に来るととらえ,その上で,その逆を仮定するという論法を用いているのである。

　資本維持という考え方は,期末資本から維持すべき資本を差し引いて分配可能利益を計算するという考え方と共通するものである。つまり,利益計算の要素として期末資本と維持すべき資本が共に必要ということである。わが国の現行の取得原価主義会計を名目資本維持の会計体系であると考える場合,期末資本は期末貸借対照表の借方の資産として示され,維持すべき資本は期末貸借対照表の貸方の負債,拠出資本および留保利益として示されているといって良いと思われる。

　期末資本と維持すべき資本の差額として期間損益が計算されることの前提として,期末資本在高は負債,拠出資本,留保利益および期間損益(収益マイナス費用)の合計額として存在するような処理があらかじめ行われていることが必要なのであるが,その点は案外見逃されがちである。さらにいうと,期間損益とは負債,拠出資本および留保利益(維持すべき資本)以外の源泉による資本の純増加分を意味するがゆえに「期末資本-維持すべき資本=期間損益」という算式が成り立つわけで,「期間」損益が期間に従属する概念である根拠は,維持すべき資本に関連しては存在していない。「期末資本」が維持すべき資本および一期間の損益の合計額と等しくなるように計算されているという前提にたって初めて「期間」利益という概念が成立するわけである。これは,一期間の何らかのもののフローをもとに理論構築をするケルン学派の動態論の会計観と共通するものである。期末資本自体に予め期間利益が集約されているがゆえに,そこから維持すべき資本の「金額」を控除してみると期間利益の「金額」

が算定できるわけである[65]。

前セクションで検討した尺度性利益を重視したシュミット会計理論にも，同様のことがいえるように思う。実体資本維持よりも利益の尺度性を重視すれば，尺度性利益と価値修正勘定を含んだ期末資本がフロー計算によって予め計算されており，そこから維持すべき資本(価値修正勘定を含む)を控除してみれば利益は計算されることになる。ただ，このような意味での動態論および有機論の利益は，本質的に期末資本から維持すべき資本を差し引いて算定されているのではないことが明らかであろう。利益は予め算定されており，期末資本自体に事後的に含まれるからである。このようなフロー体系の損益計算を前提とする場合，資本維持という考え方は二次的なものとならざるを得ないのである。

§2 投機的取引の意味と借方資本維持

前セクションで見たように，負債，拠出資本および留保利益の名目額を維持するという意味での名目資本維持は，形式的には貸借対照表借方から当該名目額を差し引く損益計算によって行うことができた。実体資本維持について，これが成立しないことは火を見るよりも明らかである。

実体資本は，貸借対照表の借方の概念であり名目資本ないし実質資本は貸方の概念であるといってよいかと思う。ただ，名目資本の場合，貸借対照表の貸方全体の「総資本」概念によって考えるほうがよいと思われるが[66]，実質資本の場合は，特に総資本概念で考える必要はないと思われる[67]。

---

65) 期末資本および維持すべき資本を，総資本ではなく，自己資本概念のもとに説明する場合，このことが看過されがちである。増減資および利益処分がない場合，期間利益は期末資本と期首資本の差額であるから，一期間の資本の純増加であると説明され，確かにその通りなのであるが，増減資や利益処分が実際に存在する場合，期末資本と維持すべき資本の差額が一期間の資本の純増とはいえなくなることは明らかなのではないかと思う。
66) いわゆる「企業家の立場」に対する「企業の立場」を前提とするとき，他人資本と自己資本とに差はないということが，その根拠の一つである。
67) 債務は名目額で維持すれば十分であるからである。ただ，債務の貨幣価値変動分を考慮し，名目額との差額は債務の返済時に購買力損益として認識するという考え方で，総資本についての購買力維持を考えるという観点もあるかと思われる。

ゆえに，貸借対照表的利益算定方式において「維持すべき資本」として実体資本を考えると，既述の名目資本維持の場合と異なり，期首の実体資本を拠り所とせざるを得ないであろう。名目資本維持の場合のような，維持すべき資本が自動的に貸借対照表貸方に計上されるというような計算構造が，企業会計の中に組み込まれていないからである。また，(2)までに述べたシュミット理論の尺度性利益計算体系とは異なった考え方をとらなくては実体資本維持は不可能である。つまり，期中の取引を拠り所に計算するのではなく，期首と期末の実体資本の差額として利益を計算しなくては実体資本が維持されないからである。

(2)までとは逆に，シュミット理論を尺度性利益計算ではなく実体資本維持を上位目的とする理論として解釈し直すと，「財産計算」が意味をもってくる。期首における実体資本（実物資産）バスケットの期末時点での再調達原価を維持すべき資本と考え，期末の実体資本の再調達原価から控除することによって分配可能期間損益が算定できるからである。これが期間損益の実体資本維持手続きによる算定方法であるが，しかし，このやり方では当該期間中に利益分配があった場合，正しい期間損益が算定されないことになる。また，期首の実体資産をそのまま維持すべき資本と考えるということにも問題がないではない。そうした問題の解決をはかるにはどのようにすれば良いのであろうか。

ここで，シュミットが相対的企業価値を，正常な商工業における維持すべき資本と考えていることが意味をもってくるように思う。つまり，正常な商工業における実物資本が，シュミット理論における本質的な「維持すべき資本」なのであって，それは企業が設立されて以来，実体資本維持会計の手続きをとる限り，常に維持すべきものと考えられよう。この資本額は，営業の起点となる時点における実体資本の価値を表すものであり，貨幣を実物の価値評価の尺度としてのみ考えれば，営業の起点に存在した実体資本バスケットの各期末時点での再調達価額で表されるものとなる。その意味からは，実体資本の実物ベースで評価された額を絶対的に維持することが実体資本維持の前提であるように思われる。

そして，留保利益と，それによって賄われている資産は，自己資本による投機であると解されるのではないだろうか。シュミットは，貸借対照表の借方に維持すべき資本の絶対額（繰り返すが，実物ベース，ないし給付能力ベースでの絶対額である）が存在している限り，それを超える部分は投機されているものと考えているように思う。つまり，貨幣資本の具現形態と考えるわけである。

　増資によって，維持すべき実体資本が必ずしも増加しないことは，自己資本による投機についてシュミットが語っていることを考えれば明らかであろう。そうであれば，分配されていない利益は，企業所有者による貨幣資本の払込であり，それは貨幣価値変動を調整してのみ維持されれば良く，それに相当する実体資本の維持を考えはしないという結論が導き出される。

　これを更に敷衍すると，実体維持のために必ずしも価値均衡の原則が成立している必要はないと思われる。つまり，基準となる実物ベースの実体資本を賄うのは自己資本である必要があるが，それを超える（貸借対照表借方の）資本は，実物の形であっても貨幣の形であっても，それを賄うのは自己資本であろうと他人資本であろうとかまわないといえるのではないか。

　つまり，実体資本が一定の給付能力を意味するという前提から出発すれば，その給付能力が維持するために必要とされる資本額は，貨幣を尺度とすれば，基準となる実物バスケットの再調達価額で示され，これは絶対的に維持されるべきものであるけれども，それを超える資本は貨幣資本として維持されれば良いということになろう。シュミット理論では基準となる実物在高を超える資産部分は，どのような源泉によって調達されたかを問題にし，他人資本によるものであれば名目額で，自己資本によるものであれば貨幣価値変動調整額で維持されるものということができるだろう。

　日々の取引を基本とするフロー体系に依拠した実体維持計算は，決して上述のような意味での実物ストックを維持することはできないことは(2)までの検討で明らかである。しかし，期末時点のストックから何らかの方法で計算された維持すべき資本を差し引いて行う資本維持の方法は，その「何らかの方法で計算された維持すべき資本」の金額が合理的である限り，実体資本が維持され

る計算を行うことができる。

筆者は，この維持すべき資本としてシュミットの場合にはある一定の給付能力を示す実物バスケット（基本的に営業第1期のバスケット）を期末時点の再調達価額で示したものがもっとも合理的であろうと考えた。いわば，この金額が維持すべき資本なのであるが，その場合の期末資本は，期末時点の負債によって賄われた資産，自己資本（留保利益を含む）による投機の対象たる資産を除いた貸借対照表の借方の資産である。

簡単にいえば，シュミットの資本維持を考えたストック体系利益計算は，貸借対照表を三つにわけて行うことになろう。それが次に示した図である。このようにとらえられた貸借対照表の性格については，(4)の良動態論の検討を行った後に，改めて述べることにする。この良動態論は，動態論と有機論の橋渡しをする理論としてとらえられるものであり，シュミットのある一面に目を注

有機的時価貸借対照表

A	諸　資　産 （再調達原価）	原初資本金 その前期までの価値修正　α 当期の価値修正 ｝有機的利益（分配可能）
B	貨　幣　資　産	債　　務（名目額）
C	諸　資　産 （取得原価）	追加資本金（実質額） 債　　務（名目額）　β 留保利益（実質額） ｝実現利益（分配可能）

A：借方はBおよびC以外の資産を包含する
B：価値均衡の原則の適用部分であり，投機のために受け入れられたのではない債務およびそれによって調達された貨幣資産
C：投機のために受け入れられた債務と，αに含まれない自己資本および留保利益によって取得された資産
α：基準となる実物バスケットの再調達価額
β：投機部分であり，留保利益はここに含まれる
　（なお，Cの借方資産は投機のためのものであるから，再調達価値で評価するのは望ましくない。本来，売却価値で評価するべきだと思うが，実現利益を計算するためにはそれもできないため，取得原価で評価することになるであろう。なお，これは私見である。）

いだものであるが，ストック貸借対照表観を扱う本章の論述の本来の結論は，それに関する考察が加えられて初めて下されるものなのである。

(4) 有機論の別形態
§1 良動的貸借対照表論 ― ゾムマーフェルトの貸借対照表論 ―

ここでは，ゾムマーフェルトの良動的貸借対照表論[68]を取り上げ，その内容の検討を行う。(3)の最後に述べたように，この理論は動態論と有機論の結合としての貨幣計算と財貨計算の結合を考えるものであるが，本書におけるフロー貸借対照表観とストック貸借対照表観の理論的な関係を考察するとの目的の上でも，ユニークな位置を占めることになる理論である。

良動態論の動態論および有機論との関連について，次のような言がある。すなわち，「ハインリッヒ・ゾムマーフェルトの良動的貸借対照表論においては，シュマーレンバッハの動的貸借対照表論の独特な補足が問題となっている。この補足は，企業に投下された資本の特殊な維持を志向し，ゆえにこの資本維持の観点から，この貸借対照表概念の有機的貸借対照表論に対する関連づけが可能である。」[69]というものである。ゾムマーフェルト自身の言葉をもってすれば，「（良動的貸借対照表論に基づく会計処理および政策により）個別経済を大きな世界経済的事象に関連づける糸が結ばれ，その限りで良動的観は有機観でもある。長期的に換金されている（umsetzen）経営財の貸借対照表上の取り扱いに関しては，良動的観は動的観の原則の仲間になる。」[70]となる。以下，これらの点について説明する。

ゾムマーフェルトは良動態論の前提について，次のようにいう。すなわち，「企業は，固有の生存の印を有した有機体として解釈される。しかし，生存とは成長し，増大し，経済的に強力になることを意味する。そのような内的構造

---

68) H. Sommerfeld, "Bilanz (eudynamisch)," H. Nicklisch 編, *Handwörterbuch der Betriebswirtschaft*, 第1版, 第1巻, Stuttgart, 1926年, 1340-1351頁.
69) M. Schweitzer, "Bilanztheorien, organische," E. Kosiol 編, *Handwörterbuch des Rechnungswesens*, Stuttgart, 1970年, 275頁.
70) H. Sommerfeld, 前掲書, 1346頁.（かっこ内は筆者）

および拡張は，期首在高に対しての期末在高の超過として看做されるべき価値の全てが，配当として，あるいは私的消費を通じて企業から取り去られず，最低限の部分はそのままにしておかれていなければ不可能である。それゆえ，この社内留保は恣意的なものではなく，企業の生存と成長のために無条件で必要なものになる。この成長確保のための手段は，その起源を取替準備金（Erneuerungsreserven）におくが，その意味は純粋な引当金（Reserven）である。それは，生存に欠くことができないため，利益から留保するのではなく，成長確保費用として利益確定の前に損益勘定に借記されるのである。その上で残っている残高が初めて分配可能利益であり，その回収は現在の生存状態も，全体経済状態に対して適切な企業の成長も妨げない。」[71] と。

そして，その動態論と有機論との接点としての思考を，「今日，財は貸借対照表において金マルク尺度によってのみ測定されるが，インフレの時代だけには，数量的尺度によって測定してはとの提案も生じた。良動的貸借対照表観は，金マルクでの測定と同時に，数量的尺度での考慮も要求するのである。」[72] と述べる。この思考は（動態論的な）貨幣による測定と，（有機論的な）数量的尺度による測定の共存の可能性を示唆するものである。またさらに「金マルクでの測定にとっては，正当な基礎が現存する。すなわち，買掛金（die Forderungen der Warengläugiger）が金マルクで返済されることである。一方，物的価値単位での測定は，企業の生産力とその変化をはっきり認識できるようにするべきである（から必要である）。」[73] と語り，両者の共存が必要であることを述べるのである。

しかし，「実際には確かに，二つの測定単位での貸借対照表作成は不可能である」[74] ため，「流動性を示すために，とりあえず差し迫って重要な金（マルク）計算を行う。そうして物的価値の考慮に対しては，有用な方法で計算が行

---

71) H. Sommerfeld, 前掲書, 1340頁。（かっこ内は筆者）
72) 同上。
73) 同上。
74) 同上。

われることになるが，これは，景気的利益は利益として把握されないことにつながる。」[75)]として，いわば区分式の損益計算書ともいうべきものの提案をしている。良動的貸借対照表論の眼目がここにあると思われるのであるが，最初に金マルクで（シュマーレンバッハ的な）「動的」利益を計算・表示してから（シュミット的な）「有機的」利益の計算を行うのである。

けれども，数量的な計算すなわち物的価値を考慮する計算におけるゾムマーフェルトの「構想」はシュミットに似てはいるものの，それを理論的に支えているものは，シュミットのような「利益の尺度性の重視」あるいは「相対的実体資本維持」ではなく，「保守主義」である。

ゾムマーフェルトはいう。「さらに良動的貸借対照表観によれば，今日利益と呼ばれるもののある部分は，利益概念の本質に矛盾していると看做されなくてはならない。すなわち，確実には実現していないもの，換言すれば，その代価が企業に実際には流入していないものとしてである。」[76)]と。これは，いわゆる実現主義の否定になる。損益の認識を，販売時点ではなく売掛金の回収まで遅らせるというものである。ただ，それが単純な現金主義に至るわけではなく，いったん販売基準の利益を算定し，その利益のうちまだ現金化していないものは「実現していない」として損益計算書の上で控除することになると思われる。その理論的背景および具体的処理を明らかにしてみよう。

「ある企業の経営価値（Betriebswert）は，基盤財（Fundierungsgüter）の価値変動についての関係と，換金財（Umsatzgüter）[77)]の価値変動についての関係にしたがって区分する。後者は長期的に換金されているものと，短期的に換金されているものとに区分する。基盤財は，土地および関連会社株式であり価値の変動に関係しない。長期的に換金されている財は建物，機械，車両である。使用によってそれらは減価（償却）することになる。その際，消滅した価値は販売

---

75) H. Sommerfeld, 前掲書，1341頁。（かっこ内は筆者）
76) 同上。
77) 通常**販売財**と訳されるが，著者は上述のように良動態論を現金主義的な損益認識を行うものと考えるため，あえてこのように訳した。

代金 (Kaufpreis) の中から再び企業に還流すべきである。還流が実際に生じていない限り，貸借対照表はその費用がさしあたり十分には回収 (ersetzen) されていないと看做すか，あるいは完全な損失として記帳するという保守主義が求められる。それに従って，在庫製品や半製品は減価償却費の配賦なしに棚卸記帳され，貸借対照表掲示されるのである。貸借対照表日には，仕掛品の加工費自体の回収も，製品の加工費の回収もなされない。なるほど加工は形成価値 (Formwert) ないし状態価値 (Zustandswert) を確実に生ずる。しかし，その代わり製品の販売の後，販売代金が加工費の回収をもたらすまでの不確実な間は補償すなわち価値の逆流もある。そのため，全ての製品および仕掛品は，保守主義の観点から材料費のみで貸借対照表掲示されるか，あるいは全ての加工費額を除いて掲示されるのである。なるほど，材料も加工によってその数量を減じ，それによって自らの価値をも減ずることになる。しかしそれにもかかわらず，材料の価値は十分に維持されていると仮定することができる。なぜなら形成価値の増加はそれ自体否定されるべきではないからであり，確実ではないと思われるだけなのである。形成価値の増加を通じての実行された加工費の回収を完全に否定する必要はない。なぜなら，最も慎重な価値回収の判断の基礎に抵触せずに，個々の経営において価値増加のある部分もまた明白であると認めることができるかもしれないからである。しかし，加工された在庫製品に関しては，この価値回収は，目的からそれないようにするために，完全に否定されなくてはならない。」[78]

以上をまとめると物的資産の貸借対照表上の区分と，損益計算上の処理は次のようになろう。

経営価値	基盤財		土地，関連会社株式	損益記帳の処理なし
	換金財	長期	建物，機械，車両	減価償却される （全額が期間費用または損失）
		短期	製品，半製品，仕掛品 （材料）	材料費のみで貸借対照表掲示

---

78) H. Sommerfeld, 前掲書, 1341-1342 頁.

さらにゾムマーフェルトはいう。すなわち、「もしこの観点に従って、製品の加工費の価値が不確実性のゆえに、製品について主として貸借対照表能力がないと看做されても、貸借対照表の技術的作成の際、この原価価値が材料価値と共に棚卸資産価値として評価されなくなるわけではない。良動的に作成された貸借対照表を他の種の理論的見地から組み立てられた諸貸借対照表と比較することは有益であるから、これは目的適合的であると思われる。しかし、補償が危険であると看做される加工費の金額は、相当する製品に特別な金額で借記され、新たに設けられた実体確保勘定（Substanzsicherungskonto）に転記されるのである。この金額だけ製品勘定の利益は小さくなる。すなわち損失が大きくなる。そして実体確保勘定の残高は貸借対照表に転記され、ここでこの形式にしたがって引当金が生ずる。そして新会計年度の期首に、この引当金勘定は『製品についての実体確保勘定』の記入によって再び分解されるのである。つまり、事実上、製品が引き渡され、かつ代価が最終的に入ってきてはじめて、『製品についての実体確保勘定』についての利益は新会計年度において、あるいは（もしかすると）もっと後に実現するのである。」[79] と。

　これは、実体確保引当金の処理についてのもので、期末の貸借対照表においては一本の引当金で示され、翌期首においては各源泉ごとの引当金として分離・区分されるということである。実質的にこの引当金は、借方諸項目の評価勘定と考えられることになるであろう。

　この保守的な処理は、ゾムマーフェルトがシュミットと同じように、「貨幣が再び貨幣となり、商品が再び商品となって初めて価値補填が生じたと認められ得る」[80] と考えるためになされる。「ゆえに企業の財の循環において売掛金や受取手形として記帳する中間形態は、引き渡された財の完全な補填とみられるべきではない。貸倒債権を把握して控除記帳することもこの思考からなされるのである。」[81]

---

79) H. Sommerfeld, 前掲書, 1342頁。
80) 同上。
81) 同上。

3　ストック貸借対照表観の展開　193

　良動態論の基本思考は，保守的なものの他にもう一つある。もっとも，次セクションで明らかにするようにこれらは互いに結び付くことになるのであるが。すなわちそれは有機論に近い，物的価値重視の思考である。会計処理上はワルプの勘定理論が援用される。それをゾムマーフェルトに聞いてみる。
　「個々の企業にとっては，その金マルク（換算）実体ばかりが重要ではなく，それと並んで物的実体の大きさも重要であり，それは後者において企業の生産力が示されるからである。ある企業が生産のため 1,000 kg の物財を 1 kg 当り 1 マルクで調達するか，あるいは当該企業が同じ物財 500 kg を同じ日に kg 当り 2 マルクで調達するかは同じことではない。というのも，生産過程を以前の生産量で保持するためには，500 kg では足りないことが多いからである。ここから，ある企業の財産状態の評価およびこの企業の経済状態の評価のため，数量的単位すなわち物的価値単位での測定の重要性が生ずる。しかし我々の簿記の勘定は物的価値考慮の計算を行うような方法には向いていない。良動的観によれば少々ワルプを手本にして，勘定を貨幣系統と看做される第一のグループと物的価値系統と看做される第二のグループの二つのグループにわけなくてはならない。貨幣系統には現金，預金，売掛金，受取手形，場合によっては有価証券も属し，物的系統には基盤財の勘定を除いたその他の勘定が属する。」[82]
　このように資産勘定を二系統（および基盤財勘定）に分類した後，次のように考える。「物財価格が高くなればなるほど貨幣勘定の金額によって取得できる数量は小さくなり，物的価値の金マルク換算金額はもちろん大きくなる。このように，価格変動の金マルクおよび企業の物的価値実体に対する影響に関しては，貨幣勘定と物的価値勘定は反対のものである。保守主義は，世界市場における価格変動の結果を計算に取り入れ，かつ貨幣勘定と物的価値勘定の影響が相反するために，それを両方の勘定グループのうちどちらか大きな金額として算定され得る危険にさらされた金額とみることを求めるのである。」[83] と。

---

82)　H. Sommerfeld, 前掲書, 1342-1343 頁。
83)　H. Sommerfeld, 前掲書, 1343 頁。

ゾムマーフェルトにおいては保守主義は，物的価値を考慮するときの芯となるものであり，世界的市場と個別企業を結び付けるときの基本思想なのである。

具体的には，次のように処理される。すなわち，「この危険金額の技術的算定は，物的価値計上の際，棚卸資産化されるべき金額を経験的にみて下回らない金額，つまり前期のもっとも低い価格に対する金額が受け入れられるというやり方で行われる。貸借対照表における有効な評価は確かに再び，取得原価あるいは低価時価になり，ここから危険にさらされていると看做されるべき金額は，物的価値勘定の借記および先ほどすでに述べた実体確保勘定の貸記によって示される。」[84] というように。

以上が，物的資産勘定についての取り扱いであった。次に，物的資産以外の資産項目，すなわちゾムマーフェルトのいう「貨幣勘定系統」の処理が次のように述べられる。

「『貨幣勘定の取り扱い』つまり，現金，売掛金，預金，受取手形，そして一般に有価証券の取り扱いは，（物的価値勘定の取り扱いと）反対の結果を生ずる。すなわち価格下落を仮定し，物的勘定において偶発損失を確認すれば，同じ価格下落が物的数量に関しては貨幣在高の購買力を必ず上昇させるというように。価格下落によって，手許の貨幣合計によって取得される物財の量は以前より大きくなり得るのである。それゆえ，貨幣勘定の上に偶発利益が確保される。現金在高が，価格下落の際，物的実体についてより大きな購買力を有するという事実は，それによって以下のことを示す。すなわち，実体確保勘定に付加記帳がなされ，現金勘定に偶発利益に一致する金額が記帳されるということである。この偶発利益は確かに，まず第一には単に数量的に，たとえばkgなどで確定される。その他に，購入可能な量は名目価格に対し金マルク計算に換算される。物的勘定と貨幣勘定の危険にさらされた金額は部分的に実体確保勘定の上で補償されるのである。」[85]

次に，信用勘定（負債）の取り扱いは次のようになる。すなわち，「価格下

---

84) H. Sommerfeld, 前掲書, 1343-1344 頁。（かっこ内は筆者）
85) H. Sommerfeld, 前掲書, 1344 頁。（かっこ内は筆者）

落の仮定の下では，負債の償還は疑いもなく負債の発生のときより多くの商品量の売却によって初めて可能である。これは，したがって，企業の物的実体についての偶発損失を意味し，簿記の原則によって示される信用債務引き上げを意味するであろう。債務勘定に関して付加的債務金額（本来危険にさらされた物的在高の金額）が，損益勘定に借記され，実体確保勘定に貸記されるのである。ゆえに信用勘定は，貨幣勘定のように扱われるのではなく，物的勘定のように取り扱われる。しかしこの扱いは，最初に損益勘定上に記入され，そして初めて実体確保勘定に記入されることによって物的勘定と区別される。これは積極勘定と消極勘定の違いから生ずる。長期支払手形勘定も信用勘定のように処理される。債務および抵当のようには（厳密に…著者）上述の処理に従った扱いは必要とはせず，それは価格の短期的変動が利息支払および/あるいは償却割合にだけ影響を及ぼすからである。」[86]というものである。

そして，貸借対照表貸方項目である実体確保引当金勘定について，その処理はいままで明らかになったが，その性格はゾムマーフェルトによれば次のようになる。すなわち，「実体確保勘定の残高は，貸借対照表に移され，経営資金の合計を表すが，これは，実体確保目的のため企業に負担させなくてはならぬものであり，同時にどのような企業もそうだと看做されるような，一つの生きた有機体にとって必要不可欠な成長を提供するものでもある。」[87]と。そしてこの実体確保勘定は，期末に

　　　　（損　　　　　益）　×××　（実体確保引当金）　×××
として生じるが，翌期首には，

　　　　（実体確保引当金）　×××　（X財実体確保勘定）　×××
のように，実体を確保するための当該の物財の評価勘定として扱われる。「というのは，決して上述の処理によって永続的な引当金を設定することが目的なのではなくて，（良動的利益が）金マルクででも物的価値ででも表現される企業の生産価値の増大として確実で安全であると看做され得る利益であると証明

---

86)　H. Sommerfeld, 前掲書, 1344-1345 頁。
87)　H. Sommerfeld, 前掲書, 1345 頁。

することが目的だからである。」[88]

　良動態論の具体的会計処理は以上のようなものであった。そして，ゾムマーフェルトは自らの貸借対照表論に対して，次のような評価をしている。すなわち，「信用受け入れに基づいて材料在高と生産物の増加が始まるような，景気上昇期には，信用勘定および物的勘定の危険に見える金額はかなり高くなるであろうし，これで正常な経済状態のときよりも多くの部分が利益としての宣告から除いておかれ，したがって，景気上昇期にはより強く『利益』の配当は，ブレーキをかけられるのである。営業の不景気から生じる損害が企業の今までの生命力の障害にならないようにさせるために，経営に好景気時のきつすぎる契約に警戒させながらこれを守り，好景気後の反動に備えて必要な資金を留保しておくことが可能である。」[89]と。そして本セクションの最初に述べたような結論を述べるわけである。つまり，「これにより個別経済を大きな世界経済的事象に関連づける糸が結ばれ，その限りで良動的観は有機観でもある。長期的に換金されている経営財の貸借対照表上の取り扱いに関しては，良動的観は動的観の原則の仲間になる。」[90]というわけである。

§2　損益計算書の段階構造

　以上のような良動態論における貸借対照表と，そこでの分配可能利益計算は，次のように表されるように思う。なお，分配可能利益計算のほうは，シュヴァイツァー（M. Schweitzer）の示す良動態論解釈を参考にしている。

良動的貸借対照表

基盤財（土地，関連会社株式）	資本（但し，ゾムマーフェルトは資本について言及していない）
［物的価値系統］ 換金財・長期（建物，機械，車両） 　　　　短期（製品，半製品，仕掛品）	信用勘定・長期（長期支払手形） 　　　　短期（債務・抵当）
［貨幣系統］ 貨幣勘定　（現金，売掛金，預金，受取手形，有価証券）	実体確保引当金（成長確保，実体確保，配当平均）

---

88)　H. Sommerfeld, 前掲書, 1345 頁。（かっこ内は筆者）
89)　H. Sommerfeld, 前掲書, 1345-1346 頁。
90)　H. Sommerfeld, 前掲書, 1346 頁。

良動的（分配可能）利益計算
　　名目利益
　　－成長確保のための諸費用
　　－実体確保のための諸費用
　　－配当平均のための諸費用（損益計算上は費用）
　　＝良動的・期間利益（分配可能）[91]

　ゾムマーフェルトによれば企業はその財産を維持するのみならず，増加させようともしており，この財産を増加させようとする努力が満たされた後に初めて利益が存在する。ゆえに，損益計算上はじめから成長確保引当金のために上の3つのマイナス項目を借方計上する。これらのマイナス項目，すなわち良動態論特有の費用項目は，将来の会計期間の危険（およびチャンス）についてかなり高い情報水準が仮定された上で適切に計算されることになるのである。

　もちろん，ここにはその具体的金額は恣意性を伴わずに算定することは難しいという問題がある。たとえば，シュミットはシュマーレンバッハと同じように企業の指導手段として役立つべき期間利益を計算しようとし，そのため最も決定的なものとして販売市場と調達市場との間の実現した価値の開きを企業に示すことを考えている。そして，「基本的に」費用の価値として取得原価を用いるシュマーレンバッハと同様に，財の販売時点の再調達時価という恣意性の混入できない価値を費用価値として用いる。このようにして計算されている有機的利益は，分配しても（国民経済的に考え相対的に）物財を維持できるわけである。もちろん，一定の経営政策を前提としてではあるが。ところが，ゾムマーフェルトの示す方法は，具体的な費用数値が恣意性を伴わず，そのように示されるかどうかが明らかでない。

　しかし，上の表における「名目的利益」が，基本的にシュマーレンバッハの『動的貸借対照表論』における「価値変動を考慮しない利益計算」によるもの，あるいは，原価主義会計の利益であると考え，三つの費用項目は「実体確保」のための費用ととらえると，既述のようにこれはシュマーレンバッハの動態論

---

91)　M. Schweitzer, 前掲書, 275 頁参照。

ばかりではなくシュミットの有機論とも関連する。実体維持の種類がシュミットとゾムマーフェルトで異なっているだけである。つまり，ゾムマーフェルトはシュマーレンバッハ的動態論のいわゆる実現主義に基づく利益をいったん計算し，しかる後にその利益が（特にシュマーレンバッハの比較性の原則によって）抽象的な数値であることの修正を行い，具体的な分配可能利益にすることを提案していると思われる。

　動態論的利益を一度計算し，さらに特定の資本確保を考慮しての費用計算を行うことは，確かに動態論と有機論の結合を可能にするものである。しかし，ゾムマーフェルトは資本維持のために保守主義を前面に出している。前セクションでみてきたように，それはある意味では現金主義への逆行的要素をも含んでしまっているのである。もちろん，分配可能利益の算定が中心となれば少なくとも現金として流入した利益を計上していくことに近づいていくことは当然の結果であって何等悪いことではないが，ただ，一般に保守主義は現在の「尺度性利益計算」重視の観点からは偏重されるべきではないとされている点との整合を図ることが大切であると思われる。

　結論を述べる。ゾムマーフェルトの方法による動態論の有機論への接近法は，動態的（尺度性）利益を算定し，しかる後に特定の資本維持を目指しての分配可能利益を算定するというものであった。シュミットの有機的利益が，現実には分配可能性を有するとは限らないことを考えると，「分配可能性」という点においてはゾムマーフェルトの良動態的利益は有機的利益を凌駕するといえるであろう。それは，シュミット理論において実際再調達原価によって費用が計上されたのと同じ結果をもたらすからであり[92]，ゾムマーフェルトの場

---

92)　なるほど，資本維持を志向して行われる複式簿記の上での処理は，良動態論と有機論では異なる。良動態論は，期末に引当金を設けるのに対し，有機論はそのようなことはしないからである。しかし，同じ効果をもたらす処理がなされていると考えることができるのである。すなわち，販売に際して引き渡された財産の評価額すなわち費用額を再調達価値とする有機論の論理は，それが結果として実際再調達価値であった場合に実体資本維持を可能とするものであったが，一旦原価を費用とした上で追加的に再調達価値と原価との差額を費用計上するという良動態論的なやり方によっても同一の結果がもたらされるからである。良動態論の資本維持観は，企業の成長　（次頁へ）

合，計算の恣意性は完全には防ぐことができないと思われるものの，発生主義より現金主義に近い利益が計算されるからである。

　ゾムマーフェルトの方法は，従来のいわゆる発生主義的計算法をそのまま継承し，その計算結果である尺度性利益から「抽象性」を除いて具体的な分配可能性を見いだそうというものということができる。公表財務諸表でこの計算を行っていないとしても，この思考によって企業が現実の配当政策を実施するとすれば，ゾムマーフェルトの考え方は非常に有益である。動態論の延長としての良動態論は，その点を評価することができるであろう。

　なお，ここまでゾムマーフェルトに関してその損益計算論にのみ言及し，貸借対照表に収容される項目の性格については取り立てて論じてこなかった。それは，ゾムマーフェルトが「実在する」財産と負債，それに引当金しか述べていないからである。本セクションにおいては，筆者なりに彼の貸借対照表シェーマを構築したが，さすがに良「動態論」というだけはあって貸借対照表項目の評価原則は完全に損益観に依存するものであった。しかし貸借対照表項目はすでに存在していることが前提であり，その評価原則が動態論の原則に依存するとの論理であろう。貸借対照表観については新静態論にきわめて近く，彼はストック貸借対照表観をとるものと結論づけたい。

　なお，筆者がゾムマーフェルトの所説を取りあげたのは，彼の理論が有機論の一面（資本維持を可能にする損益計算を志向する）に関わるからであったが，本書の目的にとって，良動態論はさらに重要な意味を持つ。筆者は，フロー貸借対照表観とストック貸借対照表観を橋渡しするための一つのヒントを良動態論の比較的素朴な論理の中に見るのである。良動態論は，前章で論じられたドイツの主要な貸借対照表論，および，本章で論じられた貸借対照表論に較べて，さほど深遠な内容もまとまった体系も有していないのであるが，それにも関わらず，本書の立場からは取りあげられるべき内容を有していると見られ

（前頁より）　までも考えた上での資本を維持するというものでそのための費用計上もなされるが，資本維持の種類の違いを別として考えると有機論と同じと考えることができるのである。

るのである。その点については，次章で明らかにされるであろう。

4 むすび
―ストック貸借対照表としての在高貸借対照表―

　シュミットの有機的時価貸借対照表は，財産の在高を計算するために用いられ，その限りでストック貸借対照表観をとっているといえる[93]。要するに彼の財産在高計算の論理は，企業外部との取引の結果としてもたらされるものを財産と考えて，その評価を行うものということができよう。

　「取引に際して引き渡されるものは，その取引に至るまでの期間は企業内に存在している財産である」との論法がそれを支えるが，この言い回しは，シュマーレンバッハの動的貸借対照表論が，取引によって動く「財産自体」を問題とせず，動いた財産の貨幣額で測定された「流量」を問題としたことに対するアンチ・テーゼであると筆者は解する。

　この流量は，動態論では収入・支出あるいは給付・費消という名称で呼ばれたわけであるが，流量の背後にはリアル・ワールドにおける何らかの《ストック》があり，この《ストック》の流量自体にこのような名称が付されて一人歩きすることになった。貸借対照表に収容されるのは抽象的な「流量」であって，決して財産自体ではないと説明されることになったわけである。しかし目に見え，実体のある財（たとえば現金や商品）を前提とする限り，**その企業内への流入量と企業外への流出量の差額は，企業内にとどまる在高を意味する。とすれば，あえてこの財の流入・流出差額を当該財自体ではなく，純流入量であるという必要はない。**このような考え方を筆者は有機論に見いだすのである。これが有機論の動的貸借対照表観に対するアンチ・テーゼたる理由である。

---

93) 財産計算体系を有するシュミットの貸借対照表の見方を，静的観とする見解があり，これを本書の言葉で呼ぶとストック貸借対照表観となる。五十嵐邦正『静的貸借対照表論』23 頁参照。

4 むすび

　ここで気づくことは，シュマーレンバッハもシュミットもリアル・ワールドにおける何らかの実在を前提とし，観念的にその実在の「流量それ自体」を独立の存在と観るか，あくまで「実在それ自体」に目を向けるかという違いを有するだけだということであろう。ある会計期間の期末における動的貸借対照表が，企業の営業第1期から当該期間末までに生じた（財産の）流量それ自体を収容するとされ，同じく有機的時価貸借対照表が，期末時点の財産それ自体を収容するとされるとき，同一物（リアル・ワールドの財産）を異なる方角から観ているに過ぎないということができるであろう。ただし，このようにリアル・ワールドの財産を念頭におく場合，シュマーレンバッハ理論よりもシュミット理論のほうに，より多くの妥当性があると考えざるを得ない。財産それ自体が認識されていなくては，その流量を把握できる道理がないからである。

　また，シュミットはこの財産計算に際して，個々の財産を貸借対照表日の再調達時価で評価しなおすが，原価との差額は損益を構成しない。この点が静態論とも異なる部分である。財産の評価替えは損益に大きな影響を及ぼし，それがために売却時価基準をとる商法的な旧静態論の考え方は，実務界から批判されることになったのであるが，評価替えした際の原価との差額が損益を構成しないという方法によるならば，あるいは売却時価評価の貸借対照表もそれほどは批判されなかったかも知れないということは一応いうことができる[94]。

　なお，シュミットはその独特の有機観により再調達時価と原価との差額を損益に影響させないのであるが，その意味を考えると，有機的財産計算が静態論における財産計算と根本的に異なる側面を有していることが明らかになろう。これは，既述のように，シュミットはシュマーレンバッハの動的貸借対照表を「十分に動的でない」として批判している点とも関係する。筆者がみる限り，動的貸借対照表をそのように批判することのできる内容をシュミットの有機的時価貸借対照表も有していないと思われるのである。以下，簡単に説明しよ

---

94) しかし，今日のように企業内容の開示という側面を貸借対照表に求めるわけではないから，このような売却時価表示の貸借対照表には作成する意味自体がなくなってしまうと考えられる。

う。

　シュミットのシュマーレンバッハ批判は，動的貸借対照表が財産計算と損益計算のつながりを認識していない，しかし財産の在高が正確に認識されていて初めて正確な損益計算ができるのだ[95]という点に集約されるが，ここにそもそも根本的な認識の誤りがあると思う。それは次のような根拠からいえることである。

　動態論において企業内外間の財産の流量が問題とされる以上，企業内に存在している限り財産の価額は一定であるが，有機論においては財産自体が問題であるため，外部取引を前提とした評価額で評価する必要はなく財産それ自体の性質に即した評価額（再調達価額）が与えられる。シュミットがこの違いを決定的なものと考えている点に筆者は疑問を感じるのである。

　動態論において計算される利益を実体的に観察すると，企業の全存続期間における貨幣の流入・流出差額，つまり企業内外間の貨幣の流量を前提とした貨幣の（企業内への）純流入量である。一方，有機論の場合，一会計期間の期首に保有していた財の「相対的な価値」を超えて企業が当該期間の期末に有する財が利益である。これを有機論では貨幣額に換算して利益としている。

　貨幣を基準に考えれば，有機論では財産が外部との取引によらず評価替えされているように見える。しかし，財の価値自体を基準に考えると，やはり外部取引が生じるまでは，財産の価値は一定であるといえる。外部取引によって初めて財産の価値が増減することは，動態論と同じである。財産の評価額の変更による，原価との差額が損益を構成しないということは，外部取引によらずして財産の価値変動はないと有機論が考えていることを意味するのである。

　すなわち，有機的財産計算は，静態論における財産計算観とはまったく異なるものといえる。静態論では財産の「価値」を期末ごとに再計算するものであるが，有機論では財産の価値は「物的基準での」取得原価のままであり，貨幣尺度による換算が加えられるだけといえるからである。ここで，取得原価とい

---

95)　F. Schmidt, 前掲書, 47頁参照。

うものの性格の一端が現れてくることになろう。すなわち,企業内外間の取引すなわち「外部取引」を前提とし,その際に与えられた財産の評価額である,と。一般的には,それを貨幣額で評価された価値であるととらえることになるが,有機論の場合は,物的基準で評価された価値となっているのである。

第8章
貸借対照表論考

1 はじめに
― 資金計算書論について ―

　第5章で述べたように，動態論はワルプおよびコジオールによってフロー貸借対照表として発展したが，その際，貸借対照表に収容されるフローとしては，原則的に「収支」が考えられていた。この場合，シュマーレンバッハが現金の流出入のみを収支と考えているのに対し，この二者（とりわけコジオール）は概念を広げ，極言すれば複式簿記で記録の対象とするものを収支として扱っていたとの結論が導き出された。

　一方，実務においては，同じように複式簿記から導かれた貸借対照表を基本としながらも，リアル・ワールドにおけるフローが実際に生じていないときにも，特定の項目あるいは全ての項目の評価を変える場合，むしろ状態の表示を貸借対照表の主たる目的とする思考が見られる。このときの評価替えが，損益計算を目的とするとき，動態論においてはそれをフローとして解釈する余地があるが，そうではない評価替えについては，損益計算より上位の目的によって貸借対照表が作成されているということになり，これは動態論のフロー貸借対照表の範疇には入らない。このようなストック貸借対照表としては，たとえば総資本利子率の分母としての総資本の計算を目的として与えられた有機論の貸借対照表があった。この二つの貸借対照表観を，損益計算との関わりで考えてみると次のようにまとめられる。

　まず，損益計算をリアル・ワールドにおけるフローに基づいて行おうとする

のが動態論のフロー貸借対照表観であり，結局，貸借対照表の各項目の数値はフローの結果生じているのであるから，貸借対照表で損益計算が行われているという結論が生じることになる。貸借対照表は運動貸借対照表を要約したものとなり，損益計算の上で運動貸借対照表が中心的な地位をしめるのである。

一方，有機論のストック貸借対照表の考え方は，貸借対照表に損益計算とは異なる目的での項目あるいは金額が収容され，それは貸借対照表が損益計算のみの観点から作成されるのではなく，何らかの状態を表示しようとしているからであると説明されることになる。そして，通常は貸借対照表項目の評価替えを，リアル・ワールドにおける何らかのもののストックの反映と見るという観点から行うことになるといってよい。なお，静態論に属するストック貸借対照表観も，基本的にはこれと同じように考えることができるのである。

ところで，最終的には現に存在する貸借対照表の本質（Wesen）を探求することが本編の目的である以上，本編第5章および第6章で検討された戦間期前後の諸学説と，その延長線上にあると位置づけられる（と筆者が考えている）現在の貸借対照表観の間をつなぐものの検討がなされる必要があると筆者は考える。ドイツは第2次世界大戦後，1990年10月3日まで東西二つに分断されていたわけであるが，この45年間，会計理論は西ドイツにおいてのみ存在していたということができる。ゆえに，本章ではこの間の西ドイツにおける貸借対照表論を考察してみたい。

西ドイツにおいては，第2次世界大戦後から1950年代にかけて運動貸借対照表論と呼ばれる貸借対照表論が存在した。なお，運動貸借対照表の概念や戦間期の学説との関わりは，本章でも次節において論じられるが，すでに本書では，第5章で論じられたコジオールのパガトリッシュ貸借対照表論において扱われている。この運動貸借対照表論は，資金会計論の一つといえるものであるが，1960年代にはこの運動貸借対照表を包含した資金運動計算書という名前で呼ばれる資金会計論が存在した。1970年代になると，アメリカでは，「財政状態変動表」という資金計算書が貸借対照表および損益計算書と並ぶ第三の財務表としての地位を確立したが，西ドイツでもアメリカの理論と従来の資金運

動計算書論を組み合わせた形での資金会計論が論じられたのである。以下では，運動貸借対照表論の伝統を持つドイツ語圏諸国の資金会計論の発展を見てゆき，そこから貸借対照表の表示内容を検証するという作業を行うことにする。

なお，資金計算書には様々なものがあり一般には資金概念の相違によって分類することが多いと思われるが，本書では分離された資金概念を持つものと，持たないものとに大分類したいと思う。その理由は，簡単にいえば作成された資金計算書自体の概念が根本的に異なると考えられるからである。資金概念を持つものは，リアル・ワールドにおける形を有する当該資金の変動を認識しようとするものであるのに対し，分離された資金概念を持たないものは「資金を計算する」という資金計算書の概念に当てはまらないと考えるのである[1]。結局，現金，当座資産，純当座資産，正味運転資本，総財務資源[2]など，特定の資金概念を有し，その資金の運動あるいは増減を認識・表示することを目的とする資金計算書と，運動貸借対照表のように特定の資金を持たないものとに区分する。この前提のもとに以下，論を進める。

2 資金会計論とドイツ貸借対照表論の帰結

(1) 運動貸借対照表論 ─ 1940年代以前の資金会計論 ─

運動貸借対照表論の元祖と目されるのは，1926年に発表された，バウアーの運動貸借対照表論[3]である。バウアーの運動貸借対照表は，二つの期間の貸借対照表項目の差額（あるいは期首と期末の貸借対照表項目の差額），つまり

---

1) 第5章第4節参照。
2) 総財務資源は，特定の資金概念を持たないものであるとも考えられるが，本書ではこれを採用したAPB意見書の意図を考え，この資金概念に基づくとされる資金計算書，すなわち財政状態変動表を特定の資金概念を持つものに区分している。詳しくは後述する。
3) W. Bauer, "Die Bewegungsbilanz und ihre Anwendbarkeit, insbesondere als Konzernbilanz," *Zeitschrift für handelswissenschaftliche Forschung*, 第20巻，1926年，485-544頁。

積極項目と消極項目の在高差額をそれぞれ借方と貸方に分類するものである。このとき運動貸借対照表における貸方は，利益・消極項目の増加・積極項目の減少となり，資金の源泉となる。一方，借方は積極項目の増加・消極項目の減少となり，資金の使途を意味することになる。これは貸借対照表項目の一期間の変化を，運動貸借対照表の貸方で調達した資金を借方で使っているという関係で認識することを意味する。これは企業全体として資金の源泉と使途とを対置するという考え方でもあると思われる。

これについてバウアーは次のようにいう。すなわち運動貸借対照表は，「利益の算定と利益の使途表示，並びに固定資産の売却，棚卸資産と債権の減少，債務の増加による『自由処分可能資金』(verfügbar gewordene Mittel) の使途の表示のための対照表である」[4]と。運動貸借対照表の借方も，そのように調達された資金の使用としての特徴を持つというのである[5]。

しかし，この自由処分可能資金の概念は，貨幣や運転資本などの特定の資金概念とは何ら関わりがないものである。それが資金と直接的なつながりを持っているかのように運動貸借対照表で示されることには問題があると思われる。たとえば，売却資産の帳簿価値や減価償却が運動貸借対照表の貸方に「資金の源泉」として現われるが，これが何らかの資金の源泉であるという説明には，不十分な面があるのではないだろうか。つまり，自由処分可能資金は抽象的なものであり，具体的な資金とのつながりはない。従って，たとえば流動性の表示といった面をこのバウアーの資金計算書に見いだすことはできないといってよいであろう。

この1926年の運動貸借対照表論の発表後，しばらくはドイツでは資金計算書に関する研究は筆者の知る限りでは行われていないようである。結局，第2次世界大戦中，ワルプによって『財務経済的貸借対照表』[6]が発表されるまで

---

[4] W. Bauer, 前掲書，490頁。
[5] W. Bauer, 前掲書，493頁。
[6] E. Walb, *Finanzwirtschaftliche Bilanz*, 第3版，Wiesbaden, 1966年。初版は1943年出版。この第3版は初版と同一内容である。

資金会計の論議はなされなかったといってよい。

　ワルプ理論は，バウアーの運動貸借対照表を流動資産・流動負債からなる部分とそれ以外の部分とに分けた点を除けば，ほとんどバウアーのものと等しいといってよい。これは，ワルプが「Ⅴ．商業的貸借対照表における財務経済的諸事象の表示技術」という節の「2. 動的形式」で「(b) バウアーの運動貸借対照表」に引続き「(c) いわゆる貨幣運動表示」で論じたものである。これについて，ワルプの財務経済的貸借対照表の流動部分は，運転資本の変動を招来した原因を資金由来と資金所在とに分離して表示したものであり，固定部分は運転資本それ自体の変動明細を表示したものであって，アメリカにおける資金運用表並びに運転資本明細表と形式的に同一のものとみてよいものであるとの考え方があるが[7]，筆者も基本的にこの考え方に同意したい。

　しかし，ワルプの財務経済的貸借対照表にしても，アメリカの伝統的な運転資本資金概念に基づく資金計算書にしても，作成法は比較貸借対照表を二つに区分したにすぎず，実際にリアル・ワールドにおける特定の資金（この場合，正味運転資本を構成する貸借対照表項目が示す，それぞれの具体的な資産・負債）の変動があったかどうかは明らかではない。たとえば，固定項目相互の取引は（転換社債の転換等）資金運用表の借方と貸方に同じ金額で掲載されるが，それぞれ資金の由来と所在を示してしまうであろう。結局，ワルプの財務経済的貸借対照表における表示は，「動的貸借対照表の収支的在高をその性質に従って分類せるものであって相対応する性質の収支，たとえば長期的収入と支出，短期的収入と支出との間の補償関係の表示を目標とするもの」[8]と把握するのがよいと思われる。

　バウアーにも共通していえることであるが，ワルプの資金計算書論は「具体的な資金」の由来と所在を表示するものではない。長期的収支・短期的収支それぞれの中での補償関係を表示するものである。損益計算を重視し「リアル・

---

7) 武田隆二『貸借対照表資金論 —— ドイツ会計近代化論の展開 ——』317 頁。
8) 吉田寛「ワルプの金融経済的貸借対照表」飯野利夫・山桝忠恕編著『会計学基礎講座 1・企業会計原理』有斐閣，1963 年，194-195 頁。

ワールドにおける特定の事物以外のものを表す項目」を含むことになる動態論の貸借対照表項目の期間的変動そのものから財務経済的表明力を引き出そうとした点に無理があり，貸借対照表の項目の変動額を資金の由来と所在と解釈することには論理の飛躍があると思われる。そこでいう資金の実際の増減は必ずしもワルプの方法では明らかにならないからである。その意味で，ワルプの理論は本質的にバウアーのそれを超えたものではないと考える。

　むしろ，バウアーにせよワルプにせよ，その運動貸借対照表論の本質を考えれば，そこで貸借対照表項目間の補償関係を概観するという点にその理論の意義を求めるべきではないかと思われる。すなわち，運動貸借対照表を相補的記号の集合体と考えているとの結論が導き出せるのである。なお，序章において論じたようにデルマンの考え方からいえば，このような運動貸借対照表は，むしろ変動貸借対照表と呼ばれることになるが，その背景に貸借対照表項目の一期間の増減を明らかにするという思考を見た場合，運動貸借対照表と呼ぶことができよう。

　また，現在のドイツにおけるもっとも著名な会計学者の一人であるモクスター (A. Moxter) は，静的貸借対照表論目的と動的貸借対照表目的の統合によって成立する「新貸借対照表論」(Die neue Bilanztheorie) を提唱している。彼がいう新貸借対照表論とは，ひとことでいえば「財務計画志向的な」計算措定 ("finanzplanorientiert" Rechnungslegung) によるものなのであるが，基本となる思考は，静的貸借対照表目的の「支払能力管理」（原語は，負債補償管理 "Schldendeckungskontorolle"）と，動的貸借対照表目的の「損益的純収入の算定」（原語は，所得算定ないし損益算定 "Einkommenermittlung"）との総合されたものであるとされる[9]。ここで，上述の運動貸借対照表論の基本思考，すなわち貸借対照表項目間の補償関係表示という側面を，モクスター流に考えると静的貸借対照表論的な目的によるものだということができるであろう。これは，ル・クートルによる新静態論の本質的な目的を，貸借対照表の状態表示機能を重視しての

---

9) A. Moxter, *Bilanzlehre*, Wiesbaden, 1974, 375-376 頁参照。

貸借対照表分類・明瞭表示に見る見解[10]と照らし合わせて考えても首肯できるところであると思われる。

つまり，バウアーおよびワルプの運動貸借対照表論は，静態論的な思考の重視という点において評価されるべきだとの結論がでるのである。もちろん，古い静態論ではなく，新静態論が前提となっての話であり，遡って貸借対照表を考えるとき，その中の一つ一つの項目をリアル・ワールドの事物の写像的記号であると考えつつも，記号どうしが全体として対照させられ相互関係を判断されるということであろう。

(2) 資金運動計算書論 ― 1970年代以前の資金会計論 ―

§1 フォン・ヴィゾッキィの資金運動計算書論 ― アメリカ・財政状態変動表の理論と，ドイツ語圏・ケーファー，ブッセ・フォン・コルベ，トームス理論 ―

イギリスにおいては1976年に，年間売上高が25,000ポンドを超える企業に対し，財務状況に関する計算書（資金の源泉・運用計算書）の作成が義務づけられていた[11]。そしてアメリカでは，これに先立ちすでに1971年に，第三の財務表たる資金計算書（財政状態変動表）の作成が企業に義務づけられていた[12]ことは周知の通りである。

これを損益計算とのつながりでの運動貸借対照表論の伝統（ワルプおよびコジオール理論を参照のこと）を有していたドイツがどのようにとらえたかを，アメリカでの財政状態変動表制度化の半年後に発表されたフォン・ヴィゾッキィの資金計算書論に基づいて見て行きたい。ヴィゾッキィは，「株式法における諸決算書の統一体の一部としての資金運動計算書」[13]と題する論文において，

---

10) 新田忠誓『動的貸借対照表原理』209-223頁参照。
11) Institute of Chartered Accountants in England and Wales, Accounting Standards Steering Committee, "Statements of Source and Application of Funds, SSAP 10," *Accountancy*, 第86号，1975年，58-60頁参照。
12) AICPA, APB Opinion No. 19, "Reporting Changes in Financial Position," *The Journal of Accountancy*, 1971年6月，69-72頁参照。
13) K. v. Wysocki, "Die Kapitalflußrechnung als integrierter Bestandteil　（次頁へ）

損益計算書，貸借対照表に並ぶ財務表たる資金計算書を論じているのである。

ヴィゾツキィによると，当時，資金運動計算書，運動貸借対照表，変動貸借対照表は，まだ「ドイツの株式会社の営業報告書の大部分において」ほとんど見られないとされる。つまり，戦後から1960年代にかけて運動貸借対照表論として発展していた経営経済学界の資金会計論は，実際に実務で資金計算書ないし同様の計算書を作成するところまでの影響をもたらしていなかったということなのである。彼によれば，「1968年に終了する営業年度に関するドイツの株式会社（株式銀行を除く）の全体を代表する任意抽出は，調査された営業報告書の6.3％にしか（資金運動計算書等と）一致する図および概念は存在しなかったことを示した」[14]という。したがって，ドイツの株式会社（株式会社および株式合資会社を意味する）の実務から資金計算書の目的に適合した形態を考慮するための重要な提案を見いだすという試みはあまり役立たないというのである[15]。

ゆえに，彼はアメリカの会計士協会意見書第19号を基本にして，第三の財務表としての資金運動計算書の姿を論じる。資金運動計算書の任務は，意見書19号における資金運用表の目的，「(1) 資金調達および資金投下活動を要約すること，(2) 期間中の財政状態の変動を十分に開示すること」[16]を継承する。そして資金運動計算書の作成の基本をケーファーに，資金概念をブッセ・フォン・コルベにならって第3の財務表たる資金運動計算書のあるべき姿を論じるのである。それは以下のようなものである。

まず，資金運動計算書の基本概念は上述のとおりケーファーに基づくものとなるが，筆者の見解としては，ケーファーの資金運動計算書論は本質的には分離された資金概念を持たないものであると考えられるように思う。その点について最初に述べておくこととする。

（前頁より） des aktienrechtlichen Jahresabschlusses", *Die Wirtschaftsprüfung*, 第24巻, 1971年9月, 617-625頁。
14) K. v. Wysocki, 前掲書, 617頁（かっこ内は筆者）。
15) 同上。
16) AICPA, APB Opinion No. 19, 前掲書, parag. 4.

ケーファーは，資金運動計算書（Kapitalflußrechnung）という用語を用いた最初の人であるが，著書『資金運動計算書』[17]においては，資金計算書を損益計算書および貸借対照表と並ぶ第三の年次決算書として位置づけようとし，総合的に理論を展開した。このように，第三の財務表としての資金計算書を論じた人もドイツ語圏にはケーファー以前にはいなかったのである。

彼はまず，資金を分離した資金計算書について述べ，その作成方法を論じる。しかしそれは，あくまでこのようにすれば作成できるという意味で述べているのであり，彼の主張点はむしろ，資金を分離しない資金運動計算書において鮮明である。つまり，ケーファーはこれに過去の一会計期間において生じた全ての取引高のうち損益に影響を与えない取引，つまり交換取引を表示させ，そこに第三の年次決算書としての意義を見ているのである。

すなわち，損益計算書が損益作用的取引を，資金運動計算書が損益非作用的取引を総括して示すものとなり，「この二つの運動計算書がそろって初めて経過年度の事象について十分な概観が得られる。……（中略）……両者そろって『動的な営業経過の表示を形成する』ところの『相互補完的な計算書』が見られるわけである。……（中略）……資金の調達・使用対照表は，交換取引高に関する情報を提供することによって，費用・収益取引高をまとめて表示するところの損益計算書と対をなすことになる計算書であり，おそらく損益計算書と同じ価値を持つ計算書であり，かつ，損益計算書に対する必要な補完を行う計算書となる」[18]との結論が得られるのである。これは彼の『複式簿記の原理』[19]にもある独特の勘定理論，つまり取引を交換取引と損益取引に分けて考える勘定理論から演繹的に生ずるものといえるであろう。

しかし，ヴィゾッキィはこうしたケーファーの（資金計算書のあり方についての）理論的内容については採用していない。彼がケーファーから継受するも

---

17) K, Käfer, *Kapitalflußrechnungen, Statement of Changes in Financial Position, Liquiditätsnachweis und Bewegungsbilanz als dritte Jahresrechnung der Unternehmung*, 第2版, Zürich, 1984年。
18) K. Käfer, 前掲書, 286頁。
19) K. Käfer, *Theory of Accounts in Double-entry Bookkeeping*, Illinois, 1966年。

のは，ケーファーが資金を分離した資金運動計算書を作成するために用いた技術的な方法である（これはケーファーによれば，資金を分離しない資金運動計算書を作成するためにも使用できるとされる）。つまりドイツ語圏で初めて現われた行列会計的な思考を中心とするトムス（W. Thoms）の『機能的勘定計算の記帳と貸借対照表作成』[20]にある勘定取引高行列を用いて資金運動計算書を作成するという方法である。

これは，筆者なりにまとめて言うと，企業の一会計年度中の全ての取引を行列簿記の形式で一枚のワークシートにまとめ，そこから特定の資金概念に合致する勘定の増加の原因と減少の原因の全てを抜きだして資金運動計算書を作成するというものである。2期分の貸借対照表の差額，すなわち変動貸借対照表によって特定の資金概念の増減の原因を見る方法を間接的なものと考えれば，これは直接に特定の資金概念の増減の原因を見ることができる方法であるといえよう。ただ，トムスの場合は資本，財産，貨幣，費用，収益の5つの要素に勘定を分類し[21]，5×5の正方行列の形をとって表示した後，貨幣（現金および預金）の収入源泉と支出使途を垂直的精密取引の対照表により，貨幣の収入と支出とを水平的精密取引の対照表によって分析する[22]ため貨幣を資金とする資金計算書しかつくることができないのであるが，ケーファーの場合さらに細かな項目に勘定を分類するため，あらゆる資金概念を有する資金計算書をつくることができるのである。

ヴィゾッキィはこれに着目し，自分で適当と思う資金概念を中心にケーファーの勘定取引高行列法を援用して，当時，企業の年次決算書の内容を規制していた株式法（現在は商法が年次決算書の規定を担当している）上の財務諸表の一つとしての資金運動計算書を論じるのである。その資金概念としては，当初，次の二つのものが並列的に取りあげられる。正味運転資本（流動資産マイ

---

20) W. Thoms, *Das Buchen und Bilanzieren der funktionalen Kontorechnung*, 第2版, Herne/Berlin, 1956年。
21) W. Thoms, 前掲書, 31頁。
22) W. Thoms, 前掲書, 46頁。

2 資金会計論とドイツ貸借対照表論の帰結　215

ナス流動負債）と正味貨幣資産（短期貨幣資産マイナス流動負債，ただし短期貨幣資産は現金，小切手，短期受取手形および売掛金である）である。しかし，最終的には，実物資産の評価という難しい問題を含まないという長所のゆえに「正味貨幣資産」を資金概念として用いるとのブッセ・フォン・コルベの考え方を踏襲するのである[23]。

このようにして作成された資金運動計算書は，ヴィゾッキィの観点からは損益計算書と貸借対照表とを補完するものである。そして，明瞭性の点で優れ，意見書第19号による財政状態変動表の長所を全て取り入れたものであるから国際比較性の点でも優れているとされる。そして資金概念として正味貨幣資産を採用し，その資金にかかわる取引もかかわらない取引も，資金を増加させる取引も減少させる取引も全て企業の簿記記録を整理することから得られるということを前提とするものであるというのである[24]。

§2　西ドイツ経済監査士協会専門委員会意見書

資金運動計算書を作成している企業の数はヴィゾッキィの調査のとき以来年々増加し，1975年では上場企業の半数以上が何らかの形態の資金運動計算書を作成するようになっていることに注目すべきである。これは，法によって強制されたせいではなく自発的な動きであるからである。

そして，西ドイツ経済監査士協会は，1978年にその専門委員会の意見書[25]で資金運動計算書に関する理論的な見解を明らかにしている。専門委員会意見書は，初めに，「企業自体によって獲得された財務的資金」と「企業に外部から流入した財務的資金」と「その使途」は，企業の経営財務を判断する場合に重要であると述べる。そして投資事象・財務事象および企業の財務状態の発展過程に関して伝統的な年次決算書からは得られないか，間接的にしか得られな

---

23)　W. Busse v. Colbe, "Aufbau und Informationsgehalt von Kapitalflußrechnungen," *Zeitschrift für Betriebswirtschaft, Ergänzungsheft*, 1966年, 82頁。
24)　K. v. Wysocki, 前掲書, 622頁。
25)　Der Hauptfachausschuß des Instituts der Wirtschaftprüfer, "Die Kapitalflußrechnung als Berichts- und Planungsinstrument," *Die Wirtschaftsprüfung*, 31巻, 1978年, 207-208頁。

い情報を与えることが資金運動計算書の課題であるとしているのである。そしてこの課題を果たすためには財務作用的事象が一定の基準にしたがって分類される必要があることが指摘される。またその分類については営業活動から獲得された財務的資金とその他の財務的資金，および資金使途事象が明らかにされるべきというのである[26]。

ここでいう投資事象や財務事象は定義されていない。ゆえに不明瞭さは否めないのであるが，基本的にアメリカの意見書第19号における資金計算書の課題と同様な面が見られると思われる。

この経済監査士協会専門委員会意見書は，結局，財務的資金の変動の原因を「資金の由来と使途」として示す資金運動計算書と，資金自体の変動額が示される資金変動計算書の二つを資金計算書の形式として示し，資金概念としては次の3つを示している。1．正味手持支払資金（Netto verfügbare flüssige Mittel），2．正味貨幣資産，3．正味運転資本である。1や2を採用すれば（ブッセ・フォン・コルベがいうように），実物資産の評価に際しての不確実性が資金に影響を及ぼさないという利点があり，正味運転資本が特にアングロ・サクソン諸国で主流をなしていることを考慮すれば，国際比較をするときには3が統一的な資金概念になり得ることを指摘している。

APB意見書第19号，ケーファー，ブッセ・フォン・コルベ，ヴィゾッキィらの理論の一部をもとにできたと思われるこの経済監査士協会の意見書は，本書の観点（資金の分離・非分離を基調に考えるため）からは結局，ドイツ固有の運動貸借対照表論とは異なるものとなったと思われる。もともと，資金概念を分離した資金計算書はアメリカで発展し，ドイツの運動貸借対照表論は資金概念を分離していないからである。経済監査士協会の意見書は，とりわけ，アメリカの学説の強い影響を受けてこのような資金計算書の作成を推薦していると考えることが妥当であると思われるのである。

---

26) Der Hauptfachausschuß des Instituts der Wirtschaftprüfer, "Die Kapitalflußrechnung als Berichts- und Planungsinstrument," *Die Wirtschaftsprüfung*, 31巻, 1978年, 207-208頁。

§3 財政状態変動表と運動貸借対照表

以上見てきたように運動貸借対照表論の伝統を持つドイツ語圏の資金会計論は，1960年代以降，それとはまったく異なる分離された資金を有する資金運動計算書を作成する方向へと進んで来たといえる。これは，アメリカ的資金会計の影響に基づくものと考えることができる。ドイツ固有のものというより，アメリカに接近するものということができよう。これはヴィゾッキィ理論自体に関してもいえることである。

アメリカ公認会計士協会意見書第19号における資金概念は総財務資源（all financial resources）[27]である。もちろん目的適合性の観点から，現金資金や運転資本を資金概念として用いることも許容されており，その意味で西ドイツ経済監査士協会意見書の資金概念と一致するとも考えることができるが，19号の段階では逆にアメリカでは分離された資金という概念が消えているということもできよう（現在は，現金資金概念が主流となっている）。この点をどのように考えればよいのであろうか。

19号は，何らかの資金の変動を表示するとともに，貸借対照表・損益計算書に開示されない情報を示す資金計算書（財政状態変動表）の形式を示したものである。ここで何らかの資金という意味は，財政状態変動表では特定の資金概念を採ると否とを問わず，ある資金概念（特に運転資本）に含まれる項目の純増減額が財政状態変動表の中か，これに関連する別表の中で適切に開示されることが要求されるから，ある資金の変動が開示されていると考えることができるということである。

この考え方は，特定の資金の動きというより，<u>全ての貸借対照表項目（総財務資源）についての動きを表示させる</u>ということであり，資金の動きを表示するというより，企業の帳簿に記載された取引で，貸借対照表および損益計算書からは判らないものをなるべく多く開示するという考え方であろう。そうであるならば，19号が求めるものは，ドイツの運動貸借対照表に近いものと考え

---

27) 全ての貸借対照表項目の期間変動を明らかにするものである。形式を見ると，後述するように，運動貸借対照表と同じものと考えることもできよう。

られるのではないかとの疑問が出る余地がある。

そこで問題となるのは，ある項目（あるいは全ての貸借対照表項目）の変動の原因を開示することの意味である。もちろん，意見書19号は営業活動から調達された運転資本または現金預金と，運転資本の諸項目の純増減に加えて6つの事項（a. 長期性資産の買入れに対する資金支出，b. 通常の営業過程以外における長期性資産の売却による手取金，c. 長期負債または優先株の普通株への転換，d. 長期負債の発行または起債，償還および返済，e. 現金預金または現金預金以外の資産を対価とする株式の発行，償却または買入れ，f. 現金または現物による配当またはその他の株主への分配金）を明確に開示することをその第14パラグラフで要求し，その意味では，それらに関わりのない項目の増減は詳細に開示する必要はないとも考えられる。ゆえに，意見書第19号は，やはりこのような取引に関する情報を得るための「特定の資金」（特定の資金というよりは貸借対照表の特定の項目というべきかもしれない）の増減を認識するものとして位置づけたい。

要するに，意見書第19号の財政状態変動表も，本質的にはリアル・ワールドにおける特定の資金の動きを表示する目的を有しており，ワルプおよびバウアーの運動貸借対照表論とは根本的に異なるということである。ワルプおよびバウアーの運動貸借対照表は，全ての貸借対照表項目の一期間の変動を表示し，財政状態変動表もこれと同様であるが，ワルプおよびバウアーは，貸借対照表項目が全体としてどのような関係にあるかを見るのに対して，意見書第19号は個々の貸借対照表項目が表すリアル・ワールドの事物の動きを見るのである。

（3） キャッシュ・フロー計算書論 ― 会計構造への位置づけ方 ―

§1　貸借対照表および損益計算書からの独立性

ここで，資金計算書と呼ばれるものの本来的な性格について，ひとつの私見を述べておこうと思う。それは「資金」の「計算書」であるからには特定の資金概念を有し，その変動の原因をできるだけ詳しく表示したものがそれに値す

2 資金会計論とドイツ貸借対照表論の帰結　219

るのではないかということである。形式的には，損益計算書が貸借対照表項目である未処分利益の営業活動による増減（当期純利益または純損失）を原因表示した計算書であるのと全く同じように，資金計算書は貸借対照表の何らかの項目（これが「資金」である）の増減を原因表示した計算書であるべきだということである。

これは，もちろん複式簿記の記録から作成できる。たとえば現金を資金概念とすれば，企業の現金勘定ないし，補助簿としての現金出納帳を整理して作成すればよい。正味運転資本のような資金概念であればそれに属する諸勘定を用いてつくることができる。その際には，ケーファーの用いた取引高行列も有用となるであろう。このようなものであれば，第三の財務表としての意義を幾分かでも認めることができると思われる。それは，期首および期末貸借対照表と，損益計算書から作成されるようなものではないからである。

これに対して，2期分の貸借対照表，あるいはそれに損益計算書を加味して作成される変動貸借対照表から作成される資金計算書には，本質的に第三の財務表としての地位はないと考える。貸借対照表および損益計算書にない情報が得られる財務表でなくては，単なる財務諸表分析の一手法の結果としての表に過ぎまい。

そのような意味からは，バウアーやワルプの運動貸借対照表は，決して第三の財務表たる資金計算書とはなり得ないものである。貸借対照表および損益計算書から副次的に作成されるものだからである。

§2　情報の有用性について

ここで，ケーファーの資金運動計算書について再び考えてみよう。彼によれば，分離した資金を有していない資金運動計算書が真に有用なものであるという。それは総額運動貸借対照表（これをケーファーは，総額資金運動貸借対照表 Brutto-Kapitalflußbilanz と呼んでいる）をもとに，そこでの各項目の増加・減少の原因のうち損益作用的なものが損益計算書に，それ以外のものが資金運動計算書（この意味での資金運動計算書をケーファーは「資金の調達・使途対照表」と呼んでいる）に収容され，総額運動貸借対照表を期首貸借対照表に加え

て純額で表示したものが貸借対照表になるという意味で，貸借対照表・損益計算書・資金運動計算書は，まさに三つで一つの体系を形作るものと位置づけられる。この，分離された資金を有しない資金運動計算書は，彼独特のものである。

　しかし，私見であるが，この資金運動計算書に大きな有用性を認めることはできないように思う。それを開示することは，他の二つの財務諸表の開示に比べて極端に有用性が少ないと思われるからである。特に，この資金運動計算書は損益計算書と対比されるものであるが，損益計算書と同等の重要性があるとは思われない。なぜなら，この計算書は流動性の表示といった資金計算書固有の意味を持たず，交換取引のフローを示すにすぎないからである。企業の利害関係者にとり，損益情報は非常に有用であり，流動性の情報もそれなりに有用であるが，単にある企業で一期間にどれだけの交換取引があったということを知ることに，どれほどの意義を見いだせるであろうか。

　もちろん，有用性という概念は考え方によって様々に異なった内容を持つものであり，このような単純な見方は危険である。

　通常，企業が開示する財務表によって示される情報は，「利害関係者の意思決定」に有用なものであるべきだというような言い方がなされることが多いが，それが具体的にはどのような情報であるべきなのかを決定するためには，ある情報を開示した場合としなかった場合にどのような意思決定の違いが生ずるかを実証分析等によって確かめなくてはならないであろう。

　しかし，このような意味での実証分析は，筆者の考え方からは不可能である。つまり，どのような調査を行っても，調査対象が人間である以上，ある情報を重視する人もいればしない人もいるし，同一の人が一瞬で考え方を変える場合もあるから，<u>地球上の事物</u>を対象とする自然科学などとは異なって，有用かそうでないかを截然と区分することはできないと思うからである。その結果，たとえば資本市場を対象としたある実証分析と，別の分析とが，まったく同じデータからまったく正反対の結論を導き出すこともある。別の簡単な例によっていえば，人間が貨幣的報酬を目的として行動するという仮説（経済人の仮説）と，貨幣的報酬よりも自らの属する社会に対する帰属関係を再認識する

ことや財・貨幣によらない他人からの敬意・名誉などのほうを尊び，それを得るために行動するという仮説（社会人の仮説）は，どちらもある程度「実証」できようが，それは人間が両方の面を有する存在だからである。人間あるいは人間行動を扱う場合，論者自らが証明したいと考えている結論を実証することはかなり簡単にできるのではないだろうか。

　言語学において，ある自然言語（日本語，英語，ドイツ語など）を研究するためには，その言語より上位の「メタ言語」によってしか当該自然言語を「語る」ことはできないとの考え方があるが，ある意味では人間の行動を対象とする科学もこれと同様の面を有しているのではないだろうか。人間を超えた存在によってしか，自然科学的に人間行動を定型化することはできないと思うのである。

　ゆえに，ケーファーの考える資金を分離しない資金計算書の有用性の判断基準も，会計観や企業観によって様々になると思われるが，本書の観点からは貸借対照表や損益計算書に並ぶほどの内容を有していないと思うのである。それは彼が資金計算書を「損益に影響しない取引」を収容する表として位置づけた点，つまり損益に影響する取引に従属して成り立つ概念が基礎になっている点である。損益概念無しに独立的に存在する概念が基礎となっていなくては，当該概念自体に基づいた情報に有用性がないというべきではないだろうか[28]。

§3　複式簿記からの誘導

　§1で挙げた内容，つまり貸借対照表の一項目の明細としての形式を有する損益計算書と同様の側面を基本財務表に求めるという観点は，もちろん筆者が貸借対照表を損益計算書よりも上位のものと考えているため生ずるものである。これは，極言すれば一会計期間の会計ないし複式簿記システムが，期首貸借対照表に始まり期末貸借対照表に終わる構造を有しているがゆえに，このように考えるわけである。形式的には，複式簿記ないし会計というものを，貸借対照表に包含される諸項目が貸借一致を保ちつつ増減することとしてとらえ

---

[28]　ケーファーは，損益に影響しない取引をまとめた表を資金調達ないし財務との関連から説明しているが，この点を中心にした場合，損益に影響する取引もいわゆる自己金融の側面を有する以上，除外することは不適当である。

ことができるであろう。

　貸借対照表を基本として，これに対する損益計算書と同様の形式を有する基本財務表を想定してみよう。損益計算書は損益勘定をまとめたものであるが，この勘定は，未処分利益勘定の営業活動による増減を独立させたものである。さらに，期中においては損益勘定ではなく，様々な収益・費用勘定を用い，期末にそれらを損益勘定に振り替え，さらに未処分利益勘定に振り替えるわけである。これと同様に，何らかの貸借対照表項目の増減を独立した勘定によって表現し，期末にそれらの勘定残高をもとの項目に振り替えるという構造を有することによって，第三の財務表が形式面で成立するであろう。

　第5章で明らかにしたシュマーレンバッハの動的貸借対照表の形式構造においては，損益勘定および現金勘定が同等の位置を占めていた。これにならい，そして第三の財務表として資金情報を重視するという観点を併せて考えると，現金勘定を未処分利益勘定と同等の勘定とし，その増加・減少を現金勘定を用いるのではなく，独立した勘定をもちいて記録することが第三の財務表としての資金計算書の一つの形態ではあろう。たとえば，

　　　（現　　　金）　100　　（借　入　金）　100
　　　（給　　　料）　 50　　（現　　　金）　 50

のような形の仕訳を，現金勘定を用いずに

　　　（借入金収入）　100　　（借　入　金）　100
　　　（給　　　料）　 50　　（給 料 支 出）　 50

のような形で行うのである。収益・費用が期末に損益勘定に振り替えられるように，この「…収入」，「…支出」という項目は，たとえば「現金増減」勘定にでも振り替えられ，この勘定が資金計算書としてまとめられることになり，さらにこの勘定は現金勘定に振り替えられて次期に繰越される。

　このような体系は，損益勘定および残高勘定が複式簿記から誘導されるものである点とまったく同様に，現金増減勘定を複式簿記から誘導することになり，形式面では，現金増減勘定すなわち（現金）資金計算書は，損益計算書と同等のものとしての形を整えることになる。いずれにせよ，現金勘定の増減明

細は補助簿で把握されているものであるから，それを主要簿での記録体系に含めることは，さほど大きな問題ではあるまい。もちろん，計算される資金として，現金ばかりではなく，さらに広範な資金概念を用いることもできよう。

けれども，このような資金計算書であっても，第三の財務表として貸借対照表・損益計算書と（会計構造上）同等の地位に至るかは疑問である。それは，リアル・ワールドの何らかの存在の写像として考えられる貸借対照表項目の増減明細に過ぎないからであり，その点で損益勘定ないし留保利益勘定（未処分利益勘定）とは根本的に異なると思われるのである。損益勘定や留保利益勘定は，当該勘定がしめす対象がリアル・ワールドに存在しているわけではなく，一定の目的観によって生ずる，計算上の概念なのである。

また，貸借対照表項目の評価と損益計算書項目の評価は互いに依存し合う。形式的には貸借対照表の未処分利益の増加額の細目勘定である損益計算書であるが，そこで扱われる「損益」あるいは「収益・費用」という概念は，コジオールの運動貸借対照表の論証からも明らかなように，貸借対照表の全ての項目の変動の原因を表わし，さらに独自の基準で存在することにより貸借対照表の項目の評価に影響を与える。けれども，貸借対照表の特定の項目（資金）の増減の細目勘定である資金計算書で扱われる「資金」は，現金資金概念のとき特に明らかなように，評価の問題は全く出てこない。せいぜい，運転資本概念を用いたとき棚卸資産の評価が出てくる程度で，それも資金計算固有の論点からの評価問題ではなく損益計算に影響されるものなのである。

このような資金計算書において問題となるのは，資金概念の特定だけであるといってよい。ある企業に関して，最も必要とされる情報がどのような資金に関する増減の情報なのか，それが資金概念を決定し，そして資金計算書を規定していくのである。このような資金計算書も，基本財務表として扱われるほどのものではなく，単に財務諸表の附属明細表として，ある貸借対照表項目増減の明細を示すものであれば良いものである。

§4 現実写像性の超克

ここで，§2では認めることのできなかったケーファーの資金計算書論の長

所を，むしろ資金を分離しない資金運動計算書ではなく，分離した形の資金運動計算書を検討した点に求めてみようと思う。ケーファーは，フェアヒュルスドンク（R. Verfülsdonk）のいう取引高超過額の概念（企業の営業活動から，自由に処分できる財務的資金がどれだけ獲得できたかを示すものであり，これはアメリカでいう「営業活動からのキャッシュ・フロー」に相当すると考えてよい）を整理し，資金を分離した資金計算書で当該資金の増加の要因の一つとしての取引高超過額の考えを明確にした。それは損益取引と交換取引の明確な区画によって行われ，当該資金の増加要因のうち損益取引によるものが取引高超過額であると位置づけたのである。

ここで，理論の素材としてケーファーを取り上げた理由を述べることができる。つまり，筆者は第三の財務表としての資金計算書には，少なくとも「企業の究極の目標である利益の裏づけたる資金が，どれだけ流入したかを示す」というような「目的観」を加えた資金観が必要であると考えているのである。

筆者は，蟹と同様で自分の甲羅に似た穴しか掘れない存在であるから，どのような目的観が必要なのかという点については，自分の器量に応じた価値基準に拠った判断しかできないが，その中でもっとも有用だと考えるのが上記の資金概念である。

現在の資金計算書であるキャッシュ・フロー計算書[29]における「営業活動からのキャッシュ・フロー」という概念は，この資金概念（取引高超過額）に非常に近いものと考えられるが，これについて，次のような言がある。すなわち，「先ず自己増殖する"抽象的な営業資金"が存在し，この自己増殖分を現金の増減へ結びつけより具象化したのがキャッシュ・フロー計算書（キャッシュ・フロー計算書）の『営業活動からの資金』およびその値であると考える」[30]というものである。筆者が「資金」に求める目的観とは，当該資金がこ

---

29) FASB, Statement of Financial Accounting Standards, No. 95, *Statement of Cash Flows*, 1987年11月参照。
30) 新田忠誓「資金計算書における"営業活動からの資金"と計算目的としての資金」『産業経理』第48巻第1号，1988年，37頁。（かっこ内は筆者）

のような属性を有する抽象的なものと考えられることを必要とするものである。

ケーファーが明確にした取引高超過額は、結局、損益取引の結果によるある資金の増減額なのであるから、利益の裏付けとしての資金の増減額に等しい。つまり、特定の資金概念においてその資金の増減の原因を利益（収益）獲得によるものか、それ以外の原因によるものかが示されることが資金計算書には要求されるべきだと思うのである。

筆者は、企業の目的として結局は「利益の獲得」というものを中心に考えているため、営業活動からの資金増減とそれ以外の資金増減を区分することを求めたいのである（ヴィゾッキィは営業活動からの資金とそれ以外の資金を分けていないし、ケーファーはあくまで損益取引と交換取引の区分により原因を区分しているにすぎない。たとえば、現金資金概念を取る場合、売掛金の回収は営業活動からの資金の増加であるが、ケーファーの分類ではこれは交換取引による資金増に含まれてしまう）。

§3で述べたような独立した収入・支出概念として、この営業活動からの現金の収入・支出を考え、複式簿記体系に組み込むことが貸借対照表および損益計算書に並ぶ財務表としての資金計算書を考える上で必要なことであると考える。これは、「資金」という概念が本来はリアル・ワールドにおける現金ないしそれに近いものを意味することを基本としながら、単純にリアル・ワールドにおける資金の増減を主体に考えるのではなく、抽象的なもの、さらにいえば、企業の目的観に合わせた概念を導入し、しかも上述のような形で勘定全体としての複式記帳体系を失わない形態である。

以上、リアル・ワールドの「資金」を「計算する」という意味ばかりではなく、現在の期間損益が有するような何らかの目的観に照らした概念である「資金」を計算する資金計算書のあるべき姿を考察してみた。

(4) ドイツ資金会計論のそうあったはずの帰結

前項では、「第三の財務表としての」資金計算書の要件を考察した。実質的

な内容の面から見るとこれは，ドイツの運動貸借対照表よりも，現在のキャッシュ・フロー計算書に近いものになる。

このような資金計算書と，運動貸借対照表の形の資金計算書を比較して考えてみると，共に「資金」の計算書として考える場合，「資金」概念が異質であることに気づくであろう。基本的に(3)で考察したような資金計算書はリアル・ワールドにおける資金を基本的に想定し，そのフローを特定の目的観に拠って色づけした上で分類するものであるのに対して，運動貸借対照表を資金計算書と考える場合，全ての貸借対照表項目の増減が資金の増減として考えられているからである。

バウアーやワルプにおける運動貸借対照表は，既述のように貸借対照表項目の中に資金の存在を見るものといえるが，貸借対照表項目という記号によって表現されるものの性格が明らかではないがゆえに，はなはだ漠然とした考え方であるように思われるのではないだろうか。この貸借対照表項目の性格については，筆者の個人的な見解によれば，複式簿記システムを前提条件として考えた場合にもっともよくこれを説明できると思われる。すなわち，一つ一つの貸借対照表項目が，リアル・ワールドの事物の「統一的な側面」を表現しているわけではないため，むしろリアル・ワールドの事物からは独立して存在するとの見方をするほうが良いのではないか。

このように貸借対照表項目という記号を，記号として独立して存在するものと観ること，あるいはその背景に資金ないし貨幣資本という観念的な存在を有する記号として観ることが運動貸借対照表という概念を構成しているということができるであろう。運動貸借対照表借方全体と貸方全体が，補償関係を表示するものとしてとらえられる点は，記号と記号との相補的関係に基づいて貸借対照表項目の解釈がなされていることを意味しているのである。

アメリカで最初に，企業に作成・開示が義務づけられた財政状態変動表は，総額運動貸借対照表にその形式的な理想型を求めることができるだろうと筆者は考えている。総額運動貸借対照表とは，各貸借対照表項目の期間的増加額と減少額とをそれぞれ総額で借方，貸方に記載した貸借対照表であるが，財政状

態変動表は本来的にこの形式を採るものとして措定されていると考えることができるのである。

しかし、ドイツの運動貸借対照表とアメリカの財政状態変動表は、既述のようにそれらの背景にある思考法を異にする。財政状態変動表はあくまでリアル・ワールドの事物の写像的記号としての個々の貸借対照表項目の動きを重視しているのに対して、運動貸借対照表はリアル・ワールドよりむしろ、観念的なアカウンティング・ワールドに属する独立的な記号の動き、諸記号間の相補的関係を基礎として、記号全体の表す相互関係を見ることをもっぱらとするものといえるのである。

以上、われわれは戦間期の貸借対照表論を中心として、その淵源たる古い静態論から資金計算書論までを、代表的学説によって通観してきたことになる。それらの中には貸借対照表項目をリアル・ワールドから独立した記号であるとする考え方の片鱗を見ることができる学説が多かった。もちろん、リアル・ワールドの事物を主体として、あくまで会計をそれに従属したものとする考え方はそれよりも強く現れている。

これら二つの考え方は、とりわけ本章での資金計算書論の検討によって現代の貸借対照表観に通ずるものとして取りあげることができると思われる。すなわち、フロー貸借対照表およびストック貸借対照表の二類型によって進められてきた貸借対照表学説の検討は、資金計算書論によって、現に存在している貸借対照表の本質と結び付けられることになると筆者は考えているのである。

3　貸借対照表論考

(1)　諸貸借対照表論の位置づけ
§1　貸借対照表観の分岐点について

諸会計理論に対する本書の基本的な関心は、それらが「会計」というものの形式的構造をいかにとらえているかという点に対して向けられていた。

ここで、形式的会計構造とは決算書を導き出すことのできる構造、具体的に

は複式簿記体系を意味している。本書はもっぱらドイツの会計理論を検討対象としたため、いわゆる大陸式簿記法を念頭におくことになるが、この簿記法は主要簿の記録のみから決算書（貸借対照表＝残高勘定、および損益計算書＝損益勘定）を導き出すことができるものである。その意味で、形式的会計構造を「主要簿」を中心とした複式簿記体系と位置づけることができる。

そして、この複式簿記体系は一会計期間において開始残高勘定に始まり閉鎖残高勘定に終わるという構造を有している。つまり、記録の体系としての会計構造は貸借対照表に始まり貸借対照表に終わるわけである。これを次のようにとらえることはさほど不自然ではあるまい。すなわち、貸借対照表を構成する諸勘定項目（貸借対照表項目）[31]が貸借一致を保ちつつ変動すること、これが会計によって営まれる全てである、と。

そして、このように把握された会計構造としての貸借対照表構造を理解し系統づけること、および〈貸借対照表項目〉の運動の意味内容あるいは法則を理解し系統づけること、これが本書の目的であった。その際、諸貸借対照表論の検討によって論を進めることから始めたわけであるが、諸理論はその貸借対照表観によって類型化された。貸借対照表がフローを収容すると考えるものか、ストックを収容すると考えるものかという相違が問題とされたのである。

大ざっぱにいって、動態論はフロー貸借対照表観を採り、静態論はストック貸借対照表観を有するものであった。そして、著者は本来の動的貸借対照表観・静的貸借対照表観が、結果としてそれぞれフロー貸借対照表観・ストック貸借対照表観につながったと考えることができると思うのである。この点について明らかにするため、第5章から本章までに論じられた諸学説を、それらから生じた結論に応じて分類してみたい。

§2　動態論・静態論の着眼点

動態論・静態論という貸借対照表観の区別を最初に行ったシュマーレンバッ

---

31)　諸収益・費用項目（損益計算書項目）も、最終的に留保利益勘定に振り替えられて貸借対照表の要素となるから「貸借対照表項目」という言葉は「全ての勘定項目」を意味することになる。

ハは，貸借対照表の計算目的に照らして"dynamisch"および"statisch"という言葉を用いた。損益計算という動的な計算に奉仕するのか財産計算という静的な計算に役立つのかという分類である。この分類は比較的抽象度が高く，不明確である点が否めないという点についてはすでに述べた。

もう少し具体的に，この計算目的が貸借対照表のどの部分に反映されるかを考えてみると，それは「資本の部」と密接に関わることは明らかである。一般的にいって，静態論における財産計算とは企業の積極財産と消極財産の差引計算を意味しており，計算の結果である純財産は期末貸借対照表における「資本の部そのもの」として表されるし，動態論における損益計算の計算結果である損益は，資本の部の「企業の主たる営業活動による増減」だからである。

そうすると，「貸借対照表の資本の部」（以下，これを単に〈資本〉と表記することにする）に着目して動態論と静態論の理論構造を区分することができよう。つまり，最終目標として〈資本〉の絶対額を計算・表示することに意義をおくのか，期間変動額（ただし，営業活動による変動額）を計算・表示することに重点をおくのかによってある貸借対照表論が静的なのか動的なのかの分類を行うのである。前者が〈資本〉の「静態」的な姿を表し，後者が〈資本〉の「動態」的な姿を表すことになるわけである。

§3 評価基準と分類枠組みの基本型

次に，シュマーレンバッハが念頭においていた動的貸借対照表論と静的貸借対照表論の具体的相違，つまり貸借対照表諸項目の評価が原則として「原価」で行われるのか「時価」で行われるのかという相違を基準として貸借対照表論の分類を行う。これは，「計算要素の材質」ないし計算素材に着目するものであり，おそらく，貸借対照表構造に関わる分類基準としてはもっとも明確なものであると思われる。

このように，「貸借対照表に目で見える形で具体的に反映される」二つの基準によって貸借対照表論の理論構造を分類することにする。いわばこれらの基準とは貸借対照表における「計算目的の反映」と「計算素材の反映」であり，それは次の表①のようになるであろう。

表①

評価原則 \ 〈資本〉	絶 対 額	期間変動額 （営業活動による）
取 得 原 価	—	動 態 論
時価（売却時価）	静 態 論	—

　なお，この形式的分類が包括的なものではないことに注意されたい。期間損益は〈資本〉の期間変動の全てではなく営業活動によるもののみであるから，いわゆる資本取引による変動を表①は扱っていない。また，表①は売却時価以外の時価も扱っていない。ここではシュマーレンバッハが述べた意味での動態論・静態論を包含できる基本的な枠組みを示したに過ぎないのである。また，この枠組みにおける動態論・静態論は，具体的にはそれぞれワルプおよびコジオールの動態論・帝国高等商事裁判所1873年判例の通説的解釈たる静態論になることに注意されたい。シュマーレンバッハ理論自体は必ずしも取得原価主義の体裁を採るわけではないし，シェアーの静態論も，必ずしも全財産を売却時価によって一元的に評価するものとはいえないからである。

§4　分類枠組みの展開

　表①では〈資本〉絶対額を取得原価で計算・表示することを目的とする会計観と，〈資本〉変動額を時価で計算・表示する会計観が空欄となっていた。前セクションで述べたような意味で〈資本〉の絶対額・変動額をとらえる場合，この二者は明らかに成立し得る会計観であろう。〈資本〉絶対額と取得原価の交点を新静態論が占めることはあらためていうまでもあるまい。一方，貸借対照表の資産・負債の評価原則を時価（この場合，特に売却時価に限定せず，とりあえず広く時価一般を考える）とした上であくまで〈資本〉の期間変動額認識を重視する考え方を仮に新動態論と名づける。さらに表①と区別する意味で表①の動態論・静態論を「旧動態論・旧静態論」と呼び，有機論も加えてまとめると次の表②のようになる。

　なお，新動態論と呼ばれるべき学説はまだ明確に定式化されていないが，こ

表②[32]

評価原則＼〈資本〉	絶対額	期間変動額（損益取引による）
取得原価	新静態論	旧動態論
時　　価	旧静態論（有機論）	新動態論

のようなものとして位置づけることのできる学説が存在しないわけではない[33]。むしろこのような考え方はわが国において徐々に広まりつつあると考えられる。

　ただ，この形式的枠組みからは資産・負債の取得原価と時価との差額を即座に〈資本〉変動額として扱うのか，繰り延べるのかといった問題に対する解答はまだでてこない。暫定的に，新動態論は，〈資本〉変動額の計算・表示と貸借対照表時価評価の両方を満足させるものであるととらえ，資産・負債の原価と時価の差は期間損益を構成するものとしておく。

　このようにして得られた分析枠組みを良く見ると，〈資本〉の絶対額表示を重視する学説が静態論，損益作用的取引による〈資本〉変動額表示を重視する学説が動態論と呼ばれることがわかるであろう。ただし，取得原価主義を採る新静態論と旧動態論は実質的にほとんど同様の性格を有する学説であると考えられるし，時価主義を採る旧静態論と新動態論も前提となる「時価」の種類が

---

32) これらの学説の名称は，狭く限定してとらえる。すなわち，旧静態論は帝国高等商事裁判所1873年判例の通説的解釈，旧動態論はワルプおよびコジオール学説，有機論はシュミット学説，新静態論はル・クートル学説をのみ意味するものとする。

33) たとえば，森田哲彌「企業会計原則における収益（利益）認識基準の検討」『企業会計』第42巻第1号，1990年，に見られる考え方などを参照されたい。
　さらに，シュマーレンバッハの『動的貸借対照表』旧版の理論は，私の定義では，旧動態論より新動態論に近い（新版では旧動態論に近くなる）。彼の有名な貸借対照表シェーマは，価値変動を考慮しない損益計算論を論じる際に示されるものであり，わが国でもこのシェーマを強調するあまり，シュマーレンバッハを原価主義論者に加える向きがあるが，彼は物的価値変動や貨幣価値変動を考慮した計算論をも，それと同等以上の比重で論じているのである。

表③

評価原則	〈資本〉	絶対額	変動額		
			損益作用的	総変動額	
取得原価		新静態論	旧動態論	運動B/S論	…(1)
時価	売却価額	旧静態論	α	β	…(2)
	再調達価額	有機論	A	B	…(3)

同じであれば,やはり同様の外観を呈することになるであろう。

ここで,表②のなかで限定付きで述べられた分類を,より詳細にする必要に迫られることになったわけである。すなわち,損益作用的取引による〈資本〉変動額のみを考えるものと全ての〈資本〉変動額を考えるものとに分類し,時価も売却価額と再調達価額に分類してみる。すると表③のようになるが,表②で新動態論として位置づけたものはαの部分もしくはAの部分になる[34]。

なお,運動貸借対照表論を〈資本〉変動額の全てを総額でとらえる思考とみなすことを補足しておく。その意味では,旧動態論は運動貸借対照表論においてとらえられた〈資本〉変動のうち,特に期間損益を構成する要素にのみ注目するものと位置づけられよう。また,運動貸借対照表論をこのようにとらえてしまうと,新静態論ときわめて似かよったものとなる。すなわち,運動貸借対照表に期首貸借対照表を加え,項目ごとに純額表示すれば新静態論の貸借対照表になるからである。

このように形式的にみると,表③の取得原価の行(1)は,同質の計算構造を有していることがわかるであろう。同様に,(2)および(3)の行もそれぞれ同質の計算構造を有するものとして考えることができるのである。つまりα,βに相当する会計学説,A,Bに相当する学説を形式的に定義することが比較的簡単にできると思われるのである。

---

34) なお,有機論は〈資本〉絶対額と再調達時価の交点においたが,とらえ方によってはAないしBのセクションに配置することもできよう。ただし,貸借対照表項目の評価替えが直接損益を構成しない点で,このようにしたものである。

実際問題として重要なのは，貸借対照表の評価原則が全ての項目に一様に適用されるとは限らないということである。一部の項目が取得原価，別の項目が売却時価というように，貸借対照表評価が統一されていない場合，(1) (2) (3) を複合させて考えなくてはならないであろう。

　そしてさらに重要なのは，このような諸貸借対照表論の位置づけとフロー貸借対照表観・ストック貸借対照表観との関連が非常に密接であるということである。その点については (2) 以降における検討の後に，改めて「まとめ」の節で述べられることになろう。原価・時価の問題や，実質的に資産・負債を意味する〈資本〉の問題は，フロー・ストック概念と写像・相補思考の中で考えて初めて解決される問題であると考える。

(2) 現実写像的思考とフロー・ストック
§1　原フロー貸借対照表 ― 合計試算表 ―

　動態論の貸借対照表シェーマは，フロー貸借対照表観に基づくものである。ここでいう「フロー」とは，動態論の場合には現金等のフローすなわち収入・支出であった。

　ところで，現実に存在する貸借対照表を説明する場合，複式簿記を離れてそれを行うことはできない。つまり，動態論にいう収支計算は，動態論の貸借対照表が現実に存在する貸借対照表と本質的に異なるものではないと考えた場合，結局，複式簿記に還元して考えなくてはならないと思われる。すなわち，岩田巌がいうように，複式簿記は拡張された収支計算システムであるということができるから[35]，動態論は収支計算を土台とした損益計算体系に他ならないのであるが，そこでいう収支計算として基本的に複式簿記を想定していると解釈するか，複式簿記から誘導された貸借対照表を何らかの収入・支出概念によって説明していると解釈せざるを得ないのである[36]。

　これは結局，複式簿記で扱われる取引は全て収支計算，つまりフローの範疇

---

35)　岩田巌『利潤計算原理』148頁参照。
36)　本書でのワルプおよびコジオール理論の解釈はこのようなものであった。

に属するととらえることである[37]。ここでいう収支計算を（複式簿記における勘定が意味する）財・用役・信用・貨幣等のフロー計算と解釈するというわけである。この財・用役・信用・貨幣等は，もちろんリアル・ワールドの事物であるが，以下では便宜のためこれらを《力》と表記することにする[38]。

複式簿記をこうした意味での《力》のフロー計算のシステムと考えれば，フロー貸借対照表における「フロー」とは，基本的に企業と企業外部との間の《力》の流れをいうことになる。

このように，複式簿記をもってフローの把握手段と解すれば，それを統轄するものとして試算表が挙げられる。ただし，フローの統轄表であるから残高試算表ではなく，合計試算表である。この合計試算表には，全ての勘定項目についてインフローとアウトフローが示されており，この合計試算表を（純）フロー貸借対照表に対して，総フロー貸借対照表と呼ぶことができよう[39]。このとき，収益・費用の勘定が，貸借対照表上の未処分利益の営業活動による当期増減を表すと解釈すれば，この総フロー貸借対照表は期首在高を含んだ総額運動貸借対照表そのものとなる。

会計の基本構造としてこの総フロー貸借対照表を措定するとき，これにいわゆる決算整理を加えた上で観察すれば，貸借対照表および損益計算書に記載される情報は，全て包含されている。そればかりではなくアメリカで公開が義務

---

[37] ゆえに，シュマーレンバッハ，ワルプ，コジオールらのいう収支計算，あるいは給付・費消計算と，著者がいう財・用役・信用・貨幣等のフロー計算とは，基本的に同じものであるということになる。著者は，複式簿記においてなされる仕訳は全て，ある勘定項目の動き（フロー）を示していると考え，そうした勘定項目を財・用役・信用・貨幣等といっているに過ぎないのである。

[38] 《力》は，具体的な有形・無形のものであるから，会計の背後にこの《力》の存在を観る場合，現実主体的思考を行うことになる。なお，私が《力》ということばを用いるのは，シュマーレンバッハが貸借対照表を「力の貯蔵庫」と呼んだことに由来している。

[39] 合計試算表を，各勘定項目のインフローとアウトフローを示すものと位置づける場合，一つの難点がある。修正仕訳があった場合，本来のインフローおよびアウトフロー以外の要素が加わるからである。筆者は，本来の総フロー貸借対照表として，その金額を控除したものを想定している。

づけられていた財政状態変動表の内容，および現在公開が義務づけられている現金フロー計算書における内容も包含されていることはあらためていうまでもあるまい。

　もちろん，総額運動貸借対照表が収益合計と費用合計は表示するものの，それらの内訳（たとえば売上高，売上原価，受取利息，支払利息等がそれぞれどのくらいあったか）を示していないのと同様に，上述の総フロー貸借対照表もある貸借対照表項目のインフローおよびアウトフローが合計でどれだけあったかは示すものの，そのフローがどのような原因で生じたかは示していない。現に存在する複式簿記には，未処分利益の営業活動による増減額（収益および費用），すなわち損益のインフローとアウトフローとを原因別に分離・把握するメカニズム（要するに，損益勘定に直接記入するのではなく，いったん別の勘定に記入し，期末にそれらの勘定を損益勘定に集計するというメカニズム）が組み込んであるのに対して，それ以外の貸借対照表項目については，主要簿の中でそのインフローとアウトフローの原因を把握するメカニズムは存在しないからである。これは，あらゆる貸借対照表勘定の中で，未処分利益の営業活動による増減の勘定（損益勘定）が特に重視されているため，現実にはこのようになっていると解釈できる。

　既述のように，会計の形式的構造からみれば，ある一会計期間の会計処理の流れの全ては貸借対照表（残高勘定）から始まり，貸借対照表で終わるということは自明の理であって，その貸借対照表に包含される項目，つまり貸借対照表勘定の一期間のインフローとアウトフローを把握することが形式的にみた会計処理の全てである。なお，このように期首在高を加えた総額運動貸借対照表（収益・費用は特に項目別に記載されず，未処分利益の増減として貸方・借方に合計額で記載されるもの）に，純形式的な会計構造の本質があると著者は考えている。期首在高を含んだ総額運動貸借対照表をもって著者はフロー貸借対照表の基本型と位置づけたい。なお，以降の論述において，この総フロー貸借対照表を「原フロー貸借対照表」と呼ぶことにする。

　ところで，ある貸借対照表勘定のインフロー・アウトフローを原因別に表示

することは，勘定元帳の当該勘定の記録にその原因が記入されていれば，それを整理することによって簡単に行うことができる。たとえば，現行の実務において，日常の取引についても全ての収益・費用勘定について，収益・費用を表す勘定（「売上」とか「仕入」等）を用いずに直接「損益」あるいは「留保利益」などという勘定を用いて処理をしておき，元帳に転記する際に当該勘定の増減の原因が「売上」や「仕入」によるものであることがはっきりわかるようにしておきさえすれば，収益・費用の諸勘定を用いずとも，現行の損益計算書が作成できることは明らかであろう。

　ここでいいたいことは，上述の「損益」あるいは「留保利益」という一つの勘定を使って期中のフローを記録しておいて期末にそのフローを原因別に区分・集計したものとしての損益計算書を作成するのと同様に，米国の現金フロー計算書あるいは財政状態変動表も，一つないし複数の貸借対照表勘定のフローを原因別に分離して整理したものとして作成されているということである。これは，さらにいえば（動態論的会計観の影響の下で）現行の損益計算書あるいは損益勘定が，複式簿記の仕訳のレベルで原因別に把握され，独自の勘定を持つにいたったのと同様に，損益勘定以外の貸借対照表項目のフローが，複式簿記の仕訳のレベルで原因別に把握される体系が可能だということであるが，この点についてはすでに第5章第4節で述べた。

　いずれにせよ，フロー計算ないし収支計算を重視しての損益計算を会計の最大の目標と考える動態論の諸理論においては，それが結局，運動貸借対照表論へと移行したことから推測できるように，いずれもその貸借対照表の基本的構造として，原フロー貸借対照表を内包していると考える。そしてそれは，動態論が企業の活動として，および業績尺度として「収入・支出ないしそれに還元できる取引（すなわち，企業と企業外部との取引）ないしその取引の成果」を骨子としての位置づけを行う結果，あるいは行わざるを得ない結果をもたらしている，と著者は考えている。

　企業会計というものは，リアル・ワールドに具体的に生じた事象を拠り所として営まれるものであるから，フローを重視する貸借対照表観においても，当

該フローが，リアル・ワールドにおいて観察されるものであることが基本となっている。ワルプおよびコジオールの理論や，現実に営まれる企業会計においては，企業と企業外部との間の取引によらない収益の認識は原則的に行われていない。これは，収益・費用も原則的に企業と企業外部との取引によるものだとの考えによるものと考えることができよう。すなわちこれは，フローとしての貸借対照表項目の性格と，リアル・ワールドにおける何らかのもののフローとが接近する形での概念設定によって，企業会計が構築されていることを意味しているのではないだろうか。

§2　原ストック貸借対照表 ― 財産目録 ―

わが国の企業会計原則にあるように，貸借対照表は企業の資産・負債・資本を収容するものである。そして，そのことによって貸借対照表は財政状態を示すことになるわけであるが，この「財政状態」についてまず考えてみよう。

「財政状態」は，英語の"financial position"，ドイツ語の"Finanzlage"と同じものであるといってよいであろう。"finance"あるいは"finanzieren"という言葉は，「資金を供給ないし調達する」こと，あるいはお金の融通という意味での「金融を行う」ことを指すから，この英語ないしドイツ語の訳語としての「財政状態」は，資金調達状態ないし金融状況などと呼ばれていてもおかしくはない。このように考えると，貸借対照表の右側が一般に資金の調達源泉，左側が資金の運用形態といわれるように[40]，企業における資金[41]がどのような源泉から得られ，どのような形で企業内に存在するかを示すことが財政状態の表示であると考えられるであろう。

このような目的を果たすものとして考えられる貸借対照表は，もちろん基本的にストック貸借対照表として観察されることになる。典型的には新静態論の貸借対照表観がこれに相当するものである。

---

40)　飯野利夫『財務会計論』［改訂版］，同文舘，1983年，14-8頁参照。なおこの点も含めての貸借対照表の表示内容については，新田忠誓『動的貸借対照表原理』全般にわたって詳しく論じられている。さしあたり2-4頁を参照のこと。

41)　この場合の「資金」は，《力》と同じ意味である。

ル・クートルの新静態論においては、貸借対照表に収容されている資産・負債・資本は、〈会計〉とは無関係に存在する何らかの実在物であると考えられていたが、その資産・負債・資本に付すべき価値が取得原価となるという論理が用いられていた。すなわち、貸借対照表の本体は財産目録と考えられていた訳である。旧静態論においてもこれは同じである。

上述のような意味で財政状態を表示する現に存在する貸借対照表は、必ずしも財産目録的な存在ではないと思われるが、しかしそこに収容される項目の背景には新静態論と同様に、取得原価で評価された財産目録があると考えるべきである。それは、とりわけ貸借対照表借方の資産が資金の運用「形態」として観察されるものである以上、個々の資産の背景に幾分抽象的な「資金在高ないし資金の流れ」を認めるにしても、実際上、財産として存在する何らかの「形態」を有する存在が基本にあるといえるからである。

静態論の基本思考であるところの貸借対照表観、すなわち財産目録観がもう一つの基本的な貸借対照表観である。これは、資金の運用形態として観察される貸借対照表項目についてもリアル・ワールドにおける何らかの財産の形態であると解することと通じるものといえるであろう。本書において、本質的にリアル・ワールドにおける財産ないし資産・負債・資本を収容するもの—財産目録—として観察されるストック貸借対照表を「原ストック貸借対照表」と呼ぶことにしよう。これは、「会計というものをまったく想定していなくとも存在する財産観」に基づいて、企業の保有する財産の写像として考えられる財産目録である。そして、現に存在する貸借対照表に対する見方として、原フロー貸借対照表の集約として観察するという以上に、素人にも受け入れられ易い一般的な貸借対照表観であるということができるであろう。

ここで、強調しておきたいことは、原フロー貸借対照表も原ストック貸借対照表も、基本的にはリアル・ワールドの写像として考えられる貸借対照表だということである。理念的に原フロー貸借対照表であると観察される貸借対照表においては、それに収容されるフローは、概してリアル・ワールドの「企業内外間取引」を主体にしたものであるし、理念的に原ストック貸借対照表である

と観察される貸借対照表においても，それに収容されるストックは，概してリアル・ワールドの「財産」を主体にしたものであるからである。

(3) 記号相補的思考とフロー・ストック
§1 合計試算表と財産目録の関係

　合計試算表として現れる原フロー貸借対照表は，リアル・ワールドにおける《力》の把握を基本構造としているものである。また，財産目録として現れる原ストック貸借対照表はリアル・ワールドの財産の把握を基本構造としているものである。

　ここで，現に存在する企業会計の体系を大枠で規定しているものを，この両者であると考えることができるであろう。原フロー貸借対照表，すなわち総フロー貸借対照表である合計試算表を「何らかの項目」ごとに純フローに修正したものが現に存在する貸借対照表であるが，その個々の項目の範囲を定めているのが，結局は財産目録的な貸借対照表観だと著者は思うのである。

　要するに，原フロー貸借対照表は複式簿記の基本構造そのものであるが，この形式は，《力》のフローを基本構造としており，一会計期間ごとに企業が始まってから前期末までの純フローと，当該期間の総フローを合計しているものである。この論理は第1章のシュマーレンバッハの貸借対照表観の解釈において述べたものである。

　さらに，この原フロー貸借対照表の諸項目の分類あるいは，どういう勘定で処理するか自体が原ストック貸借対照表の論理によって規定されていると考える[42]。これは，貸借対照表に収容されるものが「何らかのもの」のフローである以上，その「何らかのもの」自体を規定しているのが原ストック貸借対照表

---

42) ここで著者が問題としているストック貸借対照表は，それ自体，まだ何の実質的内容ももたせてはいない。たとえば，建物の取得原価から減価償却累計額を控除した金額が「建物」として貸借対照表に載る場合，ある観点からのストックを表示しているわけであり，一方，その建物が売却時価で貸借対照表に計上される場合も同様に，別の観点からのストックを表示していると考えるわけである。その「観点」自体の内容はここではまだ問題となっていないのである。

であるとするとらえ方であり、それゆえに、その「何らかのもの」のインフローとアウトフローの差額がそのもの自体のストックとして貸借対照表に計上される意味があるとする考え方でもある。一見して循環論のようだが、そうではない。この「何らかのもの」として何を措定するか、それは財産として何を重視するかによって決まり、その項目が決まった段階で、原フロー貸借対照表の枠組みを実際に運営することが可能になる。なんら目的を限定していない無色の複式簿記の体系が「原フロー貸借対照表」、複式簿記の認識対象を決めているのが「原ストック貸借対照表」である。

これは、さらに、ストック貸借対照表の論理に応じ、その「何らかのもの」のフローを原因別に把握するというメカニズムを複式簿記自体（つまり原フロー貸借対照表）に組み込むということを可能にする。その例としては、きわめて形式的にみた場合、現行の会計構造が、「何らかのもの」として「損益」を考え、そのフローを損益勘定で把握するという構造を有していることが一つ挙げられよう。もちろん、単に「損益」という概念が先にあって、その増減を記録すれば良いというような単純な体系にはなっていない。これは、個々の収益・費用の勘定が他の勘定と同等かそれ以上の比重を有して計上されていることによるのである。

様々な意見はあるにしても、現実の企業会計における「損益」は、基本的な考え方として、企業の一期間の営業活動の良否を判定するのに役立つ尺度性利益としての性格を色濃く持つものであるという点は一般に認められるものと思う。ただ、それが企業と外部との間のフローに基づいた構造を有しているということは、そこでいう営業活動とは、外部との取引を中心としたものであるからだということが推測できよう。

現行の会計実務においてもいわゆる外貨建の貨幣性資産・負債には換算という手続きがあり、外部取引によるフローの結果としてのストック金額に修正が加えられている。貨幣項目について換算をするということは自明のことのようでいて決して自明ではない。その項目の変動自体が良否を判断されるべき営業活動のうちに含められているからと解すべきではなかろうか。また、近年、企

業と外部との間の（貨幣等，および貨幣価値を有する何らかの財・用役の）フローそのものではなく，フローの結果として企業の中に存在するストックの評価額を変更し，その差額は実現損益（あるいは実現可能損益）と考えるという考え方がでてきている[43]。先物・オプション取引等のいわゆる新金融取引，あるいはオフ・バランス取引については，フローとしての認識自体も行われていないが，その契約の存在（会計処理上は認識されていないストック）によって生じ得る損益を決算日に認識しようという考え方もある。

こうした一連の会計上の傾向は，企業の業績尺度としての利益を算定するに当たり，外部取引の結果のみを認識しているだけでは十分ではないという考え方によって現れてきたといえるのではないだろうか。経済環境の変化によって，従来の貸借対照表では，営業活動の良否を判定するのに役立つ尺度性利益の計算のための会計構造としてもはや十分に機能できないとの考え方がうかがえると思うのは著者だけであろうか。

このような状況での問題解決の一つの方向が，第4章で論じた有機論および良動態論から現れてくると思う。次に，その点を述べる。

§2 記号主体的なフロー・ストック概念

§1で述べたような原フロー貸借対照表と原ストック貸借対照表の関係は，貸借対照表項目を記号として考えた場合，次のようにいうことができる。すなわち，複式簿記における個々の記帳は，リアル・ワールドに存在する事物ないし《力》の企業内外間のフローの写像行為であり，当然，事物ないし《力》の一形態ごとの純フローはストックでもある，と。

つまり，《力》を所与とすれば，その企業内外間のフローを記録することで，フロー差額としての当該《力》のストックが算定されるということである。この《力》の内容を決めているのが原ストック貸借対照表たる財産目録，ひいては財産観であり，当該財産のフローを記録する体系が複式簿記である。

---

[43] たとえば，森田哲彌，前掲論文や，醍醐聰「実現基準の再構成」『企業会計』第42巻第12号，1990年，84-87頁あるいは T. Lee, *Cash Flow Accounting*, Berkshire, 1984年参照。

この複式簿記体系において用いられている勘定の全てを，各勘定ごとに借方と貸方を相殺した結果が借方残になるものを借方に，貸方残になるものを貸方に一覧表示したものが貸借対照表なのであるが，相殺する前の段階を考えると合計試算表が存在する。ゆえに，合計試算表を複式簿記体系をフローの記録体系と考えた上で観察すると，そのもっとも基本的な形となるのである。既述のように，これは期首在高を加えた総額運動貸借対照表でもある。

　ただし，現に行われている複式簿記体系を考えると，そこには企業内外間の「取引」としてのフローばかりではなく，企業内部での財産価値の減少の記録や，特定の損益観に照らした記帳が存在している。つまり，現行の複式簿記を前提とした原フロー貸借対照表は会計構造自体の内部的な論理整合性によって存在している部分が多く，それどころか，リアル・ワールドにおける取引の写像としての記号ではなく，アカウンティング・ワールドにおける独立的な記号として諸勘定を解することができるのである。

　貸借対照表項目を最初に規定するとき，本質的に原ストック貸借対照表の思考の産物，つまり財産目録的な，実際の事物の写像としての勘定体系が得られる。しかし，会計はそれだけのものではなく，会計自体としてひとつの世界を有し，そのことによって新たな諸勘定も加わり，最初にあった「事物の写像」としての意味が薄れ，あるいはなくなる。このときに存在するのは抽象的な会計的勘定体系の動きのみなのである。

　では，このように解される場合，会計ないし貸借対照表は現実の世界から遊離した抽象的なものになるのであろうか。そうではない。個々の貸借対照表項目の内容を基本的に決定するのはリアル・ワールドの事物の写像体系である原ストック貸借対照表だからである。一つ一つの記号（各貸借対照表項目）の背後に《力》が存在しているのである。ただし，《力》と記号とは一対一の写像関係にあるのではなく，《力》のさまざまな側面の中で複式簿記の相補的な記号間関係によって把握される面のみが貸借対照表に反映されるというべきである。すなわち，《力》から記号の世界を見た場合，複数の異質な記号体系が考えられるのに対し，一つの記号体系内から《力》を見た場合はその一つの面が

とりわけはっきりとわかるという関係だとでもいうべきであろうか。

現に行われている簿記システムを素材として貸借対照表を考察する際に，リアル・ワールド主体の写像的会計観の影響と，アカウンティング・ワールド主体の相補的会計観の影響の双方が存在しているということができる。もちろん，期中の簿記処理と期末のいわゆる決算整理とでは，ワルプ理論においても見られたように，同等の論理が貫かれているわけではない。一般的には，期中の簿記体系ではリアル・ワールドの「取引」の写像的な把握が，期末の簿記体系ではリアル・ワールドの「財産」の写像的な把握がなされていると考えるのが自然であるように思われる。ただし，本書の見方からは，リアル・ワールドの写像といっても，リアル・ワールドのどのような面を記録対象とするのかという論理が，相補的な記号と記号との関係のみによって定められていると解するべきだといっているわけである。

このような簿記の二つの性格は，端的には現在の英独の簿記処理の違いに端的に現れていると考えることができると著者は考えている。この点については次の(4)で述べ，ここまでの論述のまとめとすることになるが，ここでは最後に，ある程度完成されたものと考えられる原価主義会計の体系[44]の変容形態について述べておきたい。

232頁の表③において，(1)の行，すなわち取得原価を評価基準とする行の計算構造は，統一的に解釈できた。(3)の行（有機論）は，たとえば時価での貸借対照表項目の評価が前提となったとき，原価との差額を原則として損益にしないという基準を考えることによって，その処理は全て合計試算表ないし複式簿記にインプットできる。逆に，特定の項目を時価評価する際に，原価との差額を損益構成要素と考える場合も，同様に原フロー貸借対照表へのインプットが可能である。

この有機論の考え方を用いて，有機論特有の再調達時価に限らず，あらゆる時価評価が可能となる。問題となるのは，当該時価が「存在していること」を

---

[44] ここで，会計がリアル・ワールドのどのような側面を写像するものと考えられているのかについては，本章第5節を参照のこと。

前提とした場合，ある貸借対照表項目の価値変動が損益を構成するのかどうかという点だけである。情報としてある貸借対照表項目の時価を表示するという点が要求される場合，シュミットのように尺度性利益の分母となる資本計算という観点がなければ，損益を構成しない貸借対照表項目の価値変動は，オフ・バランス情報となってもかまわないのであろうが。

　ただ，著者は原フロー貸借対照表にインプットできるものが会計の対象であると考えるため，あくまで，貸借対照表項目の評価替えがなされるべきであると考える。そもそも，貸借対照表項目の時価情報が要求されるのは，企業の保有する（リアル・ワールドの）財産の，もっとも現状に近い面を写像したものに対する要求であり，それが要求されるのであれば，オフ・バランス情報としてではなく，会計システムの中にリアル・ワールドのその面が組み込まれることが必要だと考えるからである。

　このとき，シュミットおよびゾムマーフェルトの簿記処理を参考にしての原フロー貸借対照表へのインプットが可能であると思う。すなわち，有機論において，ある貸借対照表項目を評価替えした場合，原価との差額の相手勘定は財産価値変動勘定であったが，そのかわりゾムマーフェルトの考える実体確保引当金を用いるのである。財産価値変動勘定と異なり，実体確保引当金は評価替えされた財産の評価勘定として考えることのできるものであり，毎期首に再振替仕訳によって消滅するものである。すなわち，貸借対照表項目の価値変動が損益を構成しない場合，この方法によれば当該貸借対照表項目の示す財産が処分されたときにもそれが財産価値変動勘定として残ることを避けることができるのである。

　実体確保引当金のように，それが何の写像なのかわからない貸借対照表項目をもうけることは，複式簿記における勘定と勘定の相補的な関係からのみ説明することができる。この会計処理全体は，リアル・ワールドの《力》の一つの形態を認識するために行われるのであるが，その論理はそれ以外の会計処理の論理とは異なっており，リアル・ワールドのある一つの面を写像するという点では同一のものと考えられる現行の会計システムを超えるものということがで

きよう。なお，本書において，第4章で有機論および良動態論を論じたことの最大の意義は，この点を主張することにあった。

(4) 写像的および相補的会計観と複式簿記体系

英国では写像的会計観が優勢であり，ドイツでは相補的会計観が強いと考えられる。特に，ドイツの会計システムをこのようにとらえると，普通仕訳帳と総勘定元帳をワンセットで主要簿とし，簿記の基本的な骨組みと考える簿記観，そして簿記上の勘定体系からのみ年次決算書が導出されるという考え方，財産目録の存在などが，いわゆる英米系の簿記と対比することによって非常によく説明できるのである。

まず，普通仕訳帳と総勘定元帳をワンセットで主要簿とし，全ての簿記上の取引が何らかの形でこれら主要簿を経由するという体系について述べる。

純粋に理念的な相補的会計観のもとでは，会計行為の背景に「事物の運動ないし現実の世界の動き」を予期する必要がない。一方，会計的認識は全て会計上の記号（勘定）を通じて行われる必要がある。

いわゆる大陸式簿記法を念頭において，ドイツの簿記体系に関して具体的にいえば，ある勘定項目と別の勘定項目との関係を表現するものとして「仕訳」が存在し，それを時系列的に記載するものが「仕訳帳」である。そして，一つの勘定項目の時系列的変化を表現するものとして「総勘定元帳」における「勘定口座」がある。勘定口座の記入は必ず仕訳を経由しなければならず，仕訳帳と総勘定元帳は必ず一組である。そして，一期間ごとに勘定は全て締め切られることになるが，これは損益に関する勘定（名目勘定）のみを締め切り，それ以外の勘定は締め切らない英米式簿記と，もっとも顕著な対立を示すところである。全ての勘定を平等に締め切り，しかも，その締め切りについても仕訳帳を経由するという，いわば記号主体的な方法を貫き通す点が，相補的会計観の表れと考えることができるであろう。

これに対し，英国の簿記では元帳のみを主要簿とし，仕訳帳は補助簿として扱われる。そして，主要簿としての元帳は分割されることが多く，分割された

個々の元帳も，それを統括する主要簿があるわけではなく，その全てが主要簿のままであるわけだが[45]，これは主要簿と補助簿との線引きが大陸式簿記ほど鮮明ではないからだという考え方ができるように思う。換言すれば，仕訳帳を元帳の下位システムと位置づけることは，ドイツの簿記においても（主要簿の範疇のみで）できることなのであり，英国の簿記書における仕訳帳の扱いは，これを簿記システム全体の中の<u>一部に過ぎない</u>「元帳システム」の補助記録としているだけだということである。これを要するに，「複式簿記における中心記録」と「それ以外の記録」に上下関係をおいた上で，分離して考えるドイツ的思考と異なり，英国では元帳体系とそれ以外の記録体系に明確な上下関係を設けていないのではないだろうか，ということなのである。

これは，年次決算書を導き出す過程において，さらによく表れていると思われる。英国の簿記書では複式記帳以外の，たとえば試算表の作成や商品在庫の記録も簿記の体系に含まれているが，当然，繰越試算表から導出される貸借対照表の作成も簿記の中の行為として扱われる。このような「複式記帳以外の」帳簿記録も，元帳システムの記録とおそらくは同レベルでの「簿記」なのである。そして，損益勘定（損益計算書）は，もちろん複式記帳システムの一部として位置づけられるが，これと貸借対照表が「同レベルの決算書」であることをもって複式記帳体系とそれ以外の記帳体系が同格であることの表れと見ることができるのではないだろうか。

このように考えた場合，複式記帳とそれ以外の記帳において，「記帳法」の論理的整合性はきわめて薄くなることになろう。ゆえに，記録自体が独自の生命を帯びる様相を呈する相補的会計観を採ることは不可能に近い。また，元帳自体をドイツ的な意味で主要簿と考え，それ以外の簿記記録を元帳の補助簿であると位置づけようとしても，元帳が容易に分割され，分割された元帳相互間のつながりが薄くなる英国の簿記システムを相補的に観ることはきわめて難しいのである。これは英国の簿記が，実際の事物ないし取引―《力》―の写像的記

---

45) 安藤英義「イギリスの簿記書と組織文化」『會計』第138巻第3号，1990年，21頁参照。

録のシステムだからであろう。《力》の写像である点において，複式記帳システムもそうでない記帳システムも「簿記」の中で同格なのである。

　一方，ドイツでは，大陸式簿記を採ることによって「複式簿記における中心記録（英国の簿記の考え方では，複式記帳システム）」たる主要簿のみから損益勘定と残高勘定を導き出すことができる。決算書たる損益計算書および貸借対照表はもちろん簿記の外にあるが，これらは企業外部への会計報告のため損益勘定と残高勘定を見やすいように整理して作成されたものと観ることができるだろう。その意味では，決算書は主要簿における記号の体系からのみ導き出されるものということができる。

　このように，英国の簿記とドイツの簿記は，それぞれ現実写像性の体系，記号独立性の体系を具現していると私は考える。このとき，利益計算の理念型としての財産法・損益法が相互補完的な関係にあった[46]ように，写像的な会計観に立った簿記・相補的会計観に基づく簿記も，互いの存在を無視して現実の会計を営むことはできないと思う。形式的・理念的には英国の簿記は現実写像性の体系，ドイツの簿記は記号独立性の体系で構成されていても，実質面では相手を内包していなくてはならないのである。

　これは，特にドイツの会計において必須のものとなろう。会計が現実の世界とのつながりを完全に断ち切るとき，記号体系の論理的で技巧的な美しさのみが残り，記号の遊びに堕してしまうからである。現在の会計の目的のうちもっとも重要なものの一つは，何らかの意味で有用な情報を企業の利害関係者に提供することにあるわけであるから，記号はその内に《力》をはらんでいなくてはならないのである。

　ここに財産目録の存在がクローズアップされることになる。その背後に事物の存在を強固に主張する財産目録が，ドイツの会計においてなくてはならないものであることの理由がそれではないだろうか。記号独自の体系から得られる貸借対照表と事物の写像として得られる財産目録の共生が，ドイツの会計シス

46）　岩田巖『利潤計算原理』参照。

テムにおいては必然なのではないだろうか。これに対して、英国の体系ではもともと貸借対照表自体がその背後に事物の体系を有していると考えることができる。そのような場合、あらためて財産目録をつくる必要性がないことは明らかであろう。

以上、著者の考える二つの理念的な会計観をもとに英国とドイツの簿記システムを位置づける作業を行ってきた。

英国の簿記システムは、背後に現実の世界を有し、その写像として位置づけることができる。一方、簿記システムという記録体系自体の内部整合性が余りなく、主要簿と補助簿の区別を行うことにも積極的な意味はないといって良い。さらにいうと、記録体系を、複式記帳システムを有する元帳（とその補助記録帳たる仕訳帳）とそれ以外とに区分することができようが、決して元帳を主要簿、それ以外を補助簿として扱かっているのではなく、ある意味で両者は同格と考えられるのである。

これに対し、ドイツの簿記システムは主要簿の記録自体が一つの世界を有しており、勘定体系がその背後の事物の体系からかなり独立している（理念的には完全に独立している）と考えることができる。その一方で、会計が抽象的な観念の遊戯になってしまう危険をもっているため、事物の写像体系としての財産目録、あるいは補助簿を必須の付属物としているといえるのではないだろうか。

(5) 貸借対照表における時価と原価

第6章から第8章までに論じられた諸貸借対照表学説は、第6章のシュマーレンバッハ学説を起点として、フロー貸借対照表観・ストック貸借対照表観にそれぞれ相補的会計観・写像的会計観の原型を見ることになったといえる。現に存在する記号体系に依存した形のワルプおよびコジオールの貸借対照表論と、現に存在する財産の一覧表たる財産目録に依存して理念的な貸借対照表観を構築するシェアーおよびル・クートルの貸借対照表論は、動態論対静態論という対立関係ばかりではなく、相補論対写像論という対立関係でとらえること

もできるのである。

　相補的な会計観と写像的な会計観の具体的な相違点としては，前者がフロー貸借対照表，後者がストック貸借対照表を想定することになりやすい点が挙げられよう。もちろん，ワルプおよびコジオール理論でのフロー概念はリアル・ワールドにおける存在の流量（収入・支出）であるとされ，シェアーおよびル・クートル理論においてのストック概念もリアル・ワールドの存在の在高（財産）であるとされているのであるが，ワルプおよびコジオールのフロー概念は，実質的にはアカウンティング・ワールドにおける勘定の抽象的な動きを意味しているのである。

　ただし，原則的には最終的な貸借対照表項目の評価基準は取得原価になる。シェアーの貸借対照表観においては，おそらく多元的な評価基準が想定されていると著者は考えるし，シュマーレンバッハの『動的貸借対照表』旧版においても必ずしも取得原価主義の貸借対照表観が生ずることにはならないが，ワルプおよびコジオールや，ル・クートルの貸借対照表観，本章で検討された資金学説，ひいては現行のドイツやわが国の企業会計においても取得原価による貸借対照表評価が，いまだ原則的なものになっている。この点とシュマーレンバッハの『動的貸借対照表』旧版，シュミット，シェアーのもののように，必ずしも取得原価主義を採らない貸借対照表論とは，どのような点が違うのであろうか。

　結論からいうと，貸借対照表に収容される諸項目が「企業と企業外部との間における何らかのものの流れの結果」だとする考え方が原価主義であり，「企業内部での何らかのものの状態変化の結果」だとする考え方が時価主義であるととらえ得るだろう。「何らかのもの」とは，多少一般性をもたせた言い方をすれば「貨幣に還元して考えることのできる有形・無形の事物」であり，これを貨幣資本（場合によっては物的資本[47]）を具現する力（Kraft）と観ることができる。

47）　物的資本を具現するものであっても，会計における認識対象となるためには金額的評価が必要であり，貨幣に還元して考えることは可能である。

原則として《力》が企業と企業外部との間にのみ流れると考え，企業の内部にとどまっている《力》が自ら増加するとは考えないとき，貸借対照表評価が<u>結果として</u>原価基準となる。さらに，貸借対照表に収容される諸項目は企業と企業外部との間に受け渡された《力》の純流量を示すことになるのである。

一方，貸借対照表評価を時価基準とした場合，企業の内部に流れ込み，いまだ外部に流れ去っていない《力》が自ら増加すると考えられることになる。そして，貸借対照表に収容される諸項目は企業の内部に存在する《力》の在高を示すことになると考えられるわけである。

このように，両者の論理の関係は必ずしも「原価対時価」というような二項対立的なものではない。企業の外部から《力》が流れ込んだ時点において，その《力》に貨幣的評価額が与えられることを両者とも共通の前提にし（すなわち，《力》のフローが生じた時点の時価評価ともいい得るし，それを原価評価と呼んでも差し支えない），原則として当該《力》が企業の外部に流出するまでは，同じ金額で企業内に滞留しているとみなすのが原価基準，《力》が外部に流出する以前に評価額が変わるとみなすのが時価基準といえるからである。

貸借対照表として時価基準のものと原価基準のものとでは，時価基準のもののほうが，より忠実にリアル・ワールドを表しているという見方ができよう。ただし，そこでいう時価としていかなる価額を用いるのかといった問題点，あるいは時価が確定した客観的な金額として存在し得るのかといった会計処理の実行可能性に関わる難点も存在することは否めない。一方，純粋な原価主義を用いる場合，いわゆる外部取引が存在しない限り，会計の枠内で《力》の状態表示を考える必要がなく，外部取引という《力》のフローのみを考察の対象とすれば良いことになる。この場合，《力》のフローを表す記号体系がひとたび確立されれば，記号と記号の相関関係のみに基づいて会計を営むことができることになる。

現実の会計は，貸借対照表に外部取引を基礎とした《力》のフロー表示を求める考え方と，企業内部での《力》の状態変化を求める考え方が錯綜しており，純粋な原価基準も純粋な時価基準も採られていないと考えられる。現実の

会計をこのような二つの考え方の複合物として観察し、現実写像的な会計観に基づくストック貸借対照表と、記号主体的な会計観に基づくフロー貸借対照表との折衷がどのようになされているのか、それを解明することが会計構造論と呼ばれるようなアプローチの課題といえるだろう。

それは、《力》の評価をいったいどの時点で行うのか、という点に集約できる議論であろう。企業内外間の取引を重視する学説……ワルプおよびコジオールの動態論や各資金会計論、あるいは米国におけるペイトン・リトルトン（W. A. Paton and A. C. Littleton）の学説[48]など……は、当該取引の時点でのみ評価を行うことを原則とし、結果としてフロー貸借対照表観を採ることになるであろう。一方、期末時点の財産評価を重視する学説……1861年ドイツ普通商法の通説的解釈やシェアーおよびル・クートルの静態論、あるいはシュミットの有機論など……は、期末時点における《力》の在高を評価することを原則とし、結果としてストック貸借対照表観を採ることになるといえるのではないか。

4 むすび

前節の最後に述べた考え方は、フロー貸借対照表・ストック貸借対照表いずれについても、リアル・ワールドの写像行為としての企業会計を前提としたために生じたものである。フロー貸借対照表が相補的思考に、ストック貸借対照表が写像的思考に関連するとの論述と矛盾するようであるがそうではない。アカウンティング・ワールドの記号が現実の世界から独立しているという前提から生ずる相補的思考は、現実の対象が持つ無数の側面の中からある一つの側面を選択するための思考なのである。以下、筆者の考える写像的思考・相補的思考の本質的意味を述べるという意味を含め、その点について補足しておきたい。

本書においては、貸借対照表項目としての諸勘定は、まず幾何学における写

---

48) W. A. Paton and A. C. Littleton, *An Introduction to Corporate Accounting Standards*, American Accounting Association, 1940年。

像の概念によって説明された。現実の世界における事実（Tatsache）の写像としての勘定は，事実のひな型である。そして写像の要素が一定の様式で互いに関係することは，事実がそれと同じ様式で互いに関係していることを表しているのである。写像の要素が互いに関係し合うのと同じように物が互いに関係し合うとすれば，原ストック貸借対照表の諸要素の相互関係および原フロー貸借対照表の諸要素の相互関係を「写像の構造」と呼ぶ場合，実在物も同じ構造を有していることになる。つまり，事実と写像とが共通して有する属性は，要素間の相互関係すなわち「構造」であり，事実と写像とが同じ構造を有していない限りは，写像は写像たり得ないのである。

ここでいう事実とは，思考（Gedanke）であるといっても良い側面を有する。あるいは，写像が思考であるといっても良い。すなわち，事実と記号の間には思考が介在し，人間が思考できるものしか事実として認識されないし，もちろん写像されもしないのである。事実の諸要素の相互関係ないし写像の諸要素の相互関係とは，思考の構造である。人間が思考できないものは世界に存在しないといって良いという意味で，あるいは人間の思考が世界を形成するという意味でこのことが成り立つであろう。

写像理論における企業会計は，無色透明な媒体である。企業会計の構造は，世界の構造を写像したものに過ぎないからである。その限りで企業会計とリアル・ワールドは一対一の写像関係ないし対応関係にあると考えられることになるであろう。

しかし，その場合，ある貸借対照表項目が存在するのは現実の世界にそれが存在するからだと説明されなくてはならない。これは，全ての場合に可能であろうか。そうではなく，ある特定の貸借対照表項目の存在を前提にして，それとの関係によってのみ生ずる貸借対照表項目もあるのではないだろうか。このような考え方の下では，ある貸借対照表項目 a の成立は，企業会計の体系に照らしてそれが b でも c でも d でもないという意味において a であるといえることによって生ずる。あるいは独立的な a としての性格ではなく，a/b/c/d

4 むすび

……という体系が成り立っていることを前提として，ある貸借対照表項目がaと呼ばれることになるのである。全ての貸借対照表項目の成立は，現実の世界との関わりによるどころか，たかだか企業会計体系と相関的なものでしかないのではないだろうか。

　この考え方を本書では，物理学における相補概念を記号と記号との相補関係の解釈のためにもちいて説明した。相補論のもとでは，現実の世界の無数に存在する属性の内，どの属性を把握するかがある程度先験的に定められていることが前提となる。何か一つの財産の流れ（たとえば現金支出）が生じたとき，それを一つの名前（創立費，営業費あるいは引出金など）と呼ぶことの根拠を現実の世界に求めるのではなく，記号体系の相補的関係に求めるのである。

　これは，写像論が静態的なものであるのに対して，相補論が動態的なものであることを意味する（静態・動態は，貸借対照表学説の形容詞として用いたものとは異なり一般的な意味である）。写像論では，ある一時点の貸借対照表の《ストック》を写像する場合も，取引として生じた《フロー》を写像する場合も，写像関係に伴う瞬間的な，固定した主体を考える。一方，相補論では，記号体系に意味を与える「用法」が登場することになるのである。

　個々の記号が独立して存在し得ない以上，それらの記号が用いられる際の用法が重要な意味を持つのは当然である。そして，それは原フロー貸借対照表ないし原ストック貸借対照表の形で現れるのである。ここでいう「フローおよびストック」は記号の動きおよび存在を意味する。一方で，写像論でいう「フローおよびストック」は事物の動きおよび在高を意味しているのである。

　企業の内面には様々な事象が生ずる場が存在するが，それは，企業会計構造として（原フロー貸借対照表として）考えることができる場合にのみ意味を持つ。そうすると，逆に企業会計に棲まわれる限りで事象が生ずる，と考えるのが相補的思考である。貸借対照表項目の背後にリアル・ワールドの事実を観るといえば，極端な話，〈創立費〉や〈減価償却累計額〉が実体としてあることになる。そうではなく，企業会計とは創立費や減価償却額の記述行為であり，《事実》は会計の営みの間にようやく存在することができると解するのである。

勘定の背後に，リアル・ワールドの実在のフローないしストックがあると考えると，その複合によって原価主義や時価主義が生ずる。ただし，時価主義の貸借対照表項目は，リアル・ワールドの写像たるストック以外のものとして想定できないのではないだろうか。リアル・ワールドの実在をその背景に想定できない貸借対照表項目に時価が存在するとは思われない。その意味でストック貸借対照表は時価主義に結びつき易いといえるのである。

ただし，企業会計の構造は時価主義・原価主義という枠組みから成り立っているのではなく現実写像体系・記号主体体系から成立していると思う。とりわけ全ての企業会計の構造を説明することは相補的な記号を主体とする体系からでなくてはできないと考える。原価主義・時価主義の体系という枠組みで思考するのではなく，現実写像・記号主体の体系という枠組みで思考がなされるべきであり，それとフロー・ストックという概念の組み合わせが現実の，そして理論づけられた会計体系を説明できるものである。このような認識が本書で強く主張された前提であり，結論でもあった。

なお，現実写像の体系においては，「フローとストックの統合」が難しいと考えられる。企業内外間の取引の写像と，企業内の財産の写像のどちらかを優先すればもう一方は一元的な理論構成から生ずることはできない。シュミットのフロー体系とストック体系の損益計算が，現実には合致するものではないということは，そのことを示唆するものととらえられるであろう。

しかし，記号主体の体系においては，記号と記号の相互関係の定義によってそれが可能となると考えられる。企業の業績尺度となる損益の計算というような目的が，外部取引の結果も企業内部での財産の状態変化も取り込むことを必要とするなら，シュマーレンバッハが『動的貸借対照表』旧版で言及するような形での新動態論的思考を原フロー貸借対照表たる会計構造にインプットすればよいからである。逆に，リアル・ワールドに関係なく，複式簿記ないし原フロー貸借対照表の構造が企業会計を構成し，この構造に包含されないものは企業会計の対象とはならないということができよう。これは，現に存在する複式簿記を前提にしての論述ではない。無色透明の複式簿記の構造を前提としての

ものであり，従来はそこにインプットされなかった取引（たとえば，未履行契約や損益を構成する資産の価値増加等）も，複式構造が受容できるものであれば，企業会計の構造に包含され得るということを意味しているのである。

	現実写像体系	記号主体体系
フロー	「外部との取引」を写像する …原価主義の傾向	「勘定項目の動き」 勘定と勘定の相互関係によって，ある勘定は動く
ストック	「財産・負債」を写像する …時価主義の傾向	「勘定項目の存在」 勘定と勘定の相互関係によって，ある勘定は存在する

なお，複式簿記構造，あるいは原ストック貸借対照表および原フロー貸借対照表の二面性の「意味」や「理由」を探求することは，一つの大きなテーマである。しかし本書では，部分的に第5章第2節で僅かに扱ったが，本質的にそれを対象にせず，所与のものとして相補的な記号主体論を展開した。この問題の解決は，今後の著者の研究課題の一つとしたいと思っている。

第３編　監査・会計構造の論理

第9章
通時的企業会計構造

1 はじめに

　数年前から，わが国の公会計システムに対しては，様々な問題点が指摘され，その改革が叫ばれるようになっている。それは，明治時代に現行の公会計システムが制度化されて以来連綿と，国や地方公共団体が現金主義・単式簿記を採用し続けていることに対する批判，そして発生主義・複式簿記（いわゆる企業会計方式）を導入すべきだとの主張であるといってよい。そして，この企業会計方式導入の一環として貸借対照表（バランス・シート）を作成し，公的部門の財政状態を表示しようという試みは，すでにいくつかの地方公共団体や大蔵省（現・財務省）によって行われている[1]。

　そうした公的部門の取り組みは，自らのアカウンタビリティを遂行するため，あるいは悪化しつつある財政状態について国民・住民の理解を深めるために行われていると考えられるが，いずれにしても「貸借対照表の開示」という局面に焦点が当てられているという点が特徴である。つまり，現金主義・単式簿記といった内容に関係する「記帳ないし記録」の局面ではなく，様々なデータを用いて「貸借対照表等の作成」を行い，それを「公表」するという局面を重視する動きであるといえるのである。これは，わが国の公的部門が，財政再

---

[1] 2000年10月，大蔵省が「国の貸借対照表」を試作し公表しているが（2000年10月11日付け日本経済新聞朝刊や，衆議院調査局決算行政監視調査室「国の貸借対照表に関する資料」参照），それに先立ち三重県，和歌山県，東京都などがバランス・シートを作成・公表していることは周知の通り。

建推進のため国民・住民にその財政状態を知らせる必要を強く感じてこういう形になったものといえるであろう。

しかし，多くの場合，公表された貸借対照表等を見ても，財政状態がどのように悪いのか，具体的にはイメージしづらいようである。その理由は，大きく二つに分けて考えることができる。

第一に，民間企業であれば「債務超過」とされ，整理・更正等の手続きに入らなくてはならない状況が貸借対照表によって示されていても，国や地方公共団体の場合，現実にそういうこと（破産・整理）にはならない以上，貸借対照表上の項目や数値が，具体的に何を意味するのかという点が不明瞭であることが挙げられる。この点については，本章における主要な検討対象でもあり，後述する。

第二には，公会計・企業会計を問わず，貸借対照表等の財務諸表上の項目や数値は，単年度のそれらを単独で示されても，良し悪しの判断がしにくいという理由が挙げられる。企業会計の場合でいえば，同種同規模の他社のデータと比較すること（企業比較）によって，ないし過去数年間の当該企業のデータと比較すること（時系列的比較）によって意味のある内容が現れてくる。おおよそ，会計数値というものは「比較」できるのでなければたいした意味を持たないのである[2]。したがって公会計においても，同一の会計基準で作成された他国や他地方公共団体（他エンティティと呼ぶ）のデータ，および過去数年分ないし数十年分のデータが与えられなくては，あるエンティティの貸借対照表の内容を，本質的に検討することはできまい。しかし，そうした諸データを準備することには，かなりの手間・コストを要すであろうことは明らかであって，公会計の分野で，そうした諸データを蓄積しようという動きはあまり進展していないように見受けられる。また，他エンティティの情報開示を待たなくては

---

[2] 20世紀における近代会計学の確立者としてもっとも著名な人物の一人であるドイツのシュマーレンバッハは，利益の絶対額よりも，相対額を重視すべきであることを述べている。すなわち企業間比較や当該企業の各年度間の比較を可能にする利益を計算すべきことを強調しているのである。Eugen Schmalenbach, *Dynamische Bilanz*, 第4版, Leipzig, 1926年, 106—108頁参照。

実行不能であるという問題点も残る。いずれにしても，この問題点はいかなる状況においても解決されるべきものではあるが，それは理論的にではなく，ある会計システムが広く受け入れられることによって解決される性質のものである。

したがって本章では，第一の問題点すなわち，公会計における貸借対照表は，いかなる項目を収容しそれがいかなる意味を持つべきであるのか，という点を中心とした考察を行いたい。その際，当初述べたように，公会計の「記帳」の側面，すなわち単式簿記・現金主義であるとして批判される部分も検討することとするが，それと「開示」される貸借対照表等との関連を中心的に取り扱う。これらは，いわゆる企業会計方式を公会計に取り入れるという観点から行われるものである。

2　カメラル的思考と企業会計

わが国における従来型の公会計の基礎は，明治 22 年（1889 年）に制度化された，収支計算書を基調とする「官庁会計」（プロシャ官庁簿記を起源とするドイツのカメラル［官庁］簿記[3]）である。すなわち，単式簿記とか現金主義会計と呼ばれる記帳方式に基づいて日々の会計処理を行い，年度中の収入と支出を対置した収支計算書を作成するというものである。これを当初予定されていた予算（収入と支出の予定項目と予定金額）や次年度の予算と並べて表示するという形が，わが国の多くの公的部門における，いわゆる決算書であるということができよう。

一方，米英等においては，政府会計（governmental accounting）に発生主義会計や複式簿記（いわゆる企業会計方式）がすでに導入されている。米英だけで

---

3)　ドイツのカメラル会計（Kameralistik）については，Ernst Walb, *Die Erfolgsrechnung privater und offentlicher Betriebe, eine Grundlegung*, Berlin/Wien, 1926 年, 208-317 頁参照。なお，ここでは企業会計も公会計も共通の原理に基づいていることが述べられている（6 頁）。

はなく，オーストラリア，カナダ，フィンランド，フランス，ドイツ，アイスランド，イタリア，マレーシア，ニュージーランド，スウェーデン，スイス，タンザニアにおいても同様である[4]。わが国でも，はやく米英並みの会計基準を導入すべきであるといわれることもしばしばある。だがしかし，ここで考えておくべきことは，国や地方公共団体のようなエンティティと，国に関連する特殊法人とか外郭団体のようなエンティティとは，同じく企業会計方式を導入すべきであるとしても，その意味合いが異なるという点であろう。すなわち，後者は民間企業と同様の活動を行っているのだから民間企業並みの会計基準を使って記録・報告を行うべきであるとの論理が採られるのに対し，前者は，政府会計に企業会計方式を導入してその改善を図るべきであるという論理が採られているのである。

本章においては，この後者すなわち特殊法人等の会計は対象としない。これらは，民間の上場企業同様の会計システム・監査システムの下にあるべきであって，理論的には，それ以上検討すべき内容がないからである。また，近い将来，特殊法人に適用される独自の会計基準が作成・公表されることも明らかであろう。したがって，前者の政府会計に企業会計方式を導入するというのはどういうことか，という問題についての論点を整理して検討したい。なお，前者と後者の中間的なエンティティについても，独自の会計処理基準が設定される場合も少なくない。この場合も，本章で特に論ずる必要がないので，考察の対象から除いていることをお断りしておく。

1. 政府（国・地方公共団体）の会計
2. 民間とは異なる考え方で運営される公的組織（独立行政法人など）の会計
3. 民間の組織と同一の考え方で運営される公的組織（特殊法人など）の会

---

[4] International Federation of Accountants (IFAC), *IFAC Public Sector Committee Study 11, Government Financial Reporting – Accounting Issues and Practices*, 2000年5月, Chapter 10, Par. 296 参照。

計
　→ 2，3には独自の会計基準が設定されるため，1について検討

　国や地方公共団体等の会計すなわち政府会計に発生主義・複式簿記を導入することの目的は次のように整理できる。まず第一に，従来の官庁簿記方式では，収支以外の記録が捨象されるため，財務的なストックに関する情報が欠落することになる。また収支に直接結びつかないフロー情報も把握されない。したがって，企業会計で行われている複式簿記方式を導入した上で，貸借対照表，損益計算書（行政コスト計算書）およびキャッシュ・フロー計算書に相当する財務諸表を記録から誘導できるようなシステムを構築すべきである，と。本章では，この点を中心として次節以降で検討する。

　第二の目的は，政策・事業単位での評価を実施するために，特定の政策・事業別にコストを把握し，その結果として，政策・事業の実施主体のコスト意識を高めるという点である。第三の目的としては，発生主義会計を前提とした予算を編成し，その上で予算と決算との関係を明確にすることが挙げられる[5]。ただ，この二つの目的を達成するための会計を扱うことは，本章の観点からは，さほど大きな問題とはならない。前者は，アカウンティング・エンティティの設定に関する問題，および各政策・事業単位におけるコストの配賦・集計計算の次元の問題であると考えることができる。また，後者は，予算編成の問題，および予算と実際の差をいかに扱うかという次元の問題である。したがって前者は，各政策・事業ごとのコストをいかに把握するかという原価計算的思考によって解決を見ることができようし，後者は，たとえば米国の fund accounting system[6] を導入することによって解決できる。いずれも，第一の目的を達成することから派生的に解決が図られうるものであると考えることが

---

[5] 東信男「国の公会計制度改革の課題と展望」『会計検査研究』第22号，2000年，63-79頁，とりわけ66-67頁参照。

[6] 要するに，当初，各コストの勘定の貸方に予算額を記入しておき，発生の都度，各コストを各勘定に借記することによって，常に，コスト別の予算残が把握できるという会計処理である。

できるからである。

　ただ，発生主義会計を導入しようとすることに関しての，上記の第二の目的の背景には，企業会計の枠組みを越えた問題意識がある。それは，3E (economy, efficiency, effectiveness) あるいは VFM (value for money) の観点である。すなわち，貨幣ないしキャッシュの量では必ずしも測定できない何らかの「効用」等を対象とすべきであるとの基本思考があるのである。これは，生み出される行政サービスの量 (output) やその社会に対する効果—住民満足度等 (outcome) を重視し，それらをいかに少ない支出ないしコストによって生み出したかを測定することが，国や地方公共団体に対して求められることを意味する。企業会計においては，貨幣で測定できないものは捨象されるのに対し，公会計においては重要な認識対象となる。公会計システムやその監査システムにおいて，これらを扱うことは必要なことである[7]。

　したがって，公会計には企業会計と異なり，貨幣尺度を中心とした視点と，貨幣以外の尺度を考慮するという視点が併存していることがわかる。しかし，本章はあくまで，企業会計方式を公会計に適用するということの意味を中心に考察していくものであるから，これらの問題点の検討は別の機会に譲ることとしたい。

　さて，以上の論述から明らかになったことは，企業会計の枠組みを使った公会計（厳密には政府会計）を考える際には「発生主義や複式簿記を導入する」という視点を整理・検討することが必要だという点である。すなわち，現金主義・単式簿記による記帳システムをいかに改変・再構築するかという点の検討が必要だということである。さらに前節でも述べたように，財務諸表・決算書と呼ばれる報告システムを，記帳システムとの関連で位置づけるという視点からも，公会計の問題は検討されねばならない。次節以下では企業会計の枠組みを使って，この二つの視点から公会計システムを検討してみよう。

7）　貨幣数値を行政サービス量の「指標」として用いることはあり得るが，それはあくまで経済学における考え方と同様に，本来の（理念的な）尺度の代用として用いられるにすぎない。その点が会計学と大きく異なる点であるといえる。

3 通時的企業会計構造

(1) 貸借対照表構造

　本節は，公会計に応用できる考え方を企業会計から抽出することを目的とするものである。議論を単純な形で進めるために，企業会計における「個別」財務諸表を前提とする。

　もっとも，2000年3月期より，わが国の上場企業も，本格的な連結開示制度を採用するようになった。発行済み株式の過半数を実質的に他企業に保有されているか，過半数に満たなくとも4割以上を保有されかつその他企業から支配を受けていると判断される企業は，当該他企業の子会社であると判断され，その財務諸表は親会社のそれと連結されることになる。その意味で，公会計にいわゆる企業会計方式を導入する際にも，国の「支配力」を強く受ける地方自治体を，国と連結して財務諸表を作成することが考えられる。企業会計上，発行済み株式数の2割以上を保有されているか，あるいは2割に満たなくとも高い比率の株式を他企業に保有されその他企業から強い影響を及ぼされている企業は，関連会社として持分法の適用対象となるから，歳入の2割程度以上を地方交付税等が占めているような自治体は，国と連結して財務諸表を公表するという形も考えられよう。

　そもそもタックス・ペイヤーとしての国民の観点からすれば，税の支払先が国であるか地方公共団体であるかの差異はさほど問題ではないから，あらゆる税金の使い道を一括して示すといった形の連結財務諸表も，将来的には作成・公表されるべきであるのかもしれない[8]。ただ，本章の論議はそこまで踏み込むものではない。

　さて，企業会計といっても時代によって異なる姿をもっていることはいうまでもない。したがって，公会計に応用すべき企業会計の「構造」を明確にして

---

8) 一括するとはいっても，目的税と一般財源とを区別し，別々に財務諸表を作成するという程度のことはあってもよいだろう。

おく必要がある。とりわけ21世紀を迎えたばかりの現在は，企業会計の大変容期であり，20世紀に一つの成熟した頂点を極めたいわゆる「原価主義会計」が，いわゆる「時価主義会計」に変貌しつつある。（政府会計としての）公会計に応用すべき企業会計の構造とは，いったいいずれであるべきなのだろうか，あるいはいずれとも異なるべきなのだろうか。

既述のように，企業会計・公会計いずれも「日々の記録」という側面と，「財務諸表の作成・公開」という側面を持っている。そこで，いずれの側面にも関連し，いずれの側面の基本的内容をも含むことになる「貸借対照表」の姿を用いて，各時代の企業会計構造を検討してみよう。

(2) 19世紀の会計と20世紀の会計

本章では各時代の会計（貸借対照表構造）を，「19世紀の会計」，「20世紀の会計」および「21世紀の会計」として3分類する[9]。順に説明していくが，まず，基本となる貸借対照表構造について示しておこう。一般に貸借対照表は，資産・負債・資本というストックの収容表とされる。時代を通じて，この資産・負債・資本の見方（貸借対照表観）が変遷し，それに従って貸借対照表項目の内容や評価基準が変わっていくのである。

19世紀以前のヨーロッパで考えられていた貸借対照表は，ある一時点において，あるエンティティ（企業）に属する正および負の財産を収容するものである。このプラスおよびマイナスの財産とは，企業会計システムや簿記を前提とせずに，その存在が認められるものであって，当時は，売却価値を有するプラスの財産と法的に返済義務を有するマイナスの財産とが想定されることが多かった[10]。両者の差額である純財産を計算すること（財産計算）が，当時の会計においては大きな目的であり，こうした体系を有する会計理論は「静的貸借

---

9) 拙稿「簿記・会計の分立と監査の二極化」『會計』第158巻第1号，2000年，55-66頁，特に56-60頁参照。
10) 貸借対照表に収容される項目の評価をいかなる基準で行うべきか，という問題は必ずしも広く一致した結論を有しているわけではない。本書の言明は，1873年ドイツ帝国高等商事裁判所判例が，一般に貸借対照表上の財産を売却時価で評価　　（次頁へ）

対照表観」(statische Bilanzauffassung) あるいは「静態論」と呼ばれる。

　この貸借対照表に収容される正負の財産は，既述のように会計システムを前提とせず，換言すれば，体系的な記録を前提とせず，一定時点（決算日等）において財産を実地調査すること等によって把握することができるものである。このように，簿記等の会計システムから導出されるのではない正負財産の収容表は，正確には貸借対照表ではなく「財産目録」(Inventar) と呼ぶべきであるが，ここではあえて厳密な区別を行わない。この貸借対照表に収容される正の財産は売却時価で評価され，負の財産は返済額で評価されるが，前者は売却により生ずるキャッシュ・インフロー，後者は返済により生ずるキャッシュ・アウトフローによって評価されると考えてもよいだろう。

　一方，20世紀になると，そうした貸借対照表観は廃れていった。あらゆる財産を売却時価で評価することは難しいし，営業用の固定資産などは，売却時価で評価するとなると，購入した期に多額の損失を計上しなくてはならないなど問題が多かったからである。そして，プラスの財産とマイナスの財産との差額によって純財産を計算するという「財産計算」を重視する考え方から，収益と費用の差額計算すなわち「損益計算」を重視する考え方[11]に移行していったのである。この「損益計算」は，主に企業の所有者の観点から行われるものであり，企業がどれだけの資本を投下し，それに較べてどれだけ多くの（あるいは少ない）リターンを得たかを計算しようとするものであるといってよい。

　これによって，新たな貸借対照表観が出現したと考えることができる。複式簿記という記帳システムを前提として，それによって把握された「過去の収支」それ自体が貸借対照表構成要素となるのである。複式簿記とは，基本的には企業内外間を移動する貨幣ないし貨幣価値を有する財・用役を把握するためのツールであるといえるが，それに依拠することにより，貸借対照表はすでに生じた貨幣等のフローを表示するものとなった。

　負債および資本は共に，企業成立からある特定の貸借対照表日までに調達さ

（前頁より）するものだと解釈されていたことをその根拠としている。
　11) 損益計算重視の会計思考をわが国では一般に「動態論」と呼んでいる。

れた資金の純フローを示しており，資産は，そうして調達された資金がどういう形で支出されているかを示している。この動態論の枠組みにおいては，貸借対照表の右側全体が「資金の調達源泉」であり，左側全体が「資金の運用形態」であると説明されることが一般的である。とりわけ，資産が「資金の支出額」そのものであることから，取得原価による資産評価がなされる，という言い方が成立するわけである。

なお，複式簿記とは，すべての貸借対照表項目（特定の貸借対照表項目の増・減要因を表す特定の勘定を含む＝残高試算表の総項目）に関して，それぞれ一つの勘定・帳簿を設け，その増減を記録するシステムである。従来の複式簿記は，企業と企業外部との間にキャッシュ・フローを生じる取引（事前もしくは事後に生ずる場合を含む）を主たる認識対象とし，当該取引を当該キャッシュ・フロー金額で測定してきた。客観性・検証可能性の面で優れた記帳法といえる。

また，資本の部の一項目である「未処分利益」の営業活動による増加・減少をそれぞれ収益・費用として独立させることにより，20世紀の貸借対照表は，現在の簿記・会計の学習上，「残高試算表」と呼ばれるものの形で理解することができる。キャッシュ（現金預金）以外の資産と費用とはいずれも（過去の）キャッシュの支払いを表しており，負債・資本・収益は（過去の）キャッシュの受け取りを表していると解釈できよう。

そして，資産の部の一項目である「現金預金」（キャッシュ）の増加・減少をそれぞれキャッシュ・インフロー，キャッシュ・アウトフローとして表示するとすれば，20世紀の会計構造は，104頁の収入・支出・給付・費消対照表Bのように表現できるであろう。

現在，企業により作成されている貸借対照表においては，キャッシュ・インフローとキャッシュ・アウトフローとは相殺され，収益と費用も相殺計算され，期首の金額と合算した上で示されている。ただ，当該貸借対照表が作成された年度におけるフロー表として，キャッシュ・インフローとキャッシュ・アウトフローを表示した財務表であるキャッシュ・フロー計算書と，収益・費用

を表示した財務表である損益計算書が作成されている。すなわち，両計算書は貸借対照表の特定の項目（キャッシュおよび未処分利益）の一期間における総フロー（明細といってもよい）を表示するものであって，会計「構造」の上では貸借対照表が中心となっていることがわかる。

なお，複式簿記は，企業内外間の過去のキャッシュ・フローだけを把握するツールではない。それを超える内容を包含できる技術である。期中にあっては，原則として企業内外間のキャッシュ・フローを生ぜしめる取引を記録し，期末時点において，当該取引の結果を（決算整理手続き等によって）再び会計的観点から修正等することができるからである。

そして，「左右一致する貸借対照表に収容される項目」のすべてについて，勘定が存在し，その増減を記録するシステムである複式簿記が行われていることが，貸借対照表と簿記をめぐる論理的な関係であるといえるであろう。

(3) 21世紀の会計

現在が企業会計の大変革期であることはいうまでもない。前項でのべた20世紀の会計は，いわゆる「動態論」と呼ばれるものであり，数十年にわたって会計理論・実務の中枢にあったが，1960年代半ばには，アメリカにおいて，その次の座を担うであろう会計がおぼろげながら輪郭を見せ始めている。現在，それはまだ完成してはいないが，21世紀（の少なくとも前半）に主流となる企業会計の形は，動態論とはだいぶ異なるものとなろう。従来，過去の収支に基礎をおいた損益計算，すなわちフロー・ベースの理論・実務が中心であったのに対し，企業の将来キャッシュ・フローの現在価値というストック・ベースの会計に移行しつつある。ただ，資産・負債概念に大きな違いがあるとはいえ，これは19世紀の貸借対照表観と軌を一にするものと考えることができる。ある時点における何らかのストックを所与とし，その評価額を将来キャッシュ・フローによって算定するという考え方にたつものといえるからである。

現実にはまだ，すべての資産・負債を将来キャッシュ・フローの現在価値として表示する貸借対照表は作成されていないが，理念的には次のようなものと

なるであろう。すなわち，企業に将来，プラスのキャッシュ・フローをもたらすものが資産，マイナスのキャッシュ・フローをもたらすものが負債であり，評価は当該キャッシュ・フローの現在割引価値によって行われる，と。このとき，将来キャッシュ・フローの「金額」，「タイミング」および現在価値を計算するための「割引率」の三点が確定すれば資産または負債を計上するための必要十分条件となるのである。

　企業にもたらされる将来のキャッシュ・フローは，完全に予測できるものばかりではないから，その意味で，会計の実施に際しての困難が予想できる。また理論的にも，将来キャッシュ・フローの性格には大きくいって，二通りの違ったものがあるという問題がある。すなわち，その所有者が誰であるかに関わりなく「同額の」将来キャッシュ・フローをもたらす資産・負債がある一方で，所有者が異なれば，異なるキャッシュ・フローをもたらす資産・負債も存在するという問題である。たとえば多くの金融商品は，その所有者が誰であろうと同額キャッシュ・フローをもたらすであろうが，機械や土地といった資産は，その所有者がどういう企業であるかによって，そのもたらすキャッシュ・フロー額が異なってくる。所有者によって異なるキャッシュ・フローを企業にもたらすこうした資産・負債の評価をいかに考えるべきか。

　アメリカ財務会計基準審議会（FASB）が2000年2月に公表した第7番目の概念ステートメント[12]によれば，原則として多くの資産・負債は，公正な市場における価格である公正価値（fair value）で測定されることが望ましいとされる。これは，主として金融商品等に適用される考え方であるが，理論的にはすべての資産・負債に適用される考え方でもある。つまりFASBは，あらゆる資産・負債を，その所有者が誰であっても最低限もたらされるであろうキャッシュ・フローの金額をベースとして測定するという考え方を採ったものといえるのである。これは，資産・負債を主観的にではなく，客観的に評価する

---

[12] Financial Accounting Standards Board (FASB), *FASB Concepts Statement No. 7, Using Cash Flow Information and Present Value in Accounting Measurements*, 2000年2月。

という方向につながることになる考え方であり，企業のフレッシュ・スタート測定（毎期，企業活動を新たに開始すると仮定した場合に妥当する資産・負債評価）を前提とした考え方でもある。

そしてこのような貸借対照表は，資産と負債の差額として「企業価値」を計算するものとなる。この企業価値は，論理的には「時価総額」と同じものである。なぜなら，仮にあらゆる将来キャッシュ・フローの金額とタイミングを事前に予測できたとすれば，その現在価値は企業の理論的な時価総額に等しくなるはずだからである。換言すれば，21世紀の貸借対照表と本章で呼ぶものは，企業そのものの市場での評価額を算定するため必要な情報を，可能な限り示そうとする思考の産物に他ならないのである。

このような貸借対照表は，期中の会計記録から直接導出されるものではない。極端にいえば，期中の記録システムはどのようなものであってもよく，なくてもかまわないのである。その代わり，ある一時点において企業に将来キャッシュ・フローをもたらす要因をことごとく把握できればよい。そうしてそれらを将来キャッシュ・フローの現在価値で評価するわけであるが，これは，「19世紀の会計」においてそうだったのと同様に，貸借対照表というより，財産目録というべきものであるといえよう。

4 記録・報告の二視点と過去・将来の二視点

前節で述べたように，20世紀の会計における貸借対照表とは，その時点において存在する会計システムから導出されたものであり，その会計システムの外側にある実在の一覧表が財産目録であるということができる。したがって，貸借対照表の構成要素（勘定）については，個々に明細情報に関する記録がある。一方，財産目録の諸項目には，それが存在しない。フランコ・ジャーマン法体系を採るヨーロッパ大陸の諸国や，その影響下にあったかつてのわが国では，貸借対照表と財産目録とが併存するのが当然であった。記録の体系である複式簿記の最終集約が貸借対照表であり，財産目録は記録を離れた現実の一覧

表としてそれぞれ独自の意味を持つことになる。わが国のいわゆる特殊法人の中には（法の改正がなかったせいであろうが），企業会計上は，すでに消え去った財産目録を未だに作成しているところも珍しくない。

　20世紀における取得原価主義会計は，複式簿記と密接に結びついている。企業内外間の資金フローを把握するシステムとしての複式簿記が，勘定残高を原則としてそのまま貸借対照表項目とすることによって取得原価主義といわれる体系を形作ってきたのである。

　ところで，20世紀の企業会計のもう一つ大きな特徴は「発生主義」である。これは，「取得原価主義」が原則として資産・負債の評価と関わる概念であるのに対し，収益・費用の認識と関わる概念である。つまり，収益・費用を，現金の出納時点とは無関係に認識しようとする考え方を発生主義会計と呼ぶのである。また，企業において内容的にも金額的にも，もっとも重要な収益は，売上高等の営業収益であるが，この認識は「実現主義」によって行われている。実現主義は，発生主義会計の最も重要な概念の一つであるが，この実現主義とは，商品等の非貨幣性資産が貨幣性資産に変わるまでは原価で据え置くことを要求するものであるため，取得原価主義を支える考え方となっている。すなわち，本章で20世紀の企業会計と呼ぶ体系は，発生主義と原価主義とをその基調とするものなのである。

　以上をまとめると，20世紀の会計における貸借対照表は，日々の取引の記録（複式簿記）と期末の決算書（貸借対照表）が同一の体系から導出され，1. 取得原価による資産・負債評価，2. 発生主義による収益・費用認識，3. すべての貸借対照表項目が他の貸借対照表項目と組織的に関連づけられる，という特徴を持つことがわかる。

　ところが，この会計は，経済社会の変化に伴い変化しつつある。そして現在は，前節で示した21世紀の会計へ移行する過渡期であると考えられよう。したがって，現行の企業会計においては，本章でいう20世紀の会計と21世紀の会計が部分的に融合した形が採られているといえる。たとえば，金融商品や負債については公正価値で評価され，有形固定資産については取得原価（から減

損分を控除したものを考える減損会計を前提としてもよい)から減価償却累計額を控除した金額で表示されており,公正価値評価資産と取得原価評価資産が合計されて貸借対照表上に示されている。この合計額には,それ自体としての意味はないと考えるべきであろう。すなわち,すべての資産が取得原価で評価されている場合,それは企業が過去に投下した資金を表しているということができるし,あらゆる資産が時価(見積将来キャッシュ・フローの現在価値)で評価されているのであれば,それは企業価値を表す要素であるということができようが,その両者が混在している場合,いずれの意味も十分には生きてこない。したがって,企業会計を公会計に取り入れるというテーマを,貸借対照表構造面から考察した場合,20世紀の企業会計と21世紀の企業会計のいずれを前提とすべきか,という問題に逢着するのである。

　すでに大蔵省や地方自治体等によって公表されている貸借対照表を見てみると,基本として,政府の貸借対照表は20世紀の企業会計を基本としたものとして擬せられているようである。すなわち,現金主義・単式簿記という前近代的なシステムを,一足跳びに21世紀の会計を構築するツール(そのようなものは,企業会計においてもまだ明確な形を見せてはいないが)へ変える,というような形は考慮されず,とりあえず,過去の収支を収容し,資金の調達(貸方)と運用(借方)を示す貸借対照表を前提とした20世紀の企業会計を取り入れようとしているようである。これは,日々の取引を発生主義・複式簿記で記帳しようとする側面と整合的である。

　ただ,資産についてはほぼ,そのようにいえるであろうが,負債については21世紀の会計的思考がかなり入ってくるであろう。たとえば,退職年金債務等を将来の支払額の現在割引価値で評価する会計処理は,大蔵省の「国の貸借対照表(試案)」でも前提とされているようであるし,現在の企業会計の状況を考慮すれば,公会計においても負債に公正価値評価が取り入れられることは明らかである。さて,将来支出額の現在割引価値として評価された負債を右側に収容する貸借対照表にあって,左側に減価償却された固定資産を掲記することに意味があるのだろうか。将来支出に対比させて意味のあるのは将来収入で

はないのだろうか。

　前節でも述べたように，20世紀の会計は過去志向的であり，したがって客観性・信頼性に優れている。調達された資金と，投下されまだ回収されていない資金（資金の調達・運用）とを把握するのに適しており，日々の簿記記録と期末の決算書が直接結びついている。一方，21世紀の会計は将来志向的であり，したがって客観性・信頼性の面では劣るが，（資本市場でのエンティティの評価を示すという）目的適合性に優れている。資産・負債の差額として当該エンティティの価値を表示するものであるが，日々の記録と期末の決算書とは直接に結びつかない。

　現在考えられている公会計は，コスト情報の把握という点で，日々の記帳局面においては20世紀の企業会計の姿を範としているようであるが，一方，貸借対照表等の決算書は，21世紀の企業会計の姿をめざそうとしているようである。とすれば，結論は次のようになるのではないか。すなわち，記録の局面においては過去志向的で客観性・信頼性に優れた複式簿記を用い，いわゆる原価主義会計・発生主義会計を確立する。その一方，財務諸表等の公表の局面においては，日々の記帳の結果という側面を離れて，あらゆる将来キャッシュ・フローを現在価値で表示する貸借対照表をめざすべきである，と。

5　むすび

　期中の処理においては企業会計方式，つまり複式簿記による記帳を行い，その勘定残高を集めた伝統的な「運用調達型」貸借対照表を作成する。ここまでは，発生主義・複式簿記を公会計に取り入れることであり，20世紀の企業会計と同じ内容を公会計に持たせるということになる。

　一方，この貸借対照表とは別に，将来収支の現在価値を表示した「将来志向的」貸借対照表を作成することも今日的には大変重要かつ必要なことである。こうした貸借対照表は，貸方に負債を将来支出の現在価値で測定して収容するが，借方に棚卸資産や有形固定資産を取得原価で加えるものであっては意味が

ない。すべての予測できる将来キャッシュ・インフローを現在価値で測定して借方に収容すべきである。

　この「将来志向的」貸借対照表は，右側に将来のキャッシュ・アウトフローの現在価値たる負債を計上するが，借方には将来キャッシュ・インフローたるもの，具体的には金融資産の他に「将来税収」ないし「徴税権」とでもいうべき資産が計上されることになろう。

　この「将来税収」の測定にはある程度の困難が伴うと考えられるが，政府というエンティティが破産してしまうということを考慮しなければ，平均的な1年間の税収を，割引率で除して算定するという形でよいだろう。これは，そのキャッシュ・インフローが永久に生ずるという仮定に立った計算法である[13]。割引率は，有利子負債の利率を加重平均したものや，長期国債の利率等を用いることが考えられる。理念的には，単一の割引率をすべての資産・負債に用いることが望ましいから，負債も名目額ではなく，将来キャッシュ・アウトフローをこの割引率を使って現在価値にしたものを用いるべきである。

　ここで重要なのは，この貸借対照表には，将来のキャッシュ・フローがかなりの確度で予測できるものをことごとく含める，というシンプルな原則である。政府等のエンティティが，将来支払わなくてはならないものはことごとく負債であり，受け取れるものはことごとく資産である，という21世紀の理念的な企業会計の考え方にたち，現在価値で評価して貸借対照表の左右に配置することにすれば，その貸借対照表の情報には大きな意味が生ずる。資産マイナス負債額がプラスであれば，その分，将来の行政サービスが期待できるが，一方，マイナスであれば，将来の増税が避けられないということになるからである。

　この将来志向的貸借対照表の枠組みには2点，問題点がある。

　その一つめは，将来キャッシュ・フローに着目するため，収支に結びつかな

---

[13] たとえば，今後10年間とか15年間の平均的な税収見積額が50兆円であると仮定し，割引率を1％とすれば，そのエンティティの徴税権は50兆円÷0.01＝5,000兆円と計算することができる。

い行政サービスや住民の満足度といったものが捨象される点である。ただここでは，行政のコスト意識欠如とか財政悪化といった財務的な（貨幣的な）問題を改善するための提案が検討されているのであり，貨幣的測定と直接関わらない問題は，これとは別に解決されるべきであろう。

　もう一つは，キャッシュ・フローに２種類あるという既述の問題である。有形固定資産のような非貨幣性資産は，売却を目的としない場合，キャッシュ・インフローを生じないため０と評価されると考えるべきなのか，売却を仮定した金額で評価されるべきなのか。すなわちこれは，ある特定のエンティティに保有されることを前提として「主観的に」将来キャッシュ・フローを見積もるのか，それとも「客観的に」公正価値等を考えるべきなのか，という問題である。

　この問題に関していうと，企業会計においては後者の「客観的」なキャッシュ・フローを重視するという形がとられることになりつつあるが，それは企業の資産・負債，あるいは企業それ自体が自由に売買されるという市場を前提とするからであろう。これを政府等に適用してよいかどうかという問題，そして適用しなければ恣意的なキャッシュ・フロー見積もりがなされかねない，という問題が残るであろう。

　こうした問題は残るが，本章では，20世紀の企業会計の成果である発生主義・取得原価主義を基本とした公会計システムと，21世紀の理念的な貸借対照表観を基にした，将来キャッシュ・フローの収容表たる貸借対照表の作成とが，共に今後の公会計改革の中で考慮されるべきであることを結論としたい。

終章
監査の二焦点と納得の監査論
― 過去記録と将来予測の間で ―

1 はじめに

　この数年，わが国においては多くの新しい会計原則が導入され，企業会計の姿は大きく変貌しつつある。従来の取得原価主義会計の枠組みに対して，金融商品や退職給付債務の会計基準が組み込まれたことにより，現在，企業が作成する貸借対照表には，いわゆる原価評価の資産・負債といわゆる時価評価の資産・負債とが混在する状況である。

　ところで，100年ほど前のドイツにおいても似たような状況が存在していた。第3章第2節で述べたように，ジモンが標榜した「主観的個人価値説」[1]においては，貸借対照表上の資産を，使用資産と販売資産に区別し，前者には使用価値を，後者には販売価値を付すというものである[2]。現在でいえば，使用価値は取得原価（ないし原価マイナス減価）に，販売価値は公正価値になぞらえることができるだろう。

　100年前のドイツと現在のわが国の類似点は，さらにある。企業会計の外側からの圧力によって企業会計実務が大きな影響を受けざるを得ない（得なかった）という点である。

　第7章第1節および第2節第1項で述べたように，ドイツにおいては，1861年ドイツ普通商法に関して1873年に出された帝国高等商事裁判所判例がそれであった。その通説的解釈は，資産をすべて売却時価で評価すべしというもの

---

1) 五十嵐邦正『静的貸借対照表論の研究』森山書店，1996年，25-28頁参照。
2) H. V. Simon, 前掲書，303頁参照。

であった。使用中の固定資産を売却時価で評価すれば、それを購入した年度において特に、多大の損失を計上しなくてはならないから、一般商人はともかく株式会社においては、こうした処理は耐え難いものであった。1897年から1931年にかけて、株式会社の貸借対照表においては固定資産の原価マイナス減価による評価が行われていたが、財産目録に関しては売却時価評価が義務づけられていたし、一般商人については貸借対照表も財産目録もすべての資産の売却時価評価が強制されていた。

現在の日本においては、アメリカ会計基準や国際会計基準が文字通り外圧といえるかもしれない。とはいっても、会計という紙の上の世界の話が問題なのではなく、経済・社会システムが従来のそれとは異なる形に変化せざるを得ないという現実の世界の動きによって、そうした圧力が生じているのであるから、100年前とは少々次元の異なる話ではある。ただ、退職給付債務の計上問題などは、固定資産の売却時価評価とオーバーラップする論点であろう。

いずれの場合も、問題となるのは売却時価や公正価値によって資産・負債を決算日に評価し直すというプロセスである。すなわち、企業において決算日までに複式簿記によって記録された内容とは異なる内容が、貸借対照表に導入されるという部分が両者の共通点といえよう。

かつてのドイツにおいて生じたのは、簿記から導き出された貸借対照表とは無関係に、現実に存在する財産を売却時価で評価した財産目録を作成せよとの圧力が発生したという点である。その財産目録と同様の評価は、貸借対照表に対しても原則として強制されることになるが、資産を二分し、使用資産は原価マイナス減価による評価を行うといういわば折衷的な会計によって折り合いがつけられていた。こうした状況にピリオドを打ったのはシュマーレンバッハによる動態論の登場である[3]。

一方、現在の状況はどうか。個別財務諸表は、原則として日々の複式簿記記録から作成されるが、決算日時点のさまざまな資産・負債の時価を用いて、そ

---

3) E. Schmalenbach, *Dynamische Bilanz*, 第13版, Darmstadt, 1962年, 29-43頁参照。

れに修正が加えられる。日々の複式簿記記録から作成される貸借対照表が，原則として取得原価によって評価された資産・負債を収容することになるのに対し，当該貸借対照表を構成する金融商品や退職給付債務が時価に修正されるわけである。かつてのドイツと現在の日本における企業会計は，構造的にそっくりである。

　本章では，貸借対照表構造に着目してこの状況を考察してみたい。

2　会計構造研究の今日的課題

　100年前のドイツおよび現在の日本で作成された貸借対照表には，取得原価（マイナス減価償却累計額）で評価された資産・負債と，時価で評価された資産・負債が混在している。これは，ジモンら静態論者の提示した枠組みで考えると，文字通り，資産（負債）の二元的評価がなされているわけである。これは企業会計という概念・システムが存在しなかったとしても認識されうる「資産・負債」という実在を所与とし，その評価を考えるという思考である。これは，現実写像的会計観に基づくものであり，会計学の素人にとっても比較的わかりやすい構図であろう。

　一方，シュマーレンバッハら動態論者の枠組みで思考すると，貸借対照表項目は，収入・支出そのものなのであり，いわば会計上の記号でしかない。たとえば，「建物」という資産は，具体的・物理的な建物を意味するのではなく，過去に当該建物に対してなされた支出（マイナス減価償却累計額）を意味するのである[4]。すなわち，過去の収入・支出（キャッシュ・フロー）を表す貸借対照表項目がいわゆる取得原価で評価された貸借対照表項目であり，将来のキャッシュ・フローの現在価値として考えることのできるいわゆる時価評価された資産・負債と併存していると考えることができよう。

　したがって理念的には，貸借対照表日以前の収支の記録そのものから作成さ

---

4)　新田忠誓「収支会計，その分類論と評価論」『會計』第159巻第4号，2001年，2-3頁参照。

れる完全な取得原価評価の貸借対照表と，貸借対照表以降の将来キャッシュ・フローの現在価値として作成される完全な現在価値評価の貸借対照表とを対置し，その中間のいずれかの位置に現在の貸借対照表が存在するものと考えることができる。

　正負の具体的財産である資産・負債を前提として，その評価は時価でなされるのか原価であるべきなのか，という単純な枠組みで思考するのではなく，過去収支と将来収支の交錯を解きほぐすことを目的とした考察を行うことのほうに今日的には意味があるように思われる。

　過去収支と将来収支とは，将来の企業会計において同一次元上で扱われることになる可能性はあるかもしれないが，本書では違ったものとしてとらえる。そして，ある一会計期間におけるキャッシュ・フローをすべて把握し，記録したものを〈過去収支計算書〉と呼び，ある貸借対照表日において，それ以降に生ずるすべてのキャッシュ・インフローおよびアウトフローを種類別に把握し，それぞれを現在価値で表示したものを，〈将来収支貸借対照表〉と呼ぶことにする。

　〈過去収支計算書〉は，いわゆる単式簿記によって作成することができるものであり，もっとも単純な過去記録の一覧表ということができる。一方で〈将来収支貸借対照表〉は，現実に作成することは不可能なものであり，本書では理念的な存在として挙げている。ただ，ある企業に生ずるすべての将来キャッシュ・フローを項目別に把握して作成されたこの理念的な貸借対照表は，国際会計基準等が最終的に目指していると思われる理想型の一つであると考えられるし，もし，将来予測が完璧であったと仮定するなら，その貸借対照表の資産・負債差額として示される金額は，当該企業の市場価値（株式の時価総額）と一致することになるから，投資家にとってもっとも目的適合的な財務表ということになるだろう[5]。

　〈過去収支計算書〉は「過去記録」の，〈将来収支貸借対照表〉は「将来予

---

5) 本書第9章参照。ただ，資本市場における投資者の観点を，過大なまでに重視するこうした企業会計の動きが，果たしてそれでよいのかという疑問は残る。

測」のそれぞれ純粋な理念系として考えることができる。この枠組みを使って言うと，20世紀の伝統的な複式簿記は，〈収支計算書〉に，ほぼ確実に予測できる将来収支を加えて拡張した収支計算を行うものと考えることができる[6]。いわば，始点に〈過去収支計算書〉，終点に〈将来予測貸借対照表〉を配置した直線上で，伝統的な簿記会計は，始点寄りに位置し，現在の会計システムは，それより終点寄りに位置を移しており，企業会計は少しずつ終点に進みつつある，というイメージでとらえることができるかもしれない。

　貨幣の実際収支だけではなく，債権債務のような高い確実性を持って発生する将来キャッシュ・フローをも記録の対象にした伝統的な複式簿記は，今後，もう少し確実性の低い将来キャッシュ・フローを記録の対象とする姿になっていくことが予想できる。現在，公正価値で評価される資産・負債の存在を，従来の取得原価で評価される資産・負債の存在と整合的に説明するためには，そうした方向からの理論的アプローチが必要となるであろう。

3　会計構造と監査の二焦点
― 過去記録監査と将来予測監査 ―

　前節に述べたように，企業会計が過去記録だけでなく，将来予測を従来以上に取り込んだ形で運営されるようになると，作成される財務諸表，とりわけ貸借対照表を監査する際に大きな問題が生ずる。それは，監査の焦点が，記録だけではなく，さまざまな将来予測・見積もりの妥当性にもおかれなくてはならないという問題である。もとより，様々な会計上の見積もりが妥当であるかどうかは，従来から監査の重要なテーマの一つではあったが，その比重が高まり，監査人の責任が大きくなる可能性があるという点が問題なのである。

　ある時代ないし局面において，十分に機能する会計原則および監査基準が存

---

[6]　E. Walb, *Die Erfolgsrechnung privater und öffentlicher Betriebe, eine Grundlegung*, Berlin/Wien, 1926年, 42-43頁, ならびに岩田巌『利潤計算原理』同文館, 1956年, 145頁参照。

在するとき，監査人はさほど大きな監査リスクを背負わずに済むであろうが，現在のように企業会計ならびに監査のシステムが変容しつつあるときには，会計原則・監査基準に定められたとおりの会計や監査が行われたことをもって監査人の責任を全うしたとはいいきれないだろう。

伝統的な簿記会計にあっては，複式簿記による期中の記録と，監査の対象である財務諸表とは，一意的なシステムから構築されていたといえる。したがって，期中の会計処理の妥当性を検証することによって財務諸表の妥当性の検証が行い得たということができよう。

従来，わが国の監査論においては，イギリスにおいて古くから発達していた精細監査が20世紀初頭にアメリカで貸借対照表監査を生み，世界恐慌を経て財務諸表監査へと変わったというとらえ方がなされていた[7]。歴史認識としてのこうしたとらえ方は現在，必ずしも万人によって認められたものとはいえないようであるが，理論的な監査の発展段階のとらえ方としては十分妥当性があるものであると思われる。

精細監査とは過去記録のチェックを行うものであると考えれば，それによって会計記録に関する不正や誤謬を検出し尽くすことが監査においてすべてであるとのとらえ方が理解できる。つまり，過去の会計記録それ自体が監査の対象である場合，精細監査以外の監査はあり得ない。

一方，貸借対照表監査はこれに対置されるものであり，財務諸表としての貸借対照表の監査である。この監査に際しては，過去記録がほとんど問題とはならず，決算日現在の財産の状態を貸借対照表が表現しているかどうかが問題となる。この貸借対照表は，本書の見方からすれば財産目録といってもよい。なぜなら，記録から導き出されるのではなく，一時点の資産・負債の状況を実地調査等によって把握しさえすれば，作成することが可能なものであるからである。

過去の会計記録の監査と，簿記等の記録とは無関係に作成される貸借対照表

---

7) たとえば日下部與一『新訂会計監査詳説』中央経済社，1965年，26頁参照。

の監査とは，全く異なる内容を有することが明らかであろう。換言すれば，貸借対照表等の財務諸表が，きちんと定められたプロセスから作成される場合，当該プロセスの監査が重要となるが，そうではない場合，プロセスより財務諸表それ自体の内容をいかに検証するかが重要となるということである。これを，現在のわが国の状況に当てはめて考えてみると，貸借対照表項目のうち，いわゆる取得原価で評価されているものは，過去の会計記録（複式簿記）から導出されており，当該記録に焦点を当てて監査を行う必要があるが，いわゆる時価で評価されているものは，過去の会計記録のみならずその時価が算定された根拠や当該金額の妥当性に焦点を当てての監査判断を行う必要があるということである。

さらに監査上の問題となるのが，いわゆる時価の算定根拠となる論理である。既述のように，昨今のいわゆる時価会計の向かおうとする方向は，企業に将来生ずるあらゆる正負のキャッシュ・フローを現在価値で表示するというものであろう。それは，現在のところ金融商品等については公正価値で評価するという形が採られている。これが，使用中の固定資産の評価に適用されないのはなぜか。あるいは，公正価値等の時価による評価替えを「一時的にのみ」行う減損会計の根拠は奈辺に求められるのか。

いくつかの回答があるだろうが，現在のわが国の状況が，シュマーレンバッハによって論理的に整合性のある貸借対照表観が提示される以前の，ジモンやレームら旧静態論者による二元的な評価論[8]が全盛であった時代のドイツと同様であると考えれば，「財産目録の評価」というレベルの回答しか提示できないであろう。すなわち，過去および将来のキャッシュ・フローの観点から貸借対照表を説明するのではなく，正負財産の一覧表としての貸借対照表ないし財産目録を前提とし，そこに収容される財産の評価問題として論ずるしかない。

おそらく，多くの金融資産はある企業に属していようと他の企業に属していようと同じ評価がなされるであろうが，固定資産はそうではない。a 企業にと

---

8) H. V. Simon, 前掲書ならびに H. Rehm, *Die Bilanzen der Aktiengesellschaften*, München, 1903 年参照。

ってのある設備の価値は，b企業にとってのそれとは全く異なるということのほうが多いであろう。固定資産を，将来その資産が企業にもたらすキャッシュ・フローの現在価値によって測定しようとすると，企業自体と切り離した評価はできないものと考えられる。ただ，そうした評価そしてその監査というテーマは，現在のところ解決不能であろう。評価の妥当性についての監査は，将来キャッシュ・フローの予測が妥当かどうかという内容に焦点を当てざるを得ず，その監査プロセスが定められていない現在，監査不能である。したがって，そうした内容を財務諸表に収容することも難しいということになる。

　企業自体の市場価値算定に有用かどうかをメルクマールとすれば，〈将来収支貸借対照表〉におけるすべての資産・負債は，当該企業における将来キャッシュ・フローによって評価されるべきである。金融商品等について採用される公正価値はその代用であるということになろう。しかし，世界の会計界をリードするアメリカ財務会計審議会の現在の方向はそうした企業固有の評価より，客観的な公正価値による評価を重視するものとなっている[9]。現在の監査にとっても，それはまだ必要なことなのであろう。

4　二重責任の原則について

　わが国の監査論テキストの多くには，「二重責任の原則」についての記述がある。財務諸表の内容に責任を有するのは当該企業の経営者であって，監査人は自らの意見に責任をもつのみであるというこの原則[10]は，畢竟，定められた会計原則通りの会計処理が行われていたかどうかを定められた監査基準によって検証することが監査人の任務であって，それら会計原則・監査基準に違背

---

9) Financial Accounting Standards Board (FASB), *FASB Concepts Statement No. 7, Using Cash Flow Information and Present Value in Accounting Measurements*, 2000年2月参照。

10) 　二重責任の原則は，system of dual responsibility の訳であるとされるが，「二重の」責任ではなく「二種類の（別々の）」責任あるいは「二つの」責任という意味であるため，「二元責任」というような言葉を用いるべきであると考える。

のないかぎり，監査人に責任は生じないというものであるといえよう。

　この二重責任の原則は，たとえば財務諸表に記載のないことについて監査報告書に述べることはできないというような形で監査人の行動を律しており，また当該時点の会計原則に従っていては企業の実態を反映できないとしても，そうした会計処理を監査人が否定できず，適正意見を表明せざるを得ないという結果をもたらしている。存在する会計原則や監査基準を超える経済的実体が頻繁に生ずるような場合，当該会計原則や監査基準は改定される必要がある。それが間に合わない場合，その間隙を埋めるのは，通常は監査人の責任であると考えられる。しかし，それをすべて監査人の任務としては，責任が重くなり過ぎ，監査費用の高騰とか監査人のなり手がいなくなるなどの問題が生ずるおそれが生ずるであろう。

　少なくとも現在は，会計原則や監査基準が刻一刻と変容せざるを得ない時代であり，従来通りの二重責任の原則を維持することは不適当である。つまり，定められた会計原則・監査基準に従っていたからといって監査人の責任が問われないということは望ましくない。そういった意味で，二重責任の原則を放擲ないし再構築する必要が現在生まれているといえるだろう。

　監査の焦点が過去記録だけに注がれていればよい状況，すなわち記録システムから一意的に財務諸表が導出される状況においては，従来の二重責任の原則はうまく機能していた。しかし，将来予測を大幅に取り込んだ財務諸表が監査の対象になる場合，その予測方法が会計原則に反映されていればともかく，そうでない場合には，監査判断の領域は大きく広がらざるを得ない。従来通りの過去の記録はもちろん，従来とは異なる将来予測に関する会計判断の妥当性をも監査対象とせざるを得ないのである。

　過去記録のみを監査対象としていたイギリス式精細監査の時代が過ぎ，記録に関する不正・誤謬を発見することは主たる監査人の任務ではなくなった。監査人の任務は財務諸表の適正性に関する意見を表明することであるとされて半世紀を優に超えている。この，財務諸表が適正か否かに関する監査人の意見は，今日の企業会計を取り巻く状況を前提とすれば，企業の将来予測に関する

会計判断の妥当性についての意見としての意味をもつ必要がある。すなわち，今日の監査には，過去記録の監査から将来予測の監査へと焦点を移していくための理論的整備が早急に必要なのである。二重責任の原則の再検討はその一歩といえるだろう。

5 むすび

一般論として，「結果を重視するのか，過程を重視するのか」というテーゼがあるが，監査においても同じ問題があると思われる。たとえば，20世紀前半のイギリスで行われていた精細監査においては，「会計処理のプロセス」がチェック対象であったのに対して，1920-30 年頃にアメリカで登場した貸借対照表監査においては，「会計処理の結果」である貸借対照表が監査対象であった。過程を積み重ねたものが結果であるとは限らない。たとえば，会計処理を積み上げた決算整理前残高試算表と，会計以外の源泉から財産目録を持ってきて比較対照する財産法の手続は，そのことを物語っている。

おそらく現在の企業会計における会計処理と財務諸表の関係は，「プロセスたる会計処理」を積み上げて「結果たる財務諸表」を作成するという形を前提とし，志向していると思われる。しかし，監査は逆であり，結果たる財務諸表の適否を問題としている。そのとき，監査は，プロセスが正しく積み上げられているかどうかに焦点を当てるか，それとも結果が正しいかどうかに焦点を当てるか，という二つ結論に向かう岐路に立つことになろう[11]。

「プロセスの積み上げが結果になる」という会計構造が存在する（あるいは

---

[11] 監査においては，この点に関して根の深い問題が横たわっている。すなわち，精細監査より貸借対照表監査が監査人によって好まれたことからわかるように，線の監査より点の監査の方が手間や時間，ひいては監査コストがかからないから，プロセス全体を監査するということの意味（監査対象の行為のチェック，あるいは誠実性のチェックにつながると考えられる）が見えにくくなっているという問題である。本書では，この問題について多くを論ずることができないが，今後，この問題に関する考察を進めていくつもりである。

5 むすび

存在せしめる）ことを前提とした監査は，監査と会計構造が相互に独立して存在することを意味し，現在の財務諸表監査が想定しあるいは目指している方向はこれであろう。しかし，その前提が成立しているかどうかは現時点では疑問である以上，当座，監査が目指すべき方向は次のようになろう。

結局のところ，企業監査を巡る問題点は，企業と利害関係者との間に存在する監査人が，期待される役割を果たすことができるかどうかという点に集約される。まず監査人が独立性を保ち，十分な専門的能力および経験を有していることが監査人としての必要条件となる。しかし，企業・監査環境や社会構造の変化によって，旧来の監査体制のままでは，この必要条件を満たすことが難しくなっている。具体的に，どのようにしてこの条件をクリアしていくのか，十分に考察していく必要がある。

また，一般大衆と監査人との間に存在する期待ギャップの問題を解決するためには，監査人は少なくとも，次の二つを実行する必要がある。

1. 一般の期待がいかなるものであるか，十分に知ること
2. その期待を果たすことが自らの責務であると認識すること

日本の場合，公認会計士の社会的認知度・地位をさらに向上させるためにも，会計士自身の社会的責任を全うするためにも，この二点を推進していく必要があろう。いかにすればそれが可能なのか。今後の監査システムのあり方を論議する際に避けては通れない問題といえる。そもそもこの2点は，アメリカではすでに公認会計士にとって自明の話なのであるから。

そして，現在のような会計・監査システムの急激な変容期には，認識しておくべき問題がある。それは，企業会計が会計原則通りの処理をしているかどうかを監査基準によって監査するという意味での「基準準拠性監査」があくまで中心となるのではあるが，必ずしもそれだけで十分とはいえない，ということである。すなわち，企業会計の変容期には，会計原則・監査基準を超える実質を扱う必要があり，監査の際にも，経済的実質の判断が要求される，ということである。しかし，過重になる監査人の責任を考えると，それを無制限に監査人の任務とするべきではない，という考え方にも正当性が生じるであろう。い

かに双方の考え方のバランスをとるか，という点を監査論は研究すべきであろう。二重責任の原則の再検討は，そうした観点からなされるべきである。

そうした監査人の責任問題は，畢竟，（監査の失敗によって）損害を受けた企業経営者や利害関係者と，監査人との間の裁判沙汰を想定し，そこで問われるものである。そうした場合にどこまでが監査人の責任となり，どこまでがならないのか，という次元の話に帰着するであろう。

監査論において求められるべき「監査人の責任」とは，そうした次元のものだけであってはならない。証券取引法や商法による監査制度を前提とした責任論を超えて，公正な第三者としての監査人が，企業経営者やその利害関係者（ここには一般大衆も含まれる）といった当事者から，いかに納得を得られる監査サービスを提供できるか，という形での責任論を組み上げ直す必要がある。すなわち，監査の内容について，いかなる目的でいかなる監査手続を使い，いかなるプロセスによって，ある監査意見に到達したのかを明らかにしたとき，その結果に対する納得が得られるかどうか，といった観点を中心とした監査論，いわば「納得の監査論」[12]が必要とされているのである。

---

12) 友岡賛『近代会計制度の成立』有斐閣，1995年，エピローグ，特に252頁参照。

跋

　わが国の監査論においては，欧米で進展する監査業務の拡張の議論を咀嚼し自らのものとするだけでなくさらに，それを日本の社会においていかなる形で取り入れていくのかという点を，わが国の職業監査人の現況と照らし合わせて考察していく必要があると思われる。

　本書はそれを，企業会計構造との関連から検討するものであった。わが国における監査制度の父ともいうべき岩田巌の理論においては，利潤計算論の中に会計士監査論が組み込まれていた。監査・会計の大変容期である現在，今一度ここに立ち返り，「会計構造というもの」と「監査というもの」の関係を見つめ直してみる必要があるのではないか。本書の基本的な問題意識はこういうものであった。

　本書は，3編10章から構成されていたが，各章では次のような考察が行われた。

　第1編の4章（第1章〜第4章）は，監査がなぜ変容しなくてはならないのか（現状ではいかなる問題がありいかに解決すべきか）明らかにするという問題意識により，財務諸表監査をめぐる今日的な問題点を指摘・分析するために充てられていた。まず第1章では，岩田巌の理論を取り上げ，会計構造と監査が融合した一つの体系として考え得ること，そして彼が述べた財務諸表監査の機能の一つが，今現在，監査論においてほとんど省みられない理由を考察した。次に第2章においては，20世紀におけるアメリカの監査思考を概観し，会計構造と監査との関連の検討を行った。第3章においては監査および会計における最高原則としての真実性の原則が，わが国においては特殊な解釈によって，諸外国とは違った形で機能している点を指摘し，第4章においては，企業会計の変容が監査に対してもたらしている影響を，第1章で述べた監査の機能との関わりから分析した。

以上のように第1編の各章は，いずれも企業会計変容期における監査論を観察・分析するための視座を提供するものであった。

　第2編の4章（第5章～第8章）は，企業会計構造を共時的並びに通時的に抽出し分析するために充てられている。ここでは主に19世紀後半から20世紀全般のドイツ語圏諸国で繰り広げられた貸借対照表論を分類し，現に存在する貸借対照表というもの，あるいは企業会計のメカニズムの本質を解明するための前提としての作業が行われることになる。まず第5章においては，ドイツ貸借対照表論の概説と会計構造の分析視点が改めて述べられた。そして第6章ではフロー貸借対照表観を採る会計学説，第7章ではストック貸借対照表観を採る学説が検討され，両者の中に存在する現実写像的会計観と記号相補的会計観の内容は，第8章において検討された。ここまでの作業により，20世紀の企業会計における貸借対照表構造ひいては会計構造が明らかにされたと思われる。

　なお，フロー貸借対照表観・ストック貸借対照表観，そして現実写像的会計観・記号相補的会計観という二つの二項対立関係は，企業会計構造を分析するための本書独自の座標軸である。第6章ではフロー貸借対照表観を採るものとして，シュマーレンバッハ，ワルプおよびコジオールら動態論者の学説が検討され，第7章ではストック貸借対照表観を採るものとして，1873年ドイツ帝国高等商事裁判所判例，シェアーおよびル・クートルら静態論者の説と，シュミット，ゾムマーフェルトら有機論者の学説が検討された。第8章では戦後の西ドイツにおける資金会計論を検討することによってドイツ貸借対照表学説の帰結を確認した上で，現実写像的会計観・記号相補的会計観という枠組みを用いて，貸借対照表論として発展した会計構造論を総括した。

　そして第3編の2章（第9章および終章）では，第1編および第2編においてなされた研究を踏まえて，監査・会計構造に関する本書の見解が明らかにされた。まず，第9章において，企業会計のシステムを援用して改革されようとしている公会計の観点から，会計構造の将来像を考察した。そして終章において会計構造の検討から現れてくる監査の将来像をめぐる本書の意見が述べられ

た。それは，20世紀において確立された企業会計における「過去記録重視」の側面と，今世紀，重視されつつある「将来予測重視」の側面とを二つながらに希求するというかたちが，当座は企業会計においても監査においても必要とされているのではないか，という主張である。そしてそれは，いずれは（長期的には）それらを統合した一つの枠組みによって監査および会計構造を考えるべきであるとの主張を含みにするものでもある。なぜなら，雑多な内容を整合性なく包含する19世紀の貸借対照表論が，20世紀に取得原価主義会計という一つの成熟した形になっていった姿とのアナロジーとして，近い将来の監査・会計構造を考えることができると思われるからである。

文　　献
——本書文の注で触れたもののみ掲げる——

（欧　文）

American Accounting Association (A.A.A), "Committee to Prepare a Statement of Basic Accounting Theory," *A Statement of Basic Accounting Theory*, 1966 年.

American Institute of Certified Public Accountants (AICPA), APB Opinion No. 19, "Reporting Changes in Financial Position," *The Journal of Accountancy*, 1971 年 7 月.

American Institute of Certified Public Accountans (AICPA), Statement on Auditing Standards No. 47, "Audito Risk and Materiality in Conducting on Audit" 1983 年.

Bauer, W., "Die Bewegungsbilanz und ihre Anwendbarkeit, insbesondere als Konzernbilanz" *Zeitschrift für handelswissenschaftliche Forschung*, 第 20 巻, 1926 年.

Busse v. Colbe, W., "Aufbau und Informationsgehalt von KapitalfluBrechnungen," *Zeitschrift für Betriebswirtschaft*, 増刊号, 1966 年, 82-114 頁.

Busse v. Colbe, W. und K. Chmielewicz, "Das neue Bilanzrichtlinien-Gesetz" *Die Betriebswirtschaft*, 第 46 巻, 1986 年, 289-347 頁.

Chambers, RJ., *Accounting, Evaluation and Economic Behavior*, New Jersey, 1966./塩原一郎訳『現代会計学原理』［上・下］創成社, 1984 年.

le Coutre, W., "Die statische Bilanzauffassung der Praxis (Kapitalbilanz, nicht Vermögensbilanz)," *Zeitschift für Betriebswirtschaft*, 第 4 巻, 1927 年.

le Coutre, W., *Vom allgemein-betriebswirtschaften Iddengehalt der Bilanzauffassungen*, Berlin/Wien, 1933 年.

Dellmann, K. und R. Kalinski, "Rechnungslegung zur Finanzlage der Unternehmung," *Die Betriebswirtschaft*, 第 46 巻第 2 号, 1986 年 2 月, 174-187 頁.

Dellmann, K., "KapitalfluBrechnungen-eine Bestandsaufnahme," *Die Betriebswirtschaft*, 第 47 巻第 4 号, 1987 年 4 月, 471-489 頁.

Der Hauptfachausschuß des Instituts der Wirtschaftprüfer, "Die Kapitalflußrechnung als Berichts- und Planungsinstrument," *Die Wirtschaftsprüfung*, 第 31 巻, 1978 年, 207-208 頁.

Dicksee, L. R., *Auditing, a practical munual for auditors*, 第 4 版, London, 1928 年.

Financial Accouting Standards Board (FASB), *FASB Concepts Statement No. 7, Using Cash Flow Information and Present Value in Accounting Measurements*, 2000 年 2 月.

Gerstner, P., *Bilanz-Analyse*, 第 7 版, Berlin, 1909 年.

Gutenberg, E., *Einführung in die Betriebswirtschaftslehre,* Wiesbaden, 1958年./池内信行監訳, 松原信男・吉田和夫訳『グーテンベルク経営経済入門』千倉書房, 1959年.

H. Rehm, *Die Bilanzen der Aktiengesellschaften,* 第1版, München, 1903年.

Handelsgesetzbuch der Bundesrepublik Deutschland, *Wirtschaftsgesetze nach Änderung durch das Bilanzrichtlinien-Gesetz,* Düsseldorf, 1989年.

Institute of Chartered Accountants in England and Wales, Accounting Standards Steering Committee, "Statements of Source and Application of Funds, SSAP 10," *Accountancy,* 第86巻, 1975年, 58-60頁.

International Accounting Standards Committee (IASC), "Overview of the IASC Framework", *Framework for the Preparation and Presentation of Financial Statements,* IASC Web Site, 1998年.

International Federation of Accountants (IFAC), *IFAC Public Sector Committee Study 11, Government Financial Reporting-Accounting Issues and Practices,* 2000年5月.

Jonas, H. H., *Die Finanzbewegungsrechnung,* Feriburg, 1984年.

Käfer, K., *Theory of Accounts in Double-Entry Bookkeeping,* Illinois, 1966年./安平昭二訳『ケーファー複式簿記の原理』千倉書房, 1972年.

Käfer, K., *Kapitalflußrechnungen. Statement of Changes in Financial Position, Liquiditätsnachweis und Bewegungsbilanz als dritte Jahresrechnung,* 第2版, Zürich, 1984年./安平昭二・戸田博之・徐龍達・倉田三郎共訳『ケーファー資金計算書の理論』［上・下巻］, 千倉書房, 1974・1976年.

Kosiol, E., "Bewertung," H. Nicklisch 編, *Handwörterbuch der Betriebswirtschaft,* 第2版, 第1巻, Stuttgart, 1938年, 997-1002頁.

Kosiol, E., "Formalaufbau und Sachinhalt der Bilanz," Festschrift zum 60. Geburtstage von E. Walb, *Wirtschaftslenkung und Betriebswirtschaftsleher,* Leipzig, 1940年, 103-132頁.

Kosiol, E., "Betriebswirtschaftliche Gesichtspunkte zum Bilanzsteuerrecht," *Zeitschrift für Betriebswirtschaft,* 第22巻, 1952年, 265-276頁.

Kosiol, E., *Pagatorische Bilanz, die Bewegungsbilanz als Grundlage einer integrativ verbundenen Erfolgs-, Bestands- und Finanzrechnung,* Berlin, 1976年.

Lee, T. A., *Cash Flow Accounting,* Berkshire, 1984年./鎌田信夫・武田安弘・大雄令純共訳『現金収支会計——売却時価会計との統合——』創成社, 1989年.

Littleton, A. C., *Accounting, Evolution to 1900,* 第2版, New York, 1966年./片野一郎訳『リトルトン会計発達史』(増補版), 同文館, 1978年.

Littleton, A. C., *Structure of Accounting Theory,* AAA Monograph No. 5, 1953年.

Moxter. A., *Bilanzlehre,* Wiesbaden, 1974年.

Montgomery, R. H., *Auditing Theory and Practice,* 第4版, New York, 1927年.

Nicklisch, H., *Die Betriebswirtschaft*, 第 7 版, Stuttgart, 1932 年.

Paton, W. A. and A. C. Littleton, *An Introduction to Corporate Accounting Standards*, American Accounting Association, 1940 年./中島省吾訳『会社会計基準序説』森山書店, 1953 年.

Ramsauer. H., "Konzeption und Aussagekraft des erweiterten Finanzierungs-cash flow," *Betriebswirtschaftliche Forschung und Praxis*, 第 38 巻, 1986 年, 269-285 頁.

Rieger, W., *Schmalenbachs dynamische Bilanz, eine kritische Untersuchung*, Stuttgart, 1936 年.

Rittenberg, L. E. & B. J. Schwieger, *Auditing, concepts for a changing environment,* 2nd ed., Fort Worth 他, 1997 年.

Schär, J. F. und W. Prion, *Buchhaltung und Bilanz*, 第 6 版, Berlin, 1932 年./林良治『シェアー簿記会計学』[上・下巻] 新東洋出版社, 1976・1977 年.

Schmalenbach, E., "Grundlagen dynamischer Bilanzlehre," *Zeitschrift für handelswissenschaftliche Forschung*, 第 13 巻, 1919 年, 1-60 頁, 65-101 頁.

Schmalenbach, E., *Grundlagen dynamischer Bilanzlehre*, 第 3 版, Leipzig, 1925 年.

Schmalenbach, E., *Dynamische Bilanz*, 第 4 版, Leipzig, 1926 年./土岐政蔵訳『動的貸借対照表論』森山書店, 1950 年.

Schmalenbach, E., *Dynamische Bilanz*, 第 13 版, Köln/Opladen, 1962 年./土岐政蔵訳『十二版・動的貸借対照表論』森山書店, 1959 年.

Schmidt, F., *Die organische Bilanz im Ramen der Wirtschaft*, Leipzig, 1921 年.

Schmidt, F., *Die organische Tageswertbilanz*, 第 3 版, Leipzig, 1929 年./平井泰太郎監修, 山下勝治訳『シュミット有機観対照表學説』同文館, 1934 年.

Schönpflug, F., *Betriebswirtschaftslehre, Methoden und Hauptströmungen*, 第 2 版・増補版, Stuttgart, 1954 年./古川喜楽監修, 大橋昭一・奥田幸助共訳『シェーンプルーク経営経済学』有斐閣, 1970 年.

Schweitzer, M., "Bilanztheorien, organische," E. Kosiol 編, *Handwörterbuch des Rechnungswesens*, Stuttgatr, 1970 年, 270-279 頁.

Selfling, K., Die Kapitalflußrechnung, Herine/Berlin, 1984 年.

Sganzini, C., *Zur Grundlegung der realistischen Theorie der doppelten Buchhaltung*, St. Gallen 1908 年./岡本愛次・尾上忠雄共訳『複式簿記の実在論的理論』有斐閣, 1951 年.

Sieben, G., "Dynamische Bilanz," W. Cordes 編, *Eugen Schmalenbach, der Mann -sein Werk- die Wirkung*, Stuttgart, 1984 年, 303-334 頁.

Simon, H. V., *Die Bilanzen der Aktiengesellschaften und der Kommanditgesellschaften auf Aktien*, 第 2 版, Berlin, 1898 年.

Sommerfeld, H., "Bilanz (eudynamisch)," H. Nicklisch 編, *Handwörterbuch der Betriebswirtschaft*, 第 1 版, 第 1 巻, Stuttgart, 1926 年, 1340-1351 頁.

Sorter, G. H., "An Event Approach to Basic Accounting Theory," *The Accounting Review,* 1969 年 1 月.
Statements of Financial Accounting Standards No. 107, "Disclosures about Fair Value of Financial Instruments," 1991 年 12 月.
Statements of Financial Accounting Standards No. 119, "Disclosure about Derivative Financial Instruments and Fair Value of Financial Instruments," 1994 年 10 月.
Statements of Financial Accounting Standards No. 130, "Reporting Comprehensive Income," 1997 年 6 月.
Staub's *Kommentar zum Handelsgesetzbuch,* 第 11 版, Berlin & Leipzig, 1921 年.
Thoms, W., *Das Buchen und Bilanzieren der funktionalen Kontorechnung,* 第 2 版, Heme/Berlin, 1956 年.
Walb, E., *Die Erfolgsrechnung privater und öffentlicher Betriebe. eine Grundlegung,* Berlin/Wien, 1926 年./戸田博之訳『ワルプ損益計算論』[上・下巻] 千倉書房, 1982・1984 年.
Walb, E., "Zur Dogmengeschichite der Bilanz, von 1861-1919," *Festschrift für Eugen Schmalenbach,* Leipzig, 1933 年, 1-64 頁.
Walb, E., *Finanzwirtschaftliche Bilanz,* 第 3 版, Wiesbaden, 1966 年./山下勝治監訳, 吉田寛・宮本匡章共訳『ワルプ資金会計論』中央経済社, 1962 年.
Weilenmann, P., *Kapitalflußrechnung in der Praxis,* Zürich, 1985 年./安平昭二訳『資金計算書入門』税務経理協会, 1988 年.
Williams, J. R., K. G. Stanga & W. W. Holder, *Intermediate Accounting,* San Diego 他, 1989 年.
v. Wysocki, K., "Die Kapitalflußrechnung als integrierter Bestandteil des aktienrechtlichen Jahresabschlusses", *Die Wirtschaftsprüfung,* 第 24 巻, 1971 年 9 月, 617-625 頁.
Zeff, S. A., "The evolution of the conceptual framework for business enterprises in the United States," *The Accounting Historians Journal,* 第 26 巻第 2 号, 1999 年 12 月.

(邦 文)

アービング・フィッシャー著, 金原賢之助・高城仙次郎共訳『貨幣の購買力』改造社, 1936 年.
東信男「国の公会計制度改革の課題と展望」『会計検査研究』第 22 号, 2000 年.
安藤英義「簿記および会計の空洞化」『企業会計』第 40 巻第 9 号, 1988 年 9 月.
安藤英義『新版商法会計制度論』白桃書房, 1997 年.
安藤英義「イギリスの簿記書と組織文化」『會計』第 138 巻第 3 号, 1990 年 9 月, 17

-30頁.
飯野利夫『財務会計論』[三訂版]同文舘, 1993年.
飯野利夫『財務会計論』[改訂版]同文舘, 1983年.
五十嵐邦正『静的貸借対照表論の研究』森山書店, 1996年.
五十嵐邦正『静的貸借対照表論』森山書店, 1989年.
岩田巌「動的対照表の現金項目」『會計』第59巻第5号, 1950年5月, 1-17頁.
岩田巌『会計士監査』森山書店, 1954年.
岩田巌『会計原則と監査基準』中央経済社, 1955年.
岩田巌『利潤計算原理』同文舘, 1956年.
上野道輔『新稿貸借対照表論』上巻[訂正増補12版]有斐閣, 1942年.
上野道輔『貸借対照表論』有斐閣, 1926年.
大島美留「動的貸借対照表観の再吟味」『明治学院論叢』第119号, 1967年1月, 123-152頁.
上村久雄「会計士監査における二つの指導性機能」山桝忠恕先生十三回忌追悼論文集編集委員会編『山桝忠恕先生十三回忌追悼論文集』税務経理協会, 1996年.
企業会計審議会「企業会計原則」
日下部興一『新訂会計監査詳説』中央経済社, 1965年.
佐々木隆志「フロー貸借対照表とストック貸借対照表の構造」『會計』第145巻第4号, 1994年.
佐々木隆志「簿記・会計の分立と監査の二極化」『會計』第158巻第1号, 2000年.
衆議院調査局決算行政監視調査室「国の貸借対照表に関する資料」2000年.
醍醐聰「実現基準の再構成」『企業会計』第42巻第1号, 1990年1月, 81-87頁.
醍醐聰「保有利得の損益計算書能力と分配可能性」『企業会計』第42巻第12号, 1990年12月, 50-56頁.
高寺貞男「区分総括利益会計における情報境界管理」『會計』第152巻第4号, 1997年10月.
武田隆二『貸借対照表資金論──ドイツ会計近代化論の展開──』同文舘, 1962年.
田中耕太郎『貸借対照表法の論理』有斐閣, 1944年.
谷端長『動的会計論』森山書店, 1965年.
千代田邦夫『アメリカ監査論』第2版, 中央経済社, 1998年.
戸田博之訳『ワルプ損益計算論』[上・下巻]千倉書房, 1982・1984年.
鳥羽至英「監査人の役割と新たな監査の潮流──コーエン報告書とトレッドウェイ報告書が新監査基準に及ぼした影響──」『JICPAジャーナル』第430-431号, 1991年5-6月.
鳥羽至英訳『財務諸表監査の基本的枠組み』白桃書房, 1990年.
友岡賛『近代会計制度の成立』有斐閣, 1995年.
内藤文雄「ビジネスの国際化と会計監査機能の拡張」『国民経済雑誌』第178巻第1

号，1998 年 4 月．

内藤文雄「公認会計士の監査・保証業務の拡張に関する調査研究の動向」『JICPA ジャーナル』第 10 巻第 10 号，1998 年 10 月．

内藤文雄「会計情報の拡大と監査対象能力」『會計』第 153 巻第 5 号，1998 年．

中村忠『財務会計論』(初版)，国元書房，1984 年．

中村忠『新稿現代会計学 [五訂版]』白桃書房，2001 年．

中村忠「『真実かつ公正な概観』とはなにか」『商経法論叢』(神奈川大学)，第 12 巻第 4 号，1962 年．

中村忠『簿記の考え方・学び方』税務経理協会，1996 年．

新村出編『広辞苑』第 4 版 [電子ブック版]，岩波書店，1992 年．

新田忠誓「簿記の原理」(その 1〜4)『會計』第 155 巻第 4 号−第 156 巻第 3 号，1999 年．

新田忠誓「収支会計，その分類論と評価論」『會計』第 159 巻第 4 号，2001 年．

新田忠誓「貸借対照表明瞭表示への一試論 ── W. ル・クーター理論の検討 ── 」『商学論集』第 39 巻第 3 号，福島大学，1971 年 1 月，1-39 頁．

新田忠誓『動的貸借対照表原理』国元書房，1987 年．

新田忠誓「資金計算書における"営業活動からの資金"と計算目的としての資金」『産業経理』第 48 巻第 1 号，1988 年 1 月，30-38 頁．

新田忠誓「静的貸借対照表論 (静態論)」森田哲彌・宮本匡章編著『会計学辞典』第 2 版，中央経済社，1990 年，270-271 頁．

新田忠誓他『新会計学・簿記入門』白桃書房，2001 年．

日本経済新聞朝刊「公認会計士はプロ意識を」1999 年 8 月 23 日．

日本経済新聞朝刊「国の貸借対照表」2000 年 10 月 11 日．

沼田嘉穂『会計教科書』6 訂版，同文館，1975 年．

沼田嘉穂『企業会計原則を裁く』[改訂増補版] 同文館，1979 年．

林健二「ワルプの新二勘定系列と損益計算の二途」『国民経済雑誌』第 40 巻第 4 号，1926 年，79-114 頁．

峯村信吉『財務諸表の基礎理論』中央経済社，1977 年．

森田哲彌『価格変動会計論』国元書房，1979 年．

森田哲彌「シュマーレンバッハ学説における期間利益概念の変化 ── 比較性の原則と合致の原則をめぐって ── 」『ビジネス・レビュー』第 5 巻第 3 号，1958 年 2 月，79-93 頁．

森田哲彌「期間利益の分配可能性と尺度性──実体資本維持の利益概念を中心にして──」『商学研究』4，一橋大学研究年報，1960 年 7 月，227-303 頁．

森田哲彌「基本文献解題，Fritz Schmidt, Die organische Tageswertbilanz, 1929」『一橋論叢』第 45 巻第 1 号，1961 年 1 月，31-50 頁．

森田哲彌『価格変動会計論』国元書房，1979 年．

森田哲彌「企業会計原則における収益（利益）認識基準の検討」『企業会計』第 42

巻第1号，1990年1月，18-24頁．
森本滋『EC会社法の形成と展開』商事法務研究会，1984年．
森實『監査要論』第3版，中央経済社，1992年．
安平昭二『簿記・会計学の基礎 ―― シェアーの簿記・会計学を尋ねて ―― 』同文
　　舘，1986年．
山浦久司『英国株式会社会計制度論』白桃書房，1993年．
山下勝治『会計学一般理論―決定版―』千倉書房，1968年．
山桝忠恕『近代監査論』千倉書房，1971年．
山桝忠恕『近代会計理論』国元書房，1963年．
吉田寛「ワルプの金融経済的貸借対照表」飯野利夫・山桝忠恕編著『会計学基礎講
　　座1・企業会計原理』有斐閣，1963年．187-196頁．
渡邊陽一『貸借対照表論』森山書店，1984年．

索　引

あ行

運動貸借対照表 ……………………… 77
運動貸借対照表論 …………………… 207

か行

会計プロフェッション ……………… 22
カメラル会計 ………………………… 261
監査証跡 ……………………………… 26
勘定理論 ……………………………… 56
記号相補性 ……………………… 25, 47
記号相補的会計観 …………………… 74
基準準拠性 …………………………… 59
基準準拠性監査 ……………………… 287
期待ギャップ ……………………… 4, 287
キャッシュ・フロー計算書 ………… 218
共時態 ……………………………… 2, 11
クロイゲル事件 ……………………… 24
原価 …………………………………… 248
現実写像性 …………………………… 25
現実写像的会計観 …………………… 74
現実の世界（real world） ………… 43
ゴーイング・コンサーン監査 ……… 4
合計試算表 …………………… 233, 239
公正価値 ……………………………… 270

さ行

財産法 ……………………………… 12, 72
財産目録 …………………… 47, 237, 239, 267
財政状態変動表 ……………………… 217
時価 …………………………………… 248

時価主義会計 ………………………… 28
資金運動計算書 ……………………… 75
資金運動計算書論 …………………… 211
資産・負債アプローチ ……………… 27
実質優先性 ……………………… 51, 59
指導性 ………………………………… 59
指導的機能 …………………………… 14
収益・費用アプローチ ……………… 27
収支計算 ……………………………… 89
取得原価主義会計 …………………… 28
真実かつ公正な概観 ………………… 51
真実性の原則 ………………………… 37
ストック貸借対照表 ………………… 200
ストック貸借対照表観
　…………………… 70, 149, 153, 172
精細監査 ………… 15, 17, 31, 282, 286
静態論 …………………… 67, 149, 172
絶対的真実性 ………………………… 37
相対的真実性 ………………………… 37
相補的 ………………………………… 79
損益法 ……………………………… 12, 72

た行

貸借対照表監査
　………… 15, 17, 22, 23, 282, 286
通時態 ……………………………… 2, 11
通時的 ………………………………… 265
動態論 …………… 66, 89, 144, 172

な行

二重責任の原則 …………………… 5, 284

は　行

批判性 ……………………………………59
批判的機能 ………………………………14
フロー貸借対照表観　…70, 89, 91, 110

ま　行

マッケソン・ロビンス事件 …………24

や　行

有機論 ………………………67, 149, 172

ら　行

リアル・ワールド ……47, 84, 144, 249
リスク・アプローチ …………………21

著者略歴
佐々木隆志（ささき たかし）
1961年　生まれ
1986年　慶應義塾大学商学部卒業
1991年　一橋大学大学院商学研究科博士後期課程単位修得退学
　　　　広島大学経済学部専任講師，同助教授，一橋大学商学部助教授を経て
2003年　一橋大学大学院商学研究科教授，一橋大学博士（商学）
　　　　現在に至る

2000-2002年　会計検査院特別研究員
2006-2007年　San Jose State University 客員研究員
2007年より　　農協監査士試験委員（会計学・財務諸表論）
2008年より　　公認会計士試験委員（財務会計論）

主要著作
『会計数値の形成と財務情報』（共編著）白桃書房，2005年
『会計制度の設計』（共著，須田一幸編著）白桃書房，2008年
『会計学・簿記入門』第9版（共著）白桃書房，2008年
『全経簿記上級商業簿記・会計学テキスト』第2版（共著），中央経済社，2008年
『自治体財政の健全化』(共著，日本財政法学会編，財政法叢書25)，全国会計職員協会，2009年

監査・会計構造の研究
―通時態の監査論―

2002年10月15日　初版第1刷発行
2013年3月7日　初版第3刷発行

著　者　ⓒ　佐々木　隆　志
発行者　　　菅　田　直　文

発行所　有限会社　森山書店　〒101-0054　東京都千代田区神田錦町1-10 林ビル
TEL 03-3293-7061　FAX 03-3293-7063　振替口座 00180-9-32919

落丁・乱丁本はお取りかえします　　印刷・製本　シナノ書籍印刷

本書の内容の一部あるいは全部を無断で複写複製することは，著作者および出版社の権利の侵害となりますので，その場合は予め小社あて許諾を求めて下さい。

ISBN978-4-8394-1961-5